国家出版基金项目

NATIONAL PUBLICATION FOUNDATION

湖湘文库书目提要

湖湘文库编辑出版委员会 编

岳麓书社

# 出 版 说 明

　　湖湘文化源远流长，博大精深，是中华文化中独具地域特色的重要一脉。特别是近代以来，一批又一批三湘英杰，以其文韬武略，叱咤风云，谱写了辉煌灿烂的历史篇章，使湖湘文化更为绚丽多彩，影响深远。为弘扬湖湘文化、砥砺湖湘后人，中共湖南省委、湖南省人民政府决定编纂出版《湖湘文库》大型丛书。

　　《湖湘文库》编辑出版以"整理、传承、研究、创新"为基本方针，分甲、乙两编，其内容涵盖古今，编纂工作繁难复杂，兹将有关事宜略述如次：

　　一、甲编为湖湘文献，系前人著述。主要为湘籍人士著作和湖南地区的出土文献，同时酌收历代寓湘人物在湘作品，以及晚清至民国时期的部分报刊。

　　二、乙编为湖湘研究，系今人撰编。包括研究、介绍湖湘人物、历史、风物的学术著作和资料汇编等。

　　三、乙编中的通史、专题史，下限断至1949年。

四、甲编文献以点校后排印或据原本影印及数据光盘方式出版。

五、除少数图书以外，一律采用简体汉字横排。

六、每种图书均由今人撰写前言一篇。甲编图书前言，主要简述原作者生平、该书主要内容、学术文化价值及版本源流、所用底本、参校本等。乙编图书前言，则重在阐释该研究课题的研究视角和主要学术观点等。

七、对文献的整理，只据底本与参校本、参校资料等进行校勘标点，对底本文字的讹、夺、衍、倒作正、补、删、乙，有需要说明的问题，则作出校记，一般不作注释。

八、甲编民国文献中的用语、数字、标点等，除特殊情况外，一般不作改动。乙编图书中的标点、数字用法、参考文献著录规则等均按现行出版有关规定使用和处理。

《湖湘文库》卷帙浩繁，难免出现缺失疏漏，热望社会各界批评指正。

**《湖湘文库》编辑出版委员会**

# 编 辑 说 明

1. 本书旨在为读者阅读《湖湘文库》提供参考。

2. 本书著录《湖湘文库》图书，分为甲编和乙编。甲编1—442号，乙编1—259号。

3. 著录项目依次为书名、序号、著者（编者、点校者）、出版社和出版日期。同一册书包含不同作者的不同图书时，于著者项依次用"／"分隔。

4. 提要介绍所著录图书的主要内容、主要观点、主要特色，以及所依据的版本等。

5. 甲编图书介绍作者，同一作者有多种图书被先后著录，仅于第一次著录时予以介绍。

湖湘文库编辑出版委员会

# 目 录

## 甲编

# 乙编

甲　编

# 马王堆汉墓帛书　甲1—2

湖南省博物馆编　岳麓书社2013年7月出版

　　马王堆汉墓帛书是1973年12月在长沙市东郊马王堆三号墓发掘出土的，墓主是西汉初期长沙国丞相、轪侯利苍的儿子。该墓出土帛书四十二种，十万多字，内容涵括政治、经济、哲学、历史、天文、地理、医学、军事、体育、文学、艺术等众多学科。本书分为五章，按照《汉书·艺文志》分类法，将出土帛书分为六艺、诸子、兵书、术数、方技五类。第一章为六艺类帛书，有《周易》的经和传、《春秋事语》和《战国纵横家书》。其中《周易·六十四卦》和《系辞》都是最古的抄本之一；《春秋事语》是记叙春秋时代历史的珍贵文献；《战国纵横家书》记录了战国时纵横家的游说之辞，许多久已失传，纠正了过去所传有关史实之误。第二章为诸子类帛书，有《老子》甲本及卷后佚书和《老子》乙本及卷前佚书两种。又有《经法》《十六经》《称》《道原》四篇有关黄帝言的古佚书，抄录在《老子》乙本前面，称《黄帝书》或《黄帝四经》，是久佚的有关汉初黄老思想的重要文献。第三章为兵书类帛书，有《刑德》甲篇、《刑德》乙篇、《刑德》丙篇三种，是汉初刑德理论的重要文献。第四章为术数类帛书，有篆书《阴阳五行》、隶书《阴阳五行》《天文气象杂占》《五星占》《相马经》《木人占》六种，是研究我国古代阴阳五行理论与天文气象、占卜的珍贵文献。第五章为方技类帛书，有《足臂十一脉灸经》《阴阳十一脉灸经》甲本、《脉法》《阴阳脉死候》《五十二病方》《养生方》《胎产书》《杂疗方》《阴阳十一脉灸经》乙本、《却谷食气》等十种，均系中医学弥足珍贵的古籍，反映了汉初之前的临床医学、方药学、养生学的发展水平。

　　全书所收帛书按揭裱的原始状态予以刊载，释文对应图片，

1

目的是让读者能了解帛书保存的真实状态，并为研究者提供马王堆帛书的原始资料。此次出版，也是首次较为完整地将马王堆帛书揭裱原始状态予以发表。

## 湖南出土简牍选编　甲3—4

宋少华　张春龙　郑曙宾　黄朴华编著　岳麓书社2013年7月出版

　　湖南有丰富的简牍资源，自20世纪中叶以来，全省范围内有数次重大的简牍文献发掘，出土了大量的自战国至西晋的简牍。本书选取全省各地各时期的一些有代表性简牍，以内容重要、书法精美、字迹清楚者为选取标准。据此可略窥湖南出土历代简牍的整体面貌。全书包含九篇：湖南出土战国楚简、龙山里耶秦简、马王堆汉墓出土简牍、沅陵虎溪山西汉简、长沙走马楼西汉简、长沙东牌楼东汉简、长沙走马楼三国吴简、郴州苏仙桥三国吴简、郴州苏仙桥西晋简牍。每篇又包含概述、图版、释文三个部分。概述部分说明历次发掘简牍的时间、地点、简牍数量和简牍形制，以及这些简牍在地下的埋藏形式。图版与释文的编号一一对应，方便阅读和查找。

## 楚辞章句补注　楚辞集注　甲5

[汉]王逸章句　[宋]洪兴祖补注　夏剑钦校点/[宋]朱熹集注　吴广平校点
岳麓书社2013年1月出版

　　《楚辞章句补注》，[汉]王逸章句、[宋]洪兴祖补注。《楚辞》是以楚国文学家屈原和宋玉等为代表所创作的骚体诗，以及汉代人贾谊、淮南小山、东方朔、庄忌（旧本作严忌）、王褒、刘向等人所创作的拟骚体诗的汇编集，由汉成帝时刘向汇编而成。原书十六卷，包括《离骚》《九歌》《天问》《九章》《远游》《卜居》

《渔父》《九辩》《招魂》《大招》《惜誓》《招隐士》《七谏》《哀时命》《九怀》《九叹》等十六首。汉安帝时王逸为《楚辞》作注，即章句，并加进了由他本人所作的拟骚体诗《九思》，命名为"楚辞章句"，为十七卷。《楚辞章句》是汉代楚辞研究的集大成之作，《四库全书总目提要》著录，对其书的作者和篇章及体例记载甚详。南宋洪兴祖对《楚辞章句》再作补注，称为《楚辞补注》，或称为《楚辞章句补注》。洪氏所作补注，对王逸的章句纠谬补缺。其书援引赅博、取证详审，成为注释《楚辞》的通行本。《四库全书总目提要》亦著录，对作者及补注特色记载详细，并认为"于《楚辞》诸注之中，特为善本"。本次整理以《四部丛刊》影宋本校点排印。

　　《楚辞集注》，[宋]朱熹集注。本书包括正文八卷，《楚辞辩证》两卷、《楚辞后语》六卷。正文八卷对王逸的《楚辞章句》的篇目进行了增删，卷一至卷五为《离骚》，收录屈原的二十五篇作品；卷六至卷八为《续离骚》，收录宋玉、景差、贾谊、庄忌（即严忌）、淮南小山的十六篇作品。《楚辞辩证》为辩证旧文中的错误。《楚辞后语》则删定晁补之《续楚辞》《变离骚》二书，并录荀况至吕大临拟骚体五十二篇。朱熹作此书的目的，是重在阐发《楚辞》中的微言大义。本书《四库全书总目提要》著录。本次整理以宋端平二年朱监刻本为底本校点排印。

## 贾谊集　贾太傅新书　甲6

[汉]贾谊撰　岳麓书社 2010 年 11 月出版

　　《贾谊集》，[汉]贾谊撰。彭昊、赵勖校点。贾谊，西汉文帝时期洛阳人，是当时著名的政治家、思想家和文学家。二十四岁时任长沙王太傅，居长沙三年，在长沙有《吊屈原赋》《鵩鸟赋》

等作品，语多悲愤，以自伤自慰。历代以来，"屈贾情结"成为湖湘文化的重要渊源。《贾谊集》是贾谊著作的新编全集，包括《新书》五十六篇、《疏》七篇、《赋》五篇。其中《疏》文辑自《通典》和《汉书》；《赋》文辑自《文选》、《古文苑》和《楚辞集注》。贾谊的著作在宋代以前仅有《新书》传世，但有九卷本与十卷本之分。流传至今以清人卢文弨抱经堂校定本为通行之本。《新书》是贾谊的散文作品，《汉书·艺文志》著录为五十八篇，今存五十六篇，其中《问孝》和《礼容语上》久佚。

《贾太傅新书》十卷，又名《贾太傅新书订注》，[汉]贾谊撰。[明]何孟春订注。何孟春有《馀冬录》，收在《湖湘文库》甲编46。此本刻于明正德十五年，为《新书》存世最早版本之一，且其订注为何孟春所作，是为明代湘人研究《新书》的代表成果。本书第十卷实为附录，收贾谊赋体五篇，以及《小传》、何孟春跋文三篇，末有华容人周廷用《刻贾太傅新书叙》一文。此书以南京图书馆所藏刻本影印。

## 伤寒论　金匮要略　伤寒源流　伤寒杂病论笺

### 甲7

[汉]张仲景著/[清]陶憺庵撰/[清]邹汉璜撰　湖南科学技术出版社2010年12月出版

《伤寒论》即张仲景《伤寒杂病论》之"伤寒"部分。仲景名机，汉末南阳郡涅阳（今河南省邓州市）人，官至长沙太守。在历代医学文献中，张仲景的名字与"长沙"二字密不可分，或称其人为"张长沙"，或称其书为《长沙伤寒》。本书十卷，二十二篇，从第二篇始，列药方共一百一十三种。着重探讨伤寒病的病机变化，分析疾病的阴阳、表里、寒热、虚实等不同证候，制定汗、吐、下、温、清、和等治疗方法三百九十七种，叙述了外感疾病的发生和发展的变化过程，创立了六经辨证和治疗原则以及方剂配伍等，开创了中医辨证施治的方法。本书以明代万历二十七年赵开美仿宋刻本为底本排印。

《金匮要略》，又名"金匮方论"，即张仲景《伤寒杂病论》之"杂病"部分。本书三卷，二十五篇，主要论述内科杂病，兼述外科、妇科疾患。记载四十余种疾病，并据病辨证，阐述各病的病因、诊断、治疗和药方，载方二百六十二种。本书以元代至元六年邓珍刊本为底本排印。

《伤寒源流》，又名"伤寒源流全集"，陶憺庵撰。陶憺庵即陶之典，字五徽，湖南宁乡县人，清顺治间由拔贡选授安亲王府教习，官至内阁中书，晚年号石溪逸叟，精医术，人称憺庵先生。本书共六卷，卷一、卷二为"六经证治"，叙次六经标本、传变、并合、在经、越经与汗、吐、下后诸症之源。以六经为纲，下分细目，各经之经络循行、主证、主脉，条目清晰。卷四至卷六则条分各证、经络归属、表里深浅、施治主方之要，对各症之脉象、机理、虚实寒热、转归进退、鉴别诊断等，阐述颇详。卷六后附药方二百四十种，除《伤寒论》原一百一十三方外，增补后世名方于诸症主治条下。本书有清康熙三十六年杨家修刻本，1999年湖南科学技术出版社据此本整理，收入《湖湘名医典籍精华》。今据《湖湘名医典籍精华》本排印。

《伤寒杂病论笺》，邹汉璜撰。汉璜一作汉潢，湖南新化县人。新化邹氏有医学丛书《邹氏纯懿庐集》，本书即其中之一种。自明代以来，医家对《伤寒论》多仅取六经病治条文进行注释，且多以己意重新编次，明人方有执尤有"错简"之说。本书取晋人王叔和整理的《伤寒论》为依据，认为王叔和去张仲景时代未远，其编次最能体现仲景之意，故取王叔和编次之旧予以注释，主旨宗王而斥方（有执）。全书二十五卷，卷一至卷二十三是对《伤寒论》的注释，卷二十四取《素问·热论篇》予以注释，并与张仲景之说相互印证，卷二十五为诸方汇解。本书原稿本藏中国中医研究院图书馆，1999 年湖南科学技术出版社据稿本整理，收入《湖湘名医典籍精华》。今据《湖湘名医典籍精华》本排印。

## 神农本草经　神农本经会通　甲8

[清]顾观光辑/[明]滕弘撰　湖南科学技术出版社 2008 年 3 月出版

《神农本草经》，佚名撰，顾观光辑。观光字尚之，又字漱泉，江苏金山人，清代医学家，生活在道咸同光间。本书托名炎帝神农氏，魏晋以前文献曾记载此书书名，梁代阮孝绪《七录》始有著录，《隋书·经籍志》则著录为"三卷"。全书载药物三百六十五种，按药物功效分为上、中、下三品。上、中品各为一百二十种，下品为一百二十五种，书首有序例一卷，故亦有称四卷本者。本书原著早在唐代初年已经失传，其主要内容保存在唐代以后的历代《本草》著作以及《太平御览》等类书中。明清以来有多家辑本，顾观光辑本是其代表作之一。此顾氏辑本依据《本草纲目》所载《神农本草经目录》，再从宋代的《证类本草》等书中辑录三百六十五种药物，按照上、中、下三品所规定的药数和次第予以编排。又根据《太平御览》《经史证类大观本草》《唐本草注》以及明代卢复辑本、清代孙星衍和孙冯翼合辑本等加以考订。本书成于清道光二十四年，分为四卷，光绪十五年再次作了修订补充，1955 年 11 月人民卫生出版社影印出版。本次整理即以此影印本为底本，以孙星衍和孙冯翼合辑本为参校本，由周治谋点校。

　　《神农本经会通》，滕弘撰。弘号可斋，湖南邵阳人，生活于

15 世纪后半叶。本书是一部药物大全集，共载药九百五十八味，分草、木、果、谷、菜、玉石、人、兽、禽、虫鱼十类。大旨以《神农本草》为本经，汇集其他《本草》著作所载之药物，结合古今见闻，对每味药物分述其性味、归经、功用、采集等知识内容，并对各家《本草》著作所载药物进行辨误、决疑、校讹。所引书目，后世大多失传。原书约成于明代成化间，仅有明万历四十五年刻本，中国科学院图书馆有此刻本之影印本。本书即以此影印本为底本整理排印。

## 麓山精舍丛书 甲9

[清]陈运溶辑撰　岳麓书社 2008 年 1 月出版

陈运溶，字子安，号芸畦，湖南善化县（今长沙市）人。监生，授修职郎、江苏补用县丞。淡泊仕进，毕生致力于辑录湖湘古往佚书。本书分为两集。第一集为辑佚类，共八十六种，包括：《周官总义职方氏注》一卷，《晋纪》一卷，《历朝传记》九种，《荆州记》三卷附录一卷（附辑本跋、校勘小识），《荆湘地记》二十九种，《荆湘图经》三十六种，《太平寰宇记拾遗》七卷，《太平寰宇记辨伪》六卷，《荆楚岁时记》一卷，《湘中名贤遗集》五种，《陶阁史诗集》二卷附录一卷。所辑古佚书，或为湘人所著述，或记述湖湘地理人物，其大旨"收亡集佚，不越湖湘"。所征引资料大多出自《北堂书钞》《初学记》《艺文类聚》《太平御览》等类书，以及《史记》《太平寰宇记》等史地类著作。第二集为释地类，共四种。包括：《后汉书大秦国传补注》一卷，《古海国遗书钞》十二卷附二卷，《大清一统舆图海道集释》七卷，《欧亚两洲沿岸海道纪要》三卷。本集是作者撰著考订之作，考述古文献中的"海国"与中国沿海地理等。

原书自清光绪二十六年开始校刊，至清宣统三年刊印完成。本次出版即以此刊本为底本影印。

## 南岳佛道著作选　甲10

[陈]慧思　[唐]希迁等撰　徐孙铭校点/[唐]薛幽栖　陈少微等撰　万里等校点　岳麓书社 2012 年 12 月出版

本书分为《佛教篇》和《道教篇》。南岳佛教创始于西晋末年，东晋咸和间，岣嵝峰下建有云龙寺。陈光大二年，慧思率弟子四十余人自光州齐光寺来南岳，开堂传法，提出"定慧双修"佛学观，此后，名僧大德如智𫖮、怀让、希迁等先后来南岳传法，开创南禅南岳系，南岳成为佛教的"天下法源"。《佛教篇》包括陈朝慧思的《南岳思大禅师立誓愿文》《诸法无诤三昧法门》《大乘止观法门》，隋朝智𫖮的《摩诃止观》，唐朝希迁的《参同契》《草庵歌》，唐朝怀让的《南岳大慧禅师语录》。这些著作足称南岳佛学的代表。

东汉末年，张道陵自浙江天目山来衡山谒青玉、光天二坛，礼祝融祠，将道教传入南岳。唐代，南岳道教进入鼎盛期，唐太宗御书"南岳宫"匾额，并命天师张惠朗带道士四十九人来南岳为国焚修。五代时期，南岳道教开始衰落。《道教篇》包括佚名氏撰《太上黄庭内景玉经》、唐朝薛幽栖的《元始无量度人上品妙经注》、唐朝刘处静的《洞玄灵宝三师记》、唐朝陈少微的《大洞炼真宝经修伏灵砂妙诀》《大洞炼真宝经九还金丹妙诀》、唐朝司马承祯的《服气精义论》《修真精义杂论》《坐忘论》《天隐子》《上清含象剑鉴图》《太上升玄消灾护命妙经颂》、唐朝张大虚的《玄和子十二月卦金诀》、唐朝衡岳真子的《玄珠心镜注》、唐朝徐灵府的《通玄真经》、唐朝李冲昭的《南岳小录》、五代谭峭的《化书》。《道教篇》之末附北宋廖侁《南岳九真人传》。通过这些著作，可见南岳道教之大概。

## 唐代湘人诗文集　甲11

[唐]李群玉等撰　黄仁生　陈圣争校点　岳麓书社2013年7月出版

　　唐代湖南知名诗人有李群玉、刘蜕、胡曾、齐己等，他们的诗歌在中国文学史上占有一席之地。本书分五编：第一编《李群玉集》，收《李群玉诗集》三卷、《后集》五卷，以《四部丛刊初编》影宋刊书棚本为底本，以明抄本《李群玉诗集》、明末刻本《唐人八家诗》为参校本。此外，从各种相关文献中辑李群玉佚诗十一首、残句四则，汇为《李群玉诗补遗》一卷附后。第二编《刘蜕集》，主要收录《唐刘蜕集》六卷，以涵芬楼景印明天启间吴馡刊本为底本，以湖南丛书本《刘蜕集》等参校。此外，据各种文献辑录集外文十一篇，诗一首，残句一则，汇为《刘蜕诗文补遗》一卷附后。第三编《胡曾集》，主要收录《咏史诗》三卷，以上海涵芬楼景印常熟瞿氏铁琴铜剑楼影宋抄本《新雕注胡曾咏史诗》为底本，以文渊阁四库全书本《咏史诗》等参校。此外，据各种文献辑录集外诗十六首，残句一则，文五篇，汇为《胡曾诗文补遗》一卷附后。第四编《齐己集》，主要收录《白莲集》十卷、《风骚旨格》一卷，以《四部丛刊·初编》影印明抄本为底本，以天启七年曹氏书仓抄本《白莲集》等参校。此外，据各种文献辑录集外诗六首，句五则，文三篇，汇为《齐己诗文补遗》一卷附后。第五编《其他湘人诗文集》，无统一底本，系从若干典籍中辑出，其出处和版本情况已分别出校记作了说明。

## 唐宋人寓湘诗文集　甲 12—13

黄仁生　罗建伦校点　岳麓书社 2013 年 7 月出版

　　湖南的文学传统是由流寓作家和本土作家共同造就的，而湖南文学的源头是流寓作家屈原和贾谊。唐宋时期的湖南文学基本是由寓湘作家主导，而本土作家则受其熏陶与影响。本书由多位编者从唐宋两代寓湘诗人包括杜甫、刘禹锡、柳宗元、元结、王昌龄、张说等人的诗文集中广泛撷拾与湖南相关的诗文作品汇编而成，涉及寓湘作家数百人。作家按出生时间先后排序，每位作家有小传介绍生平，小传下系其相关作品，作品按先诗后文顺序排列。

## 周易总义　周易象义　甲 14

［宋］易袚撰／［宋］丁易东撰　岳麓书社 2011 年 11 月出版

　　《周易总义》，易袚撰。袚字彦章，号山斋，南宋潭州宁乡县（今长沙市宁乡县）人，淳熙十二年殿试第一，官至左司谏兼侍讲。本书《四库全书总目提要》著录，称作者"兼通理数，折衷众论，每卦先括为总论，复于六爻之下各为诠解，于经义实多所发明"。全书二十卷，卷一至卷十七分述六十四卦，卷十八、卷十九为《系辞》，卷二十为《说卦》《序卦》和《杂卦》。本书特点是从整体上阐明六十四卦三百八十四爻之大义，以对《周易》理数及其相互之间的关系作出诠释。本书以《四库全书》本为底本影印。

　　《周易象义》，丁易东撰。易东字汉臣，号石坛，生卒年月不详。本书《四库全书总目提要》著录，称其为武陵（今湖南常德）人，南宋末年曾官至太府寺簿兼枢密院编修官，入元不仕。本书为象数易学著作，大旨取象以明义。其取象之法归为十二，即本体、互体、卦变、应爻、动爻、变卦、伏卦、互对、反对、比爻、原画、纳甲。作者对汉以来易象学进行了概括和总结，但对前人取象之法有所取舍。《四库全书总目提要》对这种取舍予以肯定，称"言象者所当考"。本书十六卷，本之于《周易》原文次序。书末附《大衍索隐》三卷，为作者研究易数的专门著作。《周易象义》和《大衍索隐》原书早佚，清代四库馆臣从《永乐大典》中辑出。本书即以《四库全书》本影印。

## 春秋传　甲 15

[宋] 胡安国撰　王丽梅校点　岳麓书社 2011 年 3 月出版

　　胡安国，字康侯，建宁崇安（今福建武夷山市）人，北宋绍圣四年进士，南宋初年著名的思想家。因战乱辗转来湖南，先后在湘潭和衡山结庐讲学，成为湖湘学派的开创者。卒谥"文定"。本书《四库全书总目提要》著录，称该书"作于南渡以后，故感激时事，往往借《春秋》以寓意"。全书三十卷，是作者阐述《春秋》经义的著作。其阐述的原则是"事按《左氏》，义采公、穀之精者，大纲本《孟子》，而微词多以程氏之说为证"。作者阐述《春秋》经义，立足于社会现实、立足于挖掘经典所蕴含的哲理，并将自己的苦心和抱负寄托于对经义的阐释之中。本书自草创至成书，历时三十余载，作者自认为"此传心要典也"，《朱子语录》亦肯定该书"议论有开合精神"。本书的传世版本较多，本次出版以上海涵芬楼影印瞿氏铁琴铜剑楼藏宋刊本为底本，并参校其他善本。

## 读史管见　甲 16—17

[宋]胡寅撰　刘依平校点　岳麓书社 2011 年 3 月出版

　　胡寅，字明仲，号致堂，胡安国之子，官至礼部侍郎。本书是作者晚年流放岭南之作，成书于南宋绍兴二十五年，其内容是作者阅读《资治通鉴》的心得。作者认为司马光《资治通鉴》"事虽备而立义少"，没有像《春秋》经那样"立褒贬之法"。胡寅阅读《资治通鉴》，"用经义以断往事"，即用《春秋》的价值标准为尺度来衡量历史，对历史进行义理化诠释，对历史事件和人物作出是非界定和褒贬。宋代陈振孙《直斋书录解题》称本书"议论宏伟严正"。南宋朱熹著《通鉴纲目》，引用本书七十七处，节录本书多达三百四十一处。近人陈寅恪说："胡致堂之史论，南宋之政论也。"本书《四库全书总目提要》存目，称作者论史"严苛"，"其论人也，人人责以孔颜思孟，其论事也，事事绳以虞夏商周，名为存天理、遏人欲、崇王道、贱霸功，而不近人情，不揆事势，卒至于窒碍而难行"。这种评价未免带有乾嘉朴学的偏见，且这种偏见影响了本书的传播，使得清代以来本书刻本稀见。本次出版是首次对本书进行标点断句，以明代张溥校订本为底本，以宋衡阳郡斋残本配元刻本和宋宛陵郡斋本为校本整理排印。

## 斐然集　崇正辩　甲 18

[宋]胡寅撰　尹文汉校点　岳麓书社 2009 年 7 月出版

　　胡寅，见前《读史管见》（甲 16—17）。《斐然集》三十卷，是作者的诗文集。卷一至卷五为诗，卷六至卷三十为文。其文章包括作者居官期间的各种公文，如表、启、状、札子、制、缴奏、上书、寄书，也包括作者一生所撰写的散文与骈文。其文字清丽雅致，顺畅简洁，甚受时人喜爱。朱熹称赞其"《万言书》，好令后生读”，其“上殿札子《论元老》好，《无逸解》好，《请行三年丧札子》极好，诸奏议、外制皆好”。书首有魏了翁序和章颖序。章《序》称读其文，“凿凿乎五谷之可以疗饥，断断乎药石之可以治疾”。本书《四库全书总目提要》著录，称“寅父子兄弟笃信程氏之学，寅尤以气节著”。书中《进万言书札子》、《谢御札促召家君札子》、《缴资善堂画一内未有先圣》等文，明白剀切，最体现其气节。本次出版以《四库全书》本为底本整理排印。

《崇正辩》三卷，是一部批判佛教的专著。大中祥符四年，益州守臣李士衡进大慈寺沙门仁赞所编修《释氏会要》四十卷，胡寅从此书中摘录二百九十九条，逐条加以批判。此书《四库全书总目提要》著录，称其“持论最正，其剖析亦最明”。书首有丘濬序、胡寅自序、江以达序以及乾隆二十七年胡濬重刻序。丘《序》称此书“盖因僧仁赞之所论，按其事而判之，随所言而折之，根究条析，琐细不遗，一本诸理之所有，以证其事之必无，理直而气壮，词严而意周”。本书是南宋理学家中唯一一部直接批判佛教的专门著作，在儒佛关系史上具有特殊意义。本次出版以清乾隆二十七年重刻本为底本整理排印。



## 胡宏著作两种　甲 19

［宋］胡宏撰　王立新校点　岳麓书社 2008 年 9 月出版

胡宏，字仁仲，胡安国之季子，胡寅之弟，学者称五峰先生。胡宏出身于儒学名门，幼承庭训，二十岁时师从程门学者杨时，后又成为程门弟子侯师圣的学生。建炎三年秋因避战乱辗转进入湖南，卜居于湘潭县碧泉村。胡安国去世后，胡宏依据湘潭文定草堂扩建碧泉书院，讲学授徒。在胡安国草创的基础上，最终完成了湖湘学派的创建，形成了以性本论为主要特征的思想理论体系，并培养了一大批优秀的儒学人才，张栻等出自其门。胡宏在碧泉书院与弟子们讲学论道，使湖湘学派成为南宋初最具影响力的新儒学派别。

本书收胡宏著作两种，即《知言》与《五峰集》。《知言》五卷，是作者的讲学记录，也是作者最主要的学术著作。其言论与要义主要出自《皇王大纪论》《论语指南》《释疑孟》《周易外传》等著作及其与友人、学生的书信与谈话。本书《四库全书总目提要》著录，称"是编乃其论学之语，随笔札记，屡经改定而后成"。本次出版用《四库全书》本整理排印。《五峰集》五卷，是作者的诗文集，以及所著《周易外传》《论语指南》《释疑孟》等专著的部分章节。本书《四库全书总目提要》著录，此次出版即采用《四库全书》本为底本，主要参校中华书局1987年版《胡宏集》中的《五峰集》部分内容。

## 周敦颐集  甲20

[宋]周敦颐撰  梁绍辉  徐苏铭等校点  岳麓书社2007年12月出版

周敦颐，字茂叔，道州营道（今湖南道县）人，北宋哲学家。曾知江西南康军，筑室庐山下，因故居有濂溪而取名濂溪书堂，学者尊称为濂溪先生，亦称为周子。又因其谥号为"元"，后世亦称为周元公。其主要著作有《太极图说》和《通书》等。

《太极图说》以《易传》和部分道家以及道教思想为依据，提出了一个简单而有系统的宇宙构成论。其理论核心是"无极而太极"，"太极"一动一静，产生阴阳万物；万物生生而变化无穷，惟人得其秀而最灵。《通书》认为圣人模仿太极建立人极，人极即"诚"。"诚"是纯粹至善的五常之本、百行之源，是道德的最高境界。人只有通过主静、无欲，才能达到这一境界。

后人将其著作编为《周子全书》《周元公集》。《四库全书总目提要》著录《周元公集》九卷，称"凡遗书杂著二卷，图谱二卷，其后五卷则皆诸儒议论及志传祭文，与宋本不甚相合"。

本书采用北京图书馆藏宋刻本为底本，全书十二卷，附录一卷。卷一为《遗书》《诸儒太极类说》，卷二为《晦庵文集并语录答问》，卷三为《诸儒太极类说》，卷四为《遗书》《诸儒序跋》，卷五为《诸儒通书类说》，卷六为《遗文》《遗诗》、卷七为《附录杂诗》，卷八为《附录杂文》，卷九为《附录诰命》，卷十至卷十二为《附录祠记》，附卷为度正《濂溪先生周元公年表》。原书名为《元公周先生濂溪集》，今改为《周敦颐集》。

## 张栻集　甲 21—22

[宋]张栻撰　邓洪波校点　岳麓书社 2010 年 1 月出版

张栻，字敬夫，号南轩，学者称南轩先生，汉州（今属四川）绵竹人。因得谥号"宣"，后世亦称张宣公。南宋哲学家，与朱熹、吕祖谦齐名，并称为"东南三贤"。以父荫补右承务郎，官至荆湖北路安抚使，随父张浚辗转湖湘间，后葬父于潭州宁乡（今属长沙市），遂徙居其地。曾师从胡宏于湘潭碧泉书院，学成后，于长沙、宁乡、衡阳等地创建城南、道山、南轩等书院，进一步光大胡宏之学。乾道元年受聘为岳麓书院山长，坚持辨理欲、明义利、体察求仁，将书院教学与治国平天下的经世活动联系起来，史称"一时从游之士，请业问难者多至千余人，弦诵之声溢于衡峰湘水"。朱熹闻栻阐胡宏之学于岳麓书院，于乾道三年秋"往从而问焉"，史称为"朱张会讲"。此次会讲为期两月有余，当时"学徒千余，舆马之众，至饮水池立涸，一时有潇湘洙泗之目"。

张栻一生从事书院教育与学术研究，最终集湖湘学派之大成，其著作著录于《四库全书总目提要》者有《南轩易说》三卷、《癸巳论语解》十卷、《癸巳孟子说》七卷、《南轩集》四十四卷、《南岳倡酬集》一卷附录一卷（与朱熹合撰）。其存目于《四库全书总目提要》者有《伊川粹言》二卷。清道光二十五年，陈钟祥将《南轩集》与《论语解》、《孟子说》合刻于绵邑洗墨池，书名为《宋张宣公诗文集论孟合刻》，又称作《张宣公全集》。其《论语解》题《南轩先生论语解》、《孟子说》题《南轩先生孟子说》、《南轩集》题《南轩先生文集》。

本书即以绵邑洗墨池刻本《张宣公全集》为底本，以文渊阁《四库全书》本之《癸巳论语解》《癸巳孟子说》和《南轩集》为参校本整理排印，取书名为《张栻集》。

## 渠阳集　甲23

[宋]魏了翁撰　张京华校点　岳麓书社2012年12月出版

魏了翁，字华父，号鹤山，学者称鹤山先生，宋邛州蒲江（今四川蒲江）人。宋庆元五年进士第二及第，历官至权工部侍郎。宝庆元年史弥远当政，以"封章谤讪"、"朋邪谤国"、"欺世盗名"等罪名落职，谪居湖南靖州长达七年之久。绍定四年复原职，进宝章阁待制，终福建安抚使。渠阳为宋代县名，即今湖南省怀化市靖州苗族侗族自治县。此书即作者被贬谪靖州其间所撰写的诗文。全书十八卷，卷一为古诗、卷二至卷四为书（信）、卷五至卷八为记、卷九为序、卷十为铭、卷十一为跋、卷十二至卷十八为墓志铭。作者英悟绝出，少为神童，平生虽以长于吏治著称，但其学术根柢在于传承理学，《宋元学案》中有《鹤山学案》之章，其著作有《鹤山先生大全文集》，多达一百零九卷。《渠阳集》一书原本有单刻本传世，宋明以来各家书目多有著录，但卷数不一，后亦失传。本次整理以文渊阁《四库全书》本之《鹤山集》为底本，以《四部丛刊》影宋开庆本《重校鹤山先生大全文集》为勘对本，重新厘定其中《渠阳集》诗文为十八卷。渠阳在当时为荆楚西南百蛮之地，偏僻闭塞、人文罕至。此书记载了当地土俗民风，是研究湖湘文化的重要文献。

## 青郊杂著　文韵考衷六声会编　字学元元
甲 24

[明]桑绍良撰/[明]袁子让撰　岳麓书社 2012 年 3 月出版

《青郊杂著》亦名《声韵杂著》，桑绍良撰。绍良字遂权，明代万历间湖南郴州人。本书主要讲解韵学的基本知识和作者的基本韵学观点，提出了"韵有十八部、四科、五品、六级、七十四母"之说，并对这些韵学概念各有阐述。

《文韵考衷六声会编》十二卷，桑绍良撰。本书是作者音韵理论的实践，按其在《青郊杂著》中所拟定的声韵调系统列字填写详尽的韵图，其横列声母，按品分划；其纵列韵母，依六级、十八韵安排，各小韵再注明反切。《青郊杂著》和《文韵考衷六声会编》于《四库全书总目提要》存目，对作者的韵学观多有批评，称其"皆支离破碎，凭臆而谈"、"于韵书沿革尚未详考矣"。不过后世学者认为《四库全书总目提要》的评价拘于维护传统韵书的权威性，有意忽略了作者对传统韵学的革新。本书以明万历桑学夔刻本为底本影印出版。

《字学元元》十卷，又名"五先堂字学元元"，明袁子让撰。子让字仔肩，号七十一峰主人，湖南郴州人。明万历二十九年进士，官至四川眉州知州。本书是研究等韵的专著。作者针对元代刘鉴《经史正音切韵指南》存在的问题，而详疏书中所用南宋僧侣无名氏《四声等子》的等韵门法，又增广门法为四十八类，较刘鉴《切韵指南》所附《门法玉钥匙》和明僧真空《篇韵贯珠集》所增更为完备。其辨四等，有变四为二的倾向，是作者在审音上的贡献。全书各卷前有题首，表明作者在此卷中的观点和主张。本书《四库全书总目提要》存目，肯定其疏明《切韵指南》等韵书，"使有条理"，又"广等子门法为四十八类，较《玉钥匙》《贯珠集》诸书颇为分明"。同时又批评其"体例糅杂，茫无端绪"。然而瑕不掩瑜，本书在等韵学领域，仍具有特殊地位。本书以明万历三十一年刻本为底本影印出版。

## 学林 识遗 甲 25

[宋]王观国撰/[宋]罗璧撰　王建　田吉校点　岳麓书社 2010 年 9 月出版

《学林》十卷，王观国撰。观国字彦宾，湖南长沙人，北宋政和五年进士，以左承务郎知汀州宁化县，后出知邵州。本书是考订类学术笔记。《四库全书总目提要》著录，称"书中专以辨别字体、字义、字音为主，自六经、《史》《汉》，旁及诸书，凡注疏笺释之家，莫不胪列异同，考求得失，多前人之所未发"。清人周中孚《郑堂读书记》称"《学林》凡三百五十八则，其闲考书籍之讹脱，证事迹之歧异，辨文字之正借，审音读之是非，故取《汉书叙传》'正文字惟学林'语，以名之所述，皆元元本本，不为向壁虚造之谈，于宋人说部中，最称精核"。南宋学术笔记中，其专精小学以发前人所未发者，唯此书而已。其博洽与《容斋随笔》、《梦溪笔谈》略近，其专精略逊于王应麟《困学纪闻》。本书以清嘉庆间《湖海楼丛书》本校点排印。

《识遗》十卷，罗璧撰。璧字子苍，号默耕，湖南平江县人，宋末乡贡，宋亡隐居不仕。本书为考订类学术笔记。《四库全书总目提要》著录，称"其爬疏钩索、征据旧文，尚颇可采"。全书考订学术概念与典章名物一百五十九条，作者不仅崇尚考订，而且强调经世致用，具有强烈的理学倾向。《四库全书总目提要》及《续文献通考》均称罗璧为新安人，而李元度极辨其误，并引明弘治《平江县志》旧文为证。本书以道光十一年六安晁氏《学海类编》活字本为底本，以《说郛》本、《四库全书》本和清末方功惠《碧琳琅馆丛书》本为参校本整理排印。

## 欧阳玄集　甲 26

[元]欧阳玄撰　陈书良　刘娟校点　岳麓书社 2010 年 12 月出版

　　欧阳玄，字原功，号圭斋，谥号文，后世亦称欧阳文公，祖籍庐陵（今江西吉安），与欧阳修同宗，高祖徙居湖南浏阳，遂为浏阳人。元代延祐二年中进士，授岳州路平江州同知，官至翰林学士承旨，担任《辽史》《宋史》《金史》三史总裁官。还负责编修《泰定帝实录》《明宗实录》《文宗实录》等四朝实录，以及《经世大典》《至正条格》等重要文献。作者的诗文著作丰富，时人揭傒斯《欧阳先生集序》称其诗文集四十四卷，由门人王师模辑。明代宋濂《欧阳文公集序》称其诗文集"多至一百余册，藏于浏阳里第，皆毁于兵"。明成化间，作者在江西分宜防里的五世宗孙欧阳俊质收集其散佚作品，"得十一于千百，欲梓行而未果"。成化六年，欧阳俊质之子欧阳铭等再次增辑考订，编成《圭斋文集》十五卷附录一卷，成化七年由浙江督学宪副刘钎"捐俸锲梓"，是为成化七年刻本。该刻本是作者诗文集现存最早的版本，也是后来各本之祖本，民国年间，上海涵芬楼据成化本影印，收入《四部丛刊》，遂成为作者诗文集的通行本。本书即以《四部丛刊》本《圭斋文集》为底本整理排印，改名为"欧阳玄集"。全书十六卷。依次为卷一《赋》《颂》，卷二《五言古诗》《七言律诗》，卷三《七言绝句》，卷四《歌》《杂体》，卷五卷六《记》，卷七卷八《序》，卷九《神道碑》《碑文》，卷十《墓碑铭》，卷十一《阡表》《哀辞》《传》，卷十二《经疑》《书义》《策》，卷十三《诏》《表》《册文》《铭》《字说》，卷十四《题跋》，卷十五《赞》《疏》《书》，卷十六《附录》。

## 刘三吾集　甲 27

[明]刘三吾撰　陈冠梅校点　岳麓书社 2013 年 6 月出版

　　刘三吾，初名如孙，三吾为其字，自号坦坦翁，晚年又号玉堂老人。湖南茶陵人。早岁中乡举，未居官，后避兵广西，由行省承制授静江路儒学副提举，及明兵下广西，归居茶陵。洪武十八年被召进京，授予左赞善，累迁翰林学士，明初诸多礼制以及三场取士法，多由三吾刊定。编纂了《存心录》《省躬录》《书传会选》《寰宇通志》《礼制集要》等书，并为明太祖的《大诰》及《洪范注》作序。本书收《刘坦斋先生诗文集》《书传会选》两种。

　　《刘坦斋先生诗文集》十五卷补编一卷，是作者的诗文集。卷一至卷十一为文，包括序、记、赋、表笺、题跋、说、神道碑铭、墓志铭、墓表、墓志等文体。卷十二至卷十五以及补编为各体诗。书前有张赞《斐然稿原序》，称"三吾先生之文，意雄辞赡，出入百家"，"事信言文，凿凿可以传且显者"。清邓显鹤《沅湘耆旧集》收刘三吾诗五十首，称其诗"虽时病粗豪，要有真气，不失开国气象"，"其凭吊故墟、感时书事诸作，悲凉沉郁，不减遗山"。《文集》初编于明成化丙申，取名为"斐然稿"；再编于明万历六年；三编于清乾隆二十三年，书名为"刘坦斋先生诗文集"。本次出版即以乾隆版为底本校点排印。

《书传会选》是对南宋蔡沈《书集传》的删改与订正。明洪武十年三月太祖与群臣论"蔡传"之失，并诏修是书。虽为诏修之书，实出自刘三吾之手。书首有刘三吾《序》称："臣三吾备员翰林，屡尝以其说上闻。"本书《四库全书总目提要》著录："凡'蔡传'之合者存之，不预立意见以曲肆诋；其不合者改之，亦不坚持门户以巧为回护。计所纠正，凡六十六条。"清顾炎武《日知录》称本书"每传之末，系以经传音释，于字音、字体、字义辨之甚悉。其传中用古人姓氏、古书名目，必具出处，兼亦考正典"。并称此书"宋元以来诸儒之规模犹在"，"有功于后学"。本次出版，以《四库全书》本为底本校点排印。

## 海粟集辑存　云阳集　甲28

[元]冯子振撰/[元]李祁撰　王毅辑校　岳麓书社2009年7月出版

《海粟集辑存》，冯子振撰。子振号海粟，自号瀛洲客，又号怪怪道人，湖南湘乡县人，至元二十四年因侍御史程钜夫的推荐入京，官集贤院待制。作者是元代著名文学家，时人高启称赞其"才气风流"与李白"同调"。其散曲"辞壮而丽，不霪不伤"。其赋从容平淡、悠然闲适。其散文豪肆有奇气。《四库全书总目提要》著录作者与释明本《梅花百咏》一卷，并称"子振著作，则惟《元文类》诸书略见一二，全集久已湮没无存"。今人马积高称"《海粟集》大约在明末失传"。今人王毅从各种文献中收集到作者诗词一百四十二首，散曲四十四首，赋二篇，文八篇，成《海粟集辑存》，1990年由岳麓书社出版。本书是在1990年岳麓书社版《海粟集辑存》的基础上增补而成。

《云阳集》，李祁撰。祁字一初，别号希蘧，自号危行老人，湖南茶陵人。元统元年进士，入翰林，预典制诰，修国史。元末隐居茶陵云阳山中，入明不仕，自称不二心老人。本书《四库全书总目提要》著录《云阳集》十卷，并称"祁为诗冲融平和，自合节度，文章亦雅洁有法"。《云阳集》由作者之子李位编辑，初刻于明洪武辛酉。续刻于明弘治庚戌，为《四库全书》所收。三刻于清康熙间，并为四卷。四刻于清嘉庆十九年。本书即以嘉庆刻本为底本，参校《四库全书》所录之明弘治本。全书四卷，卷一有旧序八篇，以及赋一篇、诗若干篇；卷二、卷三为文；卷四杂著。卷首有刘权之《序》。

## 李道纯集　蒋道林文粹　甲29

[元]李道纯撰　张灿辉校点/[明]蒋信撰　刘晓林校点　岳麓书社2010年1月出版

　　《李道纯集》，李道纯撰。道纯字元素，号清庵，别号莹蟾子。都梁（今湖南武冈市）人，宋末元初著名道士、道教理论家，后人称其学说及内丹修炼为内丹中派。本书包括《中和集》《道德会元》《清庵莹蟾子语录》三部分。《中和集》是以《礼记·中庸》"中和"为本的内丹心性学的理论专著。《道德会元》是作者对《道德经》的阐释。《清庵莹蟾子语录》是作者弟子嘿庵广蟾子对其师布道语录之记载。《中和集》的底本是清光绪三十二年成都二仙庵刻《道藏辑要》本。《道德会元》的底本是上海涵芬楼影印明正统《道藏》本。《清庵莹蟾子语录》以20世纪80年代文物出版社等单位协作出版的《道藏》为底本。

　　《蒋道林文粹》九卷，蒋信撰。信字卿实，号道林，湖广武陵（今湖南常德市）人。嘉靖十一年中进士，官至贵州提学副使。后离开官场，在武陵城东创办桃冈精舍，讲学授业，《明史》本传称

"湖南学者宗其教，称之曰：'正学先生'"。本书为作者的文集，卷一至卷三《序》，卷四《序》《说》《记》《铭箴》，卷五《志铭表》，卷六《文》，卷七《论》，卷八《书》，卷九《策》。本书《四库全书总目》存目，称"其文不事华藻，惟直抒胸臆，期于明畅而止"。作者曾从王守仁于龙场驿，后又从湛若水游，故其文中极力宣扬王守仁的心性之学。本书以明万历四年刻本之清抄本为底本校点。

## 陶汝鼐集　甲30

[明]陶汝鼐撰　梁颂成校点　岳麓书社2008年11月出版

陶汝鼐，字仲调，号密庵，又号忍头陀，湖南宁乡县人。崇祯元年充选贡，次年太学行积分法，鼐得第一等，授五品官，不就。明朝覆亡后，鼐被南明政权授予翰林院待诏、职方郎、监军、检讨等职。顺治十年被捕入狱，后经友人多方营救获释，尚不改其反清复明之心。康熙三年结庐于宁乡县城之西溪，自题为"荣木堂"，从此归隐山林，潜心著述，有《荣木堂合集》传世。

本书是作者的诗文集，包括《赋集》一卷，有赋六篇。《诗集》十卷，有各体诗六百四十九题九百二十三首。《诗后集》六卷，有赋一篇，各体诗四百零二题五百八十一首。《嚄古集》三卷，有乐府一百二十七首。《忆京华曲》一卷，有绝句六十六首。《律陶》一卷，有各体词二十七题二十八首。《文集》十二卷，有论、策、序、记、传、题跋、书牍等各体文章三百六十七篇。作者一生笔耕不辍，著述丰富，其诗文有奇气，郭都贤称之"空色妙香"，朱彝尊称之"爽气殊伦"，加上其书法遒劲迥绝，世称"楚陶三绝"。今观其诗文作品，多张扬民族气节，感慨国家兴亡之作，充满爱国主义激情；且贴近社会生活，对广大下层劳动人民寄予深切的同情。其诗文古朴自然，简约清丽，酣畅通达，意蕴深厚，有动人心魄的艺术魅力。本书以清康熙廖氏世彩堂《荣木堂合集》本为底本，参校 1920 年沩嵀本《荣木堂诗集》、1921 年沩嵀本《荣木堂文集》整理排印，更名为《陶汝鼐集》。

## 夏原吉集 李湘洲集 甲31

[明]夏原吉撰 朱树人校点/[明]李腾芳撰 刘依平 汤颖芳 章飚校点
岳麓书社 2012 年 4 月出版

夏原吉，字维喆，湖南湘阴县人。由乡荐入太学，官至尚书，进少保兼太子少傅。卒谥"忠靖"。本书是其诗文集，全书六卷。卷一为文，包括《表》《颂》《赋》《赞》四类文章共七篇。卷二《五言古诗》《五言律诗》《五言排律》。卷三《七言古诗》。卷四《七言律诗》。卷五《七言律诗》《七言排律》。卷六《七言绝句》。《四库全书总目提要》著录"《夏忠靖集》六卷附录一卷"，并称其"致用之言，疏通畅达，以肩随杨士奇、黄淮等，殆可无愧色"。本书以《四库全书》本为底本整理排印。

李腾芳，字子实，号湘洲，湖南湘潭人。明万历二十年进士，官左谕德。时党争兴起，上疏为东林党人顾宪成辩护，坐以"擅去"、"浮躁"等罪名被贬，称疾家居。继又被指为东林恶党成员，再遭削职。崇祯初年以尚书起用，数年后卒于官。平日精研经史，尤宗王守仁之学，兼习方技释道，长于论事。有《直陈安攘至计疏》，又称为"御倭八策"，皆中兵机。又条上戚继光教练法，力破边将固习，其文均见其文集中。本书为作者的诗文集，全书十二卷。卷一《论》《辨》《策略》《策问》《评》。卷二《序》。卷三《记》《议》《详》。卷四《墓表》《墓志铭》《传》《赞》《题跋》。卷五《诗》。卷六、卷七《制词》。卷八《奏疏》。卷九《奏疏》《表》《日讲章》。卷十《启》《尺牍》。卷十一《杂文》《杂说》《追记》《或问六条》《文字法》。卷十二《祭文》《公牍》。作者诗文集传世版本不多，《四库全书总目提要》存目，为"湖北巡抚采进本"。今据湖南图书馆藏《明宫保李湘洲先生集》整理出版。

## 黄周星集　王岱集　甲32

[清]黄周星撰　谢孝明校点/[清]王岱撰　马美著校点　岳麓书社2013年5月出版

　　黄周星，名景明，字景虞，号九烟。值明亡之际变姓名为黄人，字略似，号半非，又号而庵、圃庵，别署沃沃主人等。湖南湘潭人，一说金陵上元人，两说各有所据。崇祯十三年进士，官户部主事。明亡后曾仕于南明隆武朝。入清后不再入仕新朝，布衣素冠，往来于吴越间，以坐馆卖文为生。康熙十九年开博学鸿词科以网罗遗民饱学之士，他拒不应辟，投江得免，终以绝食而亡，完其素志。黄周星禀赋聪颖，幼有神童之目，在诗、赋、文、词、曲、传奇、小说、戏曲、书画、篆刻等诸多领域皆有造诣，清人邓显鹤称其"性狷介，诗文奇伟，慷慨激昂，略似其人"。其著作有多种版本传世，本书以光绪二十四年静谧家塾刻本《九烟先生集》为底本校点，更名为《黄周星集》。本书包括《正集》四卷，《别集》二卷，《补遗》一卷。卷首有谢孝明所撰《前言》，对黄周星著作的编辑和刊刻情况论述甚详。

　　王岱，字山长，号了庵，湖南湘潭人。少客金陵，与顾炎武、王士祯、施闰章等友善。明崇祯十二年举人，清初官随州学正、京学教授。康熙十八年荐举博学鸿词科，官澄海知县。其著作有《且园近诗》《且园近集》传世，《四库全书总目提要》存目，称

"两编皆岱所自定"，"其名且园者，《近集》中有《且园记》，称康熙丙午七月，就随州任，黉宫有隙地，宅而园之，曰且园，故以名其集云"。本书包括《且园近诗》五卷、《且园近集》四卷，以清康熙刻本为底本校点，更名为《王岱集》。《且园近诗》中有不少反映下层百姓痛苦之作，如《阅嵇淑子〈瓯乐行田录〉》中题樵者、佣者、丐者、坐毙者。其余诗歌虽多朋友间酬唱之作，于故园之离愁别绪、友人之惜别重逢，均不落俗套，演绎得情真意切，甚至荡气回肠。其散文作品，包括记、序、叙、疏、墓志铭诸体，"多自成机杼，不假绳削，信手拈来，风致天然"。

## 石村诗文集　些庵诗钞　甲33

[明]郭金台撰/[明]郭都贤撰　陶新华校点　岳麓书社2010年1月出版

《石村诗文集》，郭金台撰。金台字幼隗，湖南湘潭人。本姓陈名湜，字子原，少遭家难，依舅父郭氏。崇祯间两次中乡试副榜，例授官，不就。南明唐王期间，乡试中举人，授职方郎中、监军金事，以母病辞。曾讲学岳麓书院。晚年隐居衡山，著书授徒以终。本书包括《诗集》三卷，《文集》二卷。作者生逢乱世，其诗歌多表现明清易代之际的战乱纷纭，以及人民流离失所的生活，也有不少描写田园生活的作品。其风格兼有平淡、爽朗之胜。文集包括传、记、序等各体裁文章，或写景状物，或抒发情怀，文笔洗练，清晰明快。本书以康熙二十四年陈鹏年刻本为底本整理排印。

《些庵诗钞》，郭都贤撰。都贤字天门，湖南益阳（今桃江县）人。明天启二年进士，官至江西巡抚。曾参与主持顺天府乡试，为史可法的座师。崇祯十七年正月弃官，归隐桃江石门山，闻李自成攻陷北京，悲愤绝食。顺治四年削发出家为僧，此后生活坎坷，颠沛流离，两次系狱，最终客死荆州。本诗集十五卷，其作品大部分反映明末清初大动乱时期的社会状况，表达了对国破家亡的悲愤之情。自出家为僧后，其诗作中有不少表现参悟修禅的作品。也有不少描绘自然风物和田园生活的作品。还有一组句式灵活的《不是诗》。卷首有潘必先序，称作者之诗"胎息少陵，磷轹千古"。本书以清咸丰十一年刻本为底本整理排印。

## 龙膺集　甲34

[明]龙膺撰　梁颂成　刘梦初校点　岳麓书社2011年12月出版

龙膺，字君善，又字君御，号茅龙氏、朱陵，别号澧公、纶叟，合称纶澧先生，湖广武陵（今属常德市武陵区）人。明万历八年进士，官至南京太常寺卿。其一生仕途坎坷，三度遭贬，三度戍边，晚年隐居于常德柳叶湖和桃源渔仙，日习禅定，常与数人诗酒唱和，直至逝世。

作者是万历时期文学界有影响的人物，同公安派和竟陵派的代表人物"三袁"、江盈科、钟惺、谭元春都有长期诗文交往，尤与袁宏道为莫逆之交。其著作在当时刊刻者有《纶澧文集》《九芝集》《湟中诗》《晋宁草》《渔仙杂著》《陆度航杂著》《溪园六记》《蒙史》《心经注略》《金刚经摘解》《丹经撮要》《术蛾稿》《西宁卫志》《阵略》等十数种。这些著作在明末清初"屡经兵燹，旧刻无存"。清光绪十三年作者八世孙龙正楷等率其子侄重编其著作，是为《龙太常全集》。此集包括《纶澧文集》二十七卷，《纶澧诗集》十九卷，书首有《凡例》以及各《序》十三篇，卷末又有《跋》《附记》等文四篇。本次整理，即以光绪十三年九芝堂家刻本《龙太常全集》为底本校点排印，并从各相关文献中新辑得作者的诗文六篇，附在全书最末。

# 李东阳集　续集　甲 35—38

［明］李东阳撰　周寅宾校点　钱振民校点　岳麓书社 2008 年 12 月出版

　　李东阳，字宾之，湖南茶陵人，出生于北京，其居所位于积水潭西涯，世称西涯先生。明天顺七年进士，在翰林院任职三十年，官至少师、太子太师、华盖殿大学士，卒谥文正。以台阁大臣主持文坛数十年，创立了独特风格的文学流派，明代称之为"长沙派"，清代学者称之为"茶陵派"。其诗歌"溯流唐代"、"出入宋元"，以"流丽"为特征。其散文直接继承唐宋诸大家的古文传统，被誉为明代"文章正宗"。有《怀麓堂稿》《怀麓堂续稿》传世。

　　《李东阳集》（甲 35—37），包括作者致仕以前的文学作品，含《诗稿》二十卷、《文稿》三十卷，《诗后稿》十卷，《文后稿》三十卷，《杂记》七种（即《南行稿》《北上录》《讲读录》《东祀录》《集句录》《集句后录》《哭子录》《求退录》），《补遗》以及《怀麓堂诗话》。卷末有附录三种，是明清学者撰写的研究作者本人的资料。本书以嘉庆八年陇下学易堂刻本《怀麓堂集》为底本，参校明崇祯十五年与清初《怀麓堂稿》两抄本，以及康熙二十年廖方达刻本和嘉庆八年仰斗斋刻本整理校点。本书是在 1984 年岳麓书社版《李东阳集》基础上，参校明正德十一年《怀麓堂稿》刻本的分卷次序，在编排次序上作了个别调整之后的重版。

　　《李东阳集续集》（甲 38），包括作者致仕之后诗文作品，即《怀麓堂续稿》的全部内容。其中有《诗续稿》八卷、《文续稿》十二卷。《怀麓堂续稿》本有正德十二年苏州刻本，但该本在清初罕有传本，以致法式善在嘉庆间撰《李文正公年谱》时亦只字未提。今人钱振民先生于清人邵宝《容春堂集》得其线索，又于上海、北京、南京三地访得原刻本残本，合为完璧，据以校点整理。

1997 年由岳麓书社出版，书名为《李东阳续集》，于书末附有校点者从明代文献中辑得的原作者佚诗三十九首、佚文七十一篇，分别作为《诗补遗》和《文补遗》。本次出版，以 1997 年岳麓书社版《李东阳续集》为基础，再次从《续修四库全书》所影印明嘉靖十二年刊《明良集》中辑出《燕对录》，作为《文补遗》之卷二，置于全书卷末。《燕对录》是作者自记其在弘治、正德两朝担任内阁重臣期间被召议政的文字，成编于正德九年六月，有作者自序。

## 刘大夏集　张龙湖集　甲 39

[明]刘大夏撰　刘传贵校点/[明]张治撰　陶新华校点　岳麓书社 2009 年 7 月出版

刘大夏，字时雍，号东山，湖南华容县人。明天顺八年进士，官至兵部尚书，卒谥忠宣。作者不仅是明朝"十大名臣"之一，而且其文学成就"蜚声艺苑，绩学词林"，其"奏、移之文，质实瞭亮，为朝野所法式"。本集为作者诗文集，卷一《文集》、卷二《宣召录》、卷三至卷六《诗集》、卷七至卷八《年谱》。《年谱》由其从曾孙刘世节所编。本书以清光绪元年十二月长沙学署刻本《刘忠宣公遗集》为底本整理排印。

张治，字文邦，号龙湖，湖南茶陵县人。明正德十六年进士，选庶吉士，授翰林院编修，官至礼部尚书、文渊阁大学士，卒谥"文隐"，隆庆间改谥"文毅"。本书共十五卷，含《文集》十卷，《诗集》五卷。其《文集》包括颂、奏疏、序、记、杂著、祭文、墓志铭、墓表碑等体裁。其《诗集》包括四言古诗、五言古诗、七言古诗、五言律诗、七言律诗、五言排律、五言绝句、七言绝句和诗馀，以七言律诗居多。作者的诗文集，明代嘉靖间由其女婿彭宣和工部尚书雷礼收辑汇编并刊刻，其后又有翻刻之本。至清初，原刻本逐渐漫漶，翻刻本又讹谬甚多。雍正四年彭宣的从曾孙思眷与其子维铭、维新、维锐重新校订并刊刻。《四库全书总目提要》存目，称"《龙湖文集》十五卷，浙江巡抚采进本"，即彭思眷校刻之本。书名题为"张龙湖先生文集"，1997 年此本收入《四库全书存目丛书》集部第七十六册，本书即据该版本整理排印。

## 杨嗣昌集　甲 40—41

[明]杨嗣昌撰　梁颂成辑校　岳麓书社 2008 年 11 月出版

杨嗣昌，字文弱，一字子微，自署治昌，自号肥翁、肥居士，晚年号苦庵，湖南常德人。明万历三十八年进士，官至礼部尚书兼兵部尚书、东阁大学士。作者的诗文集在明代末年曾由其子杨山松编辑刊刻，书名为《杨文弱集》，后无传本。清康熙间，杨山松率其子孙再次整理作者遗著，形成了抄本《杨文弱先生集》，今藏中国科学院图书馆，本书即据此抄本整理排印。全书五十七卷，卷一至卷四十二《疏》，卷四十三至卷四十四《召对纪事》，卷四十五至卷五十三《书》，卷五十四至卷五十五《诗》，卷五十六至卷五十七《记》。整理者还从清代《桃源县志》《龙阳县志》《常德文征》以及《明清史料辛编》等文献中辑录杨嗣昌诗文十三篇，作为全书《补录一》。《武陵竞渡略》一卷，虽署名为"清陵亭长"，实系杨嗣昌于天启间辞官乡居时的作品，作为全书《补录二》。《薛文清年谱》一卷，署名杨鹤撰。杨鹤是杨嗣昌的父亲，明万历甲辰进士，官至兵部尚书总督陕西三边军务。《四库全书总目提要》称"此本虽题鹤名，实出嗣昌之手"，今作为全书《补录三》。杨嗣昌身居高位，又经历了明末诸多重大事件，其著作为明史研究提供了第一手资料。本书中的大量奏疏和书信，均属首次整理出版，尤为珍贵。

## 江盈科集（增订本）　甲 42—43

[明]江盈科撰　黄仁生辑校　岳麓书社 2008 年 12 月出版

江盈科，字进之，号渌萝，湖南桃源县人。明万历二十年进士，官至户部员外郎、四川提学副使。其一生以文学名世，为公安派代表作家和创始人之一，与袁宏道齐名。本书所收为作者的作品全集，包括《雪涛阁集》《雪涛诗文辑佚》《雪涛阁四小书》《闺秀诗评》《皇明十六种小传》。

《雪涛阁集》十四卷，卷一至卷五《诗》、卷六《古论》、卷十《赠文》、卷十一《祭文》、卷十二卷十三《尺牍》、卷十四《小说》，以明万历二十八年刻本为底本，以清光绪《桃源县志》、嘉庆《常德文征》等地方文献参校整理。辑校者另编有《雪涛诗文辑佚》二卷，共计诗文一百六十篇，置于《雪涛阁集》之后。

《雪涛阁四小书》是作者小品文的四种专集，即《谈丛》五十七篇、《闻纪》一百五十则、《谐史》一百五十三则（另选谜语三十一则）、《诗评》一百零二则。本集以万历四十年刻本《亘史钞·雪涛小书》为底本整理排印，并从《说郛续》《雪涛谐史》辑出十二篇小品文汇入《谈丛》。

《皇明十六种小传》，是一部颇具文学色彩的明人野史，共有传记文一百五十二篇，分为四维、四常、四奇、四凶等四卷。作者写作的意图是"使人读之，能有所耸动而感发焉"。《四库全书总目提要》存其目，书名为"明十六种小传"。本集以明万历二十九年刻本为底本整理排印。

全书之末有附录三种，为辑校者所编撰。附录一为《生平资料》、附录二为《著述序跋》、附录三为《江盈科生平著述重考》。1997 年岳麓书社曾出版《江盈科集》，本次收入《湖湘文库》，为其修订版。

## 楚宝　甲 44—45

[明]周圣楷编纂　[清]邓显鹤增辑　岳麓书社 2008 年 8 月出版

周圣楷，字伯孔，湖南湘潭人，屡试不第，专心著述，于地方史用力最勤。撰有《楚宝》《湘水元夷》《湖岳堂集》等百余卷，大都毁佚，唯存《楚宝》一书。本书为楚地志书，以人物传记为主，以山水名胜为辅。人物上起楚人始祖祝融、熊绎，下迄明末，所记范围，秦以前以楚国为界，汉魏以后大体以今湖南、湖北为界。全书共四十五卷，分大臣、名臣、大将、名将、知谋、谏诤、文苑、良史、命使、典故、真儒、诸子、孝友、忠义、独行、真隐、列女、方伎、异人、宦迹、迁寓、山水、名祀、列仙、名释、祖灯等二十六门。其资料来源于历朝史志原文，亦间有考证，所引书目达百数十种。时人评价"言楚故者，殆无逾是书"。本书初刊于明崇祯十五年，清道光九年邓显鹤予以重刊。重刊时除对原书鱶漏舛误之处加以订正外，对各卷或作考异，或作增辑，附于各卷之末。本书以邓显鹤重刻本为底本影印。

## 馀冬录　甲 46

[明]何孟春撰　刘晓林　彭昊　赵勖　蔡莹校点　岳麓书社 2012 年 12 月出版

何孟春，字子元，号燕泉，湖南郴州人。弘治六年进士，授兵部主事，官至吏部左侍郎。嘉靖初，因"议大礼案"贬为南京工部左侍郎。嘉靖六年称病辞官归里，在郴州城外燕泉近处构庐建屋，读书作文，世称燕泉先生。次年，被削籍革职为民。嘉靖十五年病卒于家。隆庆初予以平反，赠礼部尚书，谥"文简"。何孟春出身于"一门五代科甲"的文化世家，自幼"神质超异"，后来成为"茶陵诗派"的重要作家之一，李东阳称"此子当表吾楚"。何孟春著述丰富，于经史诸子多有涉及，其中重要著作有《燕泉集》《馀冬录》《何文简疏议》及《孔子家语注》等并行于世。所订注之《贾谊集》，已收入《湖湘文库》甲编6。

《馀冬录》又名《馀冬叙录》，是作者最重要的著作之一。其题名之义，作者说"比诸昔贤岁之馀，春已不能不失之虚度，而况于以日以时乎"。本书是一部议论上下古今时政得失的随笔性散文著作，全书六十一卷，按类分卷。举凡天文地理、君道职官、人物品评、诗文创作，涉及甚广。对所涉事件或人物逐一评论，成一家之言，体现作者的政治倾向、思想认识以及文学主张。《四库全书总目提要》存其目，称此书"大旨主于品藻得失，不主于考证异同，好为高论，而不免流于迂僻"。本书以同治三年恭寿堂刻本为底本点校整理。

## 五溪蛮图志　甲47

[明]沈瓒编撰　[清]李涌重编/陈心传补编　伍新福校点　岳麓书社2012年3月出版

本书是一部记录湘西少数民族历史文化和生产生活习俗的专著。五溪即《水经注》所指之"武陵有五溪，谓雄溪、满溪、无溪、酉溪、辰溪"。其范围即今湖南湘西自治州、怀化市、张家界市所属各县（市）和邵阳市城步、绥宁以及贵州铜仁、松桃、重庆秀山等地。蛮，亦称南蛮，是我国古代对长江中下游地区少数民族的泛称。本书草创于明代成化间，原作者沈瓒，字廷器，时任辰州教谕，"因旧图与诗，更新题咏，而又编摩事实为之志"。沈《志》成稿未刊。清乾隆十六年沅川（今泸溪县）人李涌官辰州时，得沈瓒原稿并重加整理，但仍未刊行。1931年基督教传教士陈心传在泸溪县发现此书稿抄本，对书稿作了考校重编，并根据自己在实地所见所闻的资料，对原稿进行了增补。陈心传将增补重编稿初取名《五溪苗族风土记》，后改名为《五溪苗族古今生活集》。本书分为《五溪图案》《五溪风土》《五溪诗文》《五溪兵事》四集。其内容包括"古"、"今"两大部分，既有原作者沈瓒所编、经清代李涌重加整理的《五溪蛮图志》原文，又有陈心传于民国间所收集和增补的史事和资料，以及所作的案语和注释。本书整理以邵阳市松坡图书馆藏《五溪苗族古今生活集》为底本，补充的资料出自北京超星电子图书馆所复制的另一抄本。

书末附《溪蛮丛笑》一卷，[宋]朱辅撰。辅字季公，安徽桐城人，其生卒年及仕履不详，约在南宋初年曾官辰州通判。本书是我国文化史上第一部关于"五溪蛮"的专著，记录了当地少数民族生活习俗和风情。《四库全书总目提要》著录，称该书"记诸蛮风土物产颇备"。全书七十九个条目，涉及住居和饮食习俗、婚丧习俗和礼仪、节庆和娱乐、纺织和服饰、用具和生产方式、矿产冶金和动植物资源与土特产、社会结构关系等方面。本书以1915年石印王文濡辑《说库》本为底本，参对其他版本整理点校。

## 船山全书　甲48—63

[明]王夫之撰　《船山全书》编辑委员会编　杨坚　夏剑钦等修订　岳麓书社2011年1月出版

王夫之，字而农，号薑斋，明清之际湖南衡阳县人，其晚年隐居衡阳金兰乡石船山附近，学者称船山先生。明崇祯十五年举人。清顺治五年在衡山组织武装抗清，失败后赴广东肇庆，任南明永历朝廷行人司行人。顺治八年回原籍，辗转流徙，隐居授徒、著述，自署南岳遗民。其著述多达百余种，内容涉及哲学、政治、法律、军事、历史、文学、教育、伦理、文字、天文、历算乃至佛道等，尤以哲学研究成就卓著，成为与顾炎武、黄宗羲齐名的思想家，其学术是近代湖湘文化的重要思想渊源。王夫之的著作曾有三次大的结集，一次是同治四年金陵本《船山遗书》，二次是民国二十二年上海太平洋书店本《船山遗书》，三次是1996年岳麓书社出版的《船山全书》。本书是对1996年岳麓书社《船山全书》所作的修订，是王夫之著作集大成之作。共十六册，各册的内容是：

第一册，《周易内传》六卷附《发例》一卷、《周易大象解》一卷、《周易稗疏》四卷附《考异》一卷、《周易外传》七卷。首有《〈船山全书〉序例》。《周易内传》是作者对《周易》经义的解释，以"嘉恺"抄本为底本校点；《发例》一卷，即作者撰写《周易内传》的体例。《周易大象解》是对《周易》卦名和卦辞进行解释的著作，以王孝鱼校点金陵刻本为底本排印。《周易稗疏》是研究《周易》的考订笔记，分为上经、下经、系辞、说卦。《四库简明目录》著录，称"随笔札记，以剖析疑义"，是作者的读易随笔。本次出版以金陵本为底本、以王孝鱼点校稿等为参校本排印。《周易外传》是作者阐发易理的重要著作，借以阐发自己的哲学思想。前四卷分论各卦，卷五、卷六论《系辞》，卷七论《说卦》《序卦》《杂卦》。以"嘉恺"抄本为底本，以其他刻印本为参校本整理排印。

第二册，《尚书稗疏》四卷、《尚书引义》六卷。《尚书稗疏》是对《尚书》中的名物作解释的著作，是作者阅读《尚书》的笔记。《四库简明目录》著录此书，称其"诠释名物，多出新意"。本书以邵阳曾氏抄本为底本整理排印。《尚书引义》是作者重要的哲学、政论著作，大旨引申《古文尚书》中的某些观点以发挥自己的政治主张。《四库全书总目提要》著录，称其书"多取后世之事，纠以经义"。本书以"嘉恺"抄本为底本，以王孝鱼校点之中华书局本为参校本。

第三册，《诗经稗疏》四卷，附《考异》一卷、《叶韵辨》一卷、《诗广传》五卷。《诗经稗疏》是作者研究《诗经》的考订笔记，《四库简明目录》称此书"考证名物训诂，以补先儒之所遗，率参验旧文，抒所独得"。又称"《叶韵辨》持论圆通，颇足解诸家之缪辖"。本书以王孝鱼点校的金陵本为底本。《诗广传》是作者研读《诗经》时写下的杂感性文字，从哲学、历史、政治、伦理和文学的角度，对《诗经》各篇加以引申发挥。本书以中华书局排印的繁体字标点本为底本，参校"嘉恺"抄本等诸多版本。

第四册，《礼记章句》四十九卷。本书是作者对《礼记》的注释和解读性著作。前有作者自序，盛赞《礼记》为"天下万世之为君子，修己治人，皆以是为藏身之固，而非是则仁道不显，而人性之理息矣"。而作者致力探究《礼记》的微言大义，于"人禽之辨、夷夏之分，君子小人之别，未尝不三致意焉"。本书以金陵本为底本，参校其他抄本和印本。

第五册，《春秋稗疏》二卷、《春秋家说》三卷、《春秋世论》五卷、《续春秋左氏传博议》二卷。《春秋稗疏》是作者研读《春秋》的考订笔记。《四库简明目录》称此书"所论《春秋》书法及名物典制之类仅十之一，考证地理者居十之九，虽得失互见，然语皆有本"。本书以王孝鱼校点之金陵本为底本。《春秋家说》是作者对《春秋》中的"微言大义"加以引申阐述的著作，旨在纠正胡安国《春秋传》之"有激者,有疑者焉"。书前有作者自序,称大义受于其父,故以《家说》为名。本书以"嘉恺"抄本为底本,参校其他印本。《春秋世论》是作者本《春秋》之微言大义而泛论古今之作。所名为"世论",谓世虽变易,只要以《春秋》之大义,可以治理秦汉以降之天下。杨树达称此书"颇多明快之论"。本书以"嘉恺"抄本为底本,参校其他印本。《续春秋左氏传博议》,是作者续宋吕祖谦《春秋左氏博议》而作,实为研读吕氏著作之考订笔记,既议吕氏之误,兼及左氏之失。本书以金陵本为底本,参校其他印本整理出版。

　　第六册,《四书稗疏》一卷、《四书考异》一卷、《四书笺解》十一卷、《读四书大全说》十卷。《四书稗疏》是作者研读《四书》时所作的考订笔记。本书以王孝鱼点校之金陵本为底本排印。《四书考异》是作者据许慎《说文解字》所引古文九经字义不同者,加以考证训义。所据底本同上。《四书笺解》是作者对《四书》文义作的解读,本为其家塾弟子讲解《四书》的笺解,但摆脱了明季高头讲章和俗滥时文的影响。本书底本采用清光绪二十年王之春湖北藩司刻本。《读四书大全说》是作者研读明胡广等编纂的《四书大全》一书所撰写的心得。《四书大全》以朱熹《四书章句集注》为基础,广收宋元以来程朱学派学者对《四书》的解释。王夫之通过对此书的批判,考辨了各家的异同,阐述了自己的哲学思想。本书采用中华书局1975年排印本。

　　第七、八册,《四书训义》三十八卷。本书是作者阐发孔孟学说的重要著作,训释朱熹《四书章句集注》的义理。其体例前列《集注》原文,后作训义,即于章句下标出文字之古写及古音古训,然后阐述发挥经文义蕴。近人刘人熙评价此书"阐邹鲁之宏旨,畅濂洛之精义,明汉唐之故训,扫末学之粃糠,儒林鸿制,伟矣皇哉"。本书以道光二十二年守遗经书屋本为底本，参校其他版本。

第九册，《说文广义》三卷。本书是作者对《说文解字》中部分文字的字义作进一步阐述的著作。其体例是先列《说文》本义，再列以本义转为某一义，或转为若干义，从其引申假借中来纠正时人和古人的失误。本书校勘以清同治四年金陵本为底本。

第十册，《读通鉴论》三十卷附《叙论》一卷。本书是作者阅读《资治通鉴》的笔记，实为其重要的史论著作。其卷末《叙论》已述其著作之旨，即不言正统、不论大美大恶、不敢妄加褒贬，因时宜而论得失。本书体现了作者的历史认识论、历史方法论以及历史观，也体现其治国理想。本书以1975年中华书局繁体字标点本为底本、参校"嘉怡"抄本等相关版本。

第十一册，《宋论》十五卷、《永历实录》二十六卷、《箨史》一卷《莲峰志》五卷。《宋论》是作者研读《宋史》的笔记，是其重要的史论著作。该书按宋代的皇帝分卷，各卷之下列若干主题加以论述。各卷主题多寡不一，多则十余个、少则一两个。本书以1962年舒士彦校点本为底本，参校"嘉怡"抄本整理出版。《永历实录》，记载南明桂王朱由榔政权的历史，按纪传体体裁编写。卷一为《大行皇帝纪》，其余各卷为《列传》。本书于桂王一朝人物事迹，罗列颇备，足以补史乘之阙失。此书以金陵本为底本，参校多种稿本和印本。《箨史》为作者所撰明末抗清志士的传记，共九篇，其中第九篇残缺。本书以民国间《船山学报》先后所刊发之《箨史》和《箨史残篇》整理出版。《莲峰志》是作者为莲峰编撰的一部专志。莲峰为南岳诸峰之一，在衡阳县境内。此书末有《总序》称共有十二篇，而金陵刻本编为五卷。本书即以金陵刻本为底本整理出版。

第十二册，收王夫之著作八种。1.《张子正蒙注》九卷，是对张载《正蒙》一书所作的注释。《正蒙》是张载的代表著作，精思而成，义博词奥，历代注者多不得要领，唯王夫之此注最为精确，成为其哲学思想的代表作。本书校勘以衡阳王鹏所藏王夫之手抄之朱宏爆校本为底本。2.《思问录内外篇》二卷，内篇论述哲学问题为主，提出了许多哲学命题，并作了深刻的阐述；外篇涉及天文、历数、乐律、医学等各种自然科学问题。本书以金陵本为底本整理出版。3.《俟解》一卷，是作者基于其哲学立场，对政治、社会、人生修养等诸多看似简单的问题，提出了独到的见解，希望得到人们的理解认同。本书校勘以上海太平洋书店版为底本。4.《黄书》一卷，是作者关于国家政治问题的著作，其要旨是"建黄中，拒间气殊类之灾，扶长中夏以尽其材"，体现其反清主张。本书采用1984年中华书局本。5.《噩梦》一卷，是作者关于政治问题的著作，就田制、赋役、吏治、科举等提出了改革意见，并暴露了清朝统治的黑暗。本书校勘以湖南省博物馆藏衡阳刘氏藏旧抄本为底本。6.《识小录》一卷，记载明朝的一些制度和规定，寓不忍明朝制度"坠于地"之意。本书以湖南图书馆藏衡阳刘氏所藏旧抄本为底本。7.《搔首问》一卷，罗列了明朝灭亡时的一些社会现象，以及明朝灭亡后一些遗民所抱的处世态度，试图由此去追问造成明朝灭亡的原因。本书以湖南图书馆藏衡阳刘氏藏旧抄本。8.《龙源夜话》一卷，为王夫之自传资料，仅存《请终丧免阁试疏》、《陈言疏》和《自序》三篇，且《自序》为残篇。本书以光绪十三年衡阳船山书院刻本为底本。

第十三册，包括王夫之的子部著作六种。1.《老子衍》一卷，是对《老子》所作的衍释，其著作大旨"入其垒、袭其辎、暴其恃而见其瑕"，对老子哲学作了批判和发展。本书采用王孝鱼校点稿本整理出版。2.《庄子解》三十三卷，是解说《庄子》之书，虽偏重于注解，但注意解释《庄子》的思想内容和思想方法。每篇之首冠以"篇解"，综括全篇大意；每段之后再加以解说。本书以王孝鱼校点稿本为底本。3.《庄子通》一卷，是作者本《庄子》之义，发挥自己的哲学观点，对庄子既有同情之心，又对其消极避世思想提出批判。本书采用中华书局校点本。4.《相宗络索》一卷二十九篇，是作者对大乘佛教法相宗法理的讲解，使学者容易了解和摄持。其解说入理深细，时有发挥。本书校勘以1921年衡阳文明印刷公司石印本为底本。5.《愚鼓词》一卷，是作者以诗歌形式述道家内丹丹法之作，分为《前愚鼓乐》，即《鹧鸪天》词十首；《后愚鼓乐》，即《渔家傲》词十六首。末附青原药地大师之《十二时歌》十二首。本书校勘以金陵刻本《船山遗书》本为底本。6.《船山经义》一卷，是王夫之晚年所作科举文字，共三十九篇。前三十篇出自《四书》，后九篇出自《五经》。本书以金陵刻本《船山遗书》本为底本。

第十四册，包括《楚辞通释》十四卷附一卷、《古诗评选》六卷、《唐诗评选》四卷、《明诗评选》八卷。《楚辞通释》是《楚辞》的一个注本，除《离骚》《九歌》等篇外，尚有贾谊的《惜誓》、淮南小山的《招隐士》、江淹的《山中楚辞》《爱远山》。作者借注释《楚辞》表达其反抗清廷统治的思想情感，多为前人所未发。本书校勘以康熙四十八年湘西草堂刻本为底本。《古诗评选》，选汉代至六朝诗，每首诗之后各出简明评语。《唐诗评选》《明诗评选》的体例与《古诗评选》同。以上三书均以民国六年湖南船山学社活字本为底本整理出版。

第十五册，是王夫之学术专著以外诗文合编之册，收文集、诗集、词集、诗话、杂剧二十四种。包括：文集一种，《薑斋文集》十卷补遗一卷；诗集十五种，《薑斋五十自定稿》一卷、《薑斋六十自定稿》一卷、《薑斋七十自定稿》一卷、《柳岸吟》一卷、《薑斋诗分体稿》四卷、《薑斋诗编年稿》一卷、《薑斋诗剩稿》一卷、《落花诗》一卷、《遣兴诗》一卷、《和梅花百咏诗》一卷、《洞庭秋诗》一卷、《雁字诗》一卷、《仿体诗》一卷、《岳余集》一卷、《忆得》一卷；词集三种，《鼓棹初集》一卷、《鼓棹二集》一卷、《潇湘怨词》一卷；诗话四种，《诗译》一卷、《夕堂永日绪论内编》一卷、《夕堂永日绪论外编》一卷、《南窗漫记》一卷；杂剧一种，《龙舟会杂剧》一卷。本册末附《船山诗文拾遗》两卷，收录金陵本和太平洋本《船山遗书》所未录之诗、赋、铭、匾额、楹联、书信、序跋、传记、墓表等文献六十余件，由本书编委会搜集整理。

第十六册，为研究王夫之的相关资料，包括传记资料、年谱及相关文献。其中年谱有刘毓崧《王船山先生年谱》和王之春《船山公年谱》两种。

此次修订再版主要做了一些辑佚补遗、择优更换个别底本和正讹补漏的工作，使全书整理更臻完善。

## 陈鹏年集　甲64

[清]陈鹏年撰　李鸿渊校点　岳麓书社 2013 年 5 月出版

陈鹏年，字北溟，别号沧洲，湖南湘潭县人。康熙三十年进士，授浙江西安县知县，历官山阴知县、江宁知府、苏州知府，官至河道总督，卒谥恪勤。陈鹏年勤于政事，长于著述，清查为仁称其“文章事业为一代伟人”。其诗宗杜甫，往往表现出对百姓疾苦的关心，风格从容平和，少有激烈的言辞。其词作情思雅正，善于写景抒情。其散文多为序记题跋，虽为应酬往复，但也写得庄敬自重、平淡自然。本书是陈鹏年的诗文集，含《陈恪勤集》《沧洲近诗》《道荣堂文集》。《陈恪勤集》三十九卷，是作者的诗集，《沧洲近诗》含古体诗三卷、近体诗七卷。《道荣堂文集》包括奏疏、传、记、题跋、祭文、墓志铭等各类文章六卷。《陈恪勤集》以康熙间刻本为底本点校；《沧洲近诗》和《道荣堂文集》以乾隆二十七年刻本为底本点校。

## 王文清集　甲 65—66

[清]王文清撰　王守红校点　岳麓书社 2013 年 4 月出版

王文清，字廷鉴，号九溪，湖南宁乡县人。雍正二年进士，雍正六年调任九溪卫（今湖南慈利县）学正，雍正九年改任岳州府学教授。乾隆元年调三礼馆任纂修，后荐为内阁中书兼律吕正义馆纂修，参与《律吕正义》的纂修。乾隆八年奉旨重校《五代史》。乾隆十一年铨叙第一，并考取御史，旋乞假终养回籍。王文清博闻强记，当时京城有"记不明，问文清"之谚。乾隆十三年聘为岳麓书院院长，一年后以居丧请辞。乾隆二十九年再次聘为岳麓书院院长，任职六年。任内手订《岳麓书院学规》十八条，又作《岳麓书院学箴》九首，于院规学风多有裨益。王文清勤于课士，尤注重读书方法，为学生作《读经六法》、《读史六法》。王文清一生著述甚多，尤以朴学最具成就，其《考古源流》一书有四百七十五卷，未及刊行，毁于兵火。有《周礼会要》，收在《四库全书》。

本书收《锄经馀草》《锄经续草》和《考古略》三种。《馀草》十六卷，收各体诗一千六百余首；《续草》四卷，收各体诗四百五十余首。邓显鹤称"诗非其所留意也"。然王文清的诗不仅数量丰富，而且古朴自然、简约清丽、意蕴深厚、真挚感人。

《考古略》八卷，是《考古源流》之节本。《四库全书总目提要》存目，称"文清初著有《考古源流》四百七十五卷……未及刊布，此本乃摘其浅近切要者，辑以成编"。此书属杂考之属，所考内容包括经文字音、《周易》八卦、《春秋》地名、诸子名物等诸多方面。

《锄经馀草》《锄经续草》和《考古略》均以民国二十三年宁乡王赓猷刊本为底本校点。

## 李文炤集　甲67

[清]李文炤撰　赵载光校点　岳麓书社2012年7月出版

李文炤，字元朗，号恒斋，湖南善化县（今长沙县）人。清康熙五十二年举人，曾主岳麓书院讲席多年，并任山长。其著作有《周易本义拾遗》六卷、《春秋集传》十卷、《周礼集传》六卷、《近思录集解》十四卷、《正蒙集解》九卷，以及《太极解拾遗》一卷、《通书解拾遗》一卷、《西铭解拾遗》一卷，均存目于《四库全书总目提要》。作者精研宋明理学，于六经传注、程朱语录、舆图象纬、参同契诸书无不贯通，于书院教学创建尤多，先后制定了《岳麓书院学规》和《豫章书院续规》。本书包括《恒斋文集》《周礼集传》和《家礼拾遗》三种专集，统称为《李文炤集》。《恒斋文集》是作者的诗文集，共十二卷，前七卷为文集，包括序、记、辩、跋、论、说、策、学规、传、书札、祭文、赋等文体；卷八卷九为诸体诗；卷十为《道吟》专题诗集，共六十四首，均为五言律诗；卷十一卷十二为《杂录》，是作者平时讲学或接待知旧的言论记录。《周礼集传》六卷，是作者注解《周礼》的专著。作者认为《周礼》是周公致太平之书，六官为百王不易之典，故平生于此书用力最勤。《家礼拾遗》五卷，是作者对朱熹

《家礼》的研究与补充，即"参之于《仪礼》《周官》，复衷之于《语类》《文集》，为辩论数十则，上推先生（朱熹）之遗意，下辑群儒之公论"。其首有《家礼图式》一卷并附《增损蓝田吕氏乡约》和《白鹿洞书院揭示》、《沧洲精舍释菜仪》。《恒斋文集》《周礼集传》《家礼拾遗》均以清道光二十三年重刻四为堂本为底本校点排印。

## 凝园读易管见　甲68

[清]罗典撰　兰甲云校点　岳麓书社2013年5月出版

罗典，字徽五，号慎斋，湖南湘潭县人。乾隆十六年进士，选庶吉士，后转御史，历吏、工二科掌印给事中，两主河南乡试，督四川学政，官至鸿胪寺少卿。乾隆四十七年任岳麓书院山长，在任二十七年，培养了大批经世致用人才。罗典有《凝园读诗管见》《凝园读春秋管见》《今文尚书管见》《罗鸿胪集》等多种著作。

《凝园读易管见》是罗典学《易》、治《易》的心得体会，共十卷，分别对《周易》六十四卦的卦辞和爻辞作出解读。凝园是作者北京做官时的宅院。全书围绕着《周易》卦爻辞，包括彖辞、象辞来阐释每卦每爻的精义要旨，每卦每爻的义理都能自圆其说，自成体系。罗典易学的最大特点就是对乾卦卦辞的独到解释。乾卦卦辞"元亨利贞"四字是《周易》的总纲领。罗典认为天之元亨，就是云行雨施，品物流形，也就是大和。所谓利贞，就是保合大和。在罗典看来，一部《周易》，就是谈如何元亨，如何保合元亨这一大和。这种解释，已突破了《子夏传》和《文言传》等历代易学家们的成说，具有重要意义。本书中的大部分观点，如释《同人》、释《豫》、释《归妹》等，都是作者长期研读《周易》的心得，是其苦苦思索后的成果。本书以乾隆三十一年刻本为底本点校。

## 陶园诗文集　甲69

[清]张九钺撰　雷磊校点　岳麓书社2013年5月出版

张九钺，字度西，号紫岘、陶园，湖南湘潭县人。乾隆六年拔贡，乾隆七年廷试一等第一名，留国子监肄业，补正红旗官学教习。乾隆二十七年顺天乡试举人，以教习循资得知县，拣发江西，先后任南丰、峡江、南昌等县知县。乾隆三十六年丁忧服阕，选发广东，历始兴、保昌、海阳三县知县，以海阳盗案牵连落职。张九钺早岁曾幕游江西、云南、吴越、广东，落职后又客游江西、福建、浙江、河南等地，先后主讲嵩阳书院、周南书院、临淮书院、澧阳书院，晚年主讲湘潭昭潭书院。其间又先后应聘主修河南偃师等县县志。

张九钺出身于文化世家，早誉为神童。后来又遍游南北，寄情吟咏，诗风更见雄奇。邓显鹤称其"诗文宏博浩瀚，纵其力之所至，而一轨于正"。"当世诵其诗者，至推为乾隆朝一大宗"。本书包括《陶园文集》《陶园诗集》《陶园诗馀》《六如亭》四种。陶园者，即张九钺的私家庭院，亦名桃园，位于湘潭城之熙春门。《文集》收各体文章七十四篇，从中可考见作者关心民生、重视教育、敦厚风俗的经世思想。《诗集》二十四卷，收各体诗歌二千三百余首，依创作时间先后为序编排。其内容包括描写山川风物的美景，抒发思念亲友的情愫，寄托思虑往古的幽情，歌颂忠孝节义的壮举。《诗馀》又名《秋篷词》，收词一百五十八首。《六如亭》为杂剧，演绎苏轼与王朝云、温超超的爱情故事，亦寓佛理于其中。本书以清道光二十三年刻本为底本点校整理。

# 湖南阳秋　甲70

[清]王万澍　[清]王国牧撰　赖谋深校点　岳麓书社2012年7月出版

　　《湖南阳秋》，王万澍撰。万澍字霍霖，号勉亭，又号衡湘野人，湖南常宁县人，乾隆间诸生。本书是一部湖南地方史，全书十六卷，采录正史中有关湖南的史事史料，仿朱熹《通鉴纲目》体例汇为一书。记事上起秦始皇二十六年，下迄隋炀帝大业十四年。本书按朝代分卷，依编年体例缀成条目，记载每事发生的时间、人物、地点。条目之下，附以作者的训义，详述史事始末，复核注释，评介得失。作者效法《春秋》，对史事多有褒贬。作者另有《衡湘稽古》五卷，自署为"衡湘野人"。此书记载上自太昊，下迄西周有关衡湘史事。每事标举其纲，而杂引群书为目。时人称"考据详，援引精，能使衡峰湘水，星罗几上，有淹洽之长，而无附会夸诞怪奇俶傥之失"。《四库全书总目提要》存目，称此书"多摭自《路史》诸书，既非地志，又非史传"。今将此书作为《湖南阳秋》之附录，置于《湖南阳秋续编》之后。

　　《湖南阳秋续编》，王国牧撰，国牧字愧庵，王万澍之子。本书记事上起唐高祖武德二年，下迄元末。全书十三卷，其体例大抵与《湖南阳秋》同，内容上同《湖南阳秋》相接续，对史事的评论虽然较少，但在史料的追根溯源上用力更勤。

　　《湖南阳秋》《湖南阳秋续编》《衡湘稽古》三书曾统称为《湖南阳秋》，有清同治九年唐训方刻本和光绪二十七年黄甲草庐重刻同治九年本。本书以光绪二十七年刻本为底本校点排印。

## 欧阳厚均集　甲 71—72

[清]欧阳厚均撰　方红姣校点　岳麓书社 2013 年 5 月出版

　　欧阳厚均，字福田，号坦斋，湖南安仁县人。嘉庆四年进士，授户部主事，官至监察御史，后以母老为由辞官回乡。嘉庆二十三年任岳麓书院院长，长达二十七年，培养了大批经世致用人才，曾国藩、郭嵩焘等出其门下。欧阳厚均治学以《周易》为宗，强调学《易》的根本在于德行、不在言辞。认为易理无所不包，但天地之道高远难言，不若反求近取、以人事诂《易》，于是作《易鉴》，专引古今史事解释六十四卦，而摒弃象数、义理、占卜之说，以显示穷经致用之旨，而寓世道转移之机。欧阳厚均擅长诗文，强调以《周易》立言之道为诗文之道，认为诗文以诚为贵。李元度评价其文"俯仰揖让，有庐陵文忠公（欧阳修）之风，求一言之不出于诚，无有也"。有《坦斋全集》传世。本书包括《有方游草》二卷、《来谂堂诗草》二卷、《粤东游草》一卷、《望云书屋文集》二卷、《易鉴》三十八卷。《有方游草》《来谂堂诗草》《粤东游草》《望云书屋文集》以道光间刻本为底本校点，《易鉴》以同治三年刻本为底本校点。

## 陶澍全集　甲 73—80

[清]陶澍撰　陈蒲清主编　岳麓书社 2010 年 1 月出版

　　陶澍，字子霖，号云汀，湖南安化县人。清嘉庆七年进士，选翰林院庶吉士，授编修。道光间，历任山西按察使、安徽布政使、安徽巡抚、江苏巡抚，官至两江总督，兼两淮盐政，卒谥文毅。陶澍是鸦片战争前夕中国经世学派在政治领域的代表人物，在赈灾、水利、吏治、漕运和盐政等方面取得了令人瞩目的成绩，在兴办教育、严禁鸦片、改进民生、改革币制等方面也有许多探索。陶澍著述十分丰富，其在世时即已刊行者有《陶云汀先生奏疏》五十二卷、《陶云汀先生题本》八卷、《印心石屋文钞》三十五卷、《印心石屋诗钞》初集二集，以及《蜀輶日记》。其去世后不久所刊行者有《靖节先生集注》《靖节先生年谱考异》和《陶文毅公全集》。

《陶文毅公全集》并非真正意义上的"全集"，本次整理才是真正集陶澍著作之大成。

本书共八册。第一册至第四册为《陶云汀先生奏疏》、第五册为《陶云汀先生题本》及《奏折题本补遗》和《杂件》、第六册为《印心石屋文钞》及《文集补遗》、第七册为《诗集》及《诗集补遗》和《对联》、第八册为《靖节先生集注》《靖节先生年谱考异》《蜀輶日记》以及《附录》。

《陶云汀先生奏疏》七十六卷，初编初刻于道光八年，成书于道光二十年，由李廷锡、黄冕、魏源等先后编纂。全书收奏疏一千零七十六篇（其中一篇有目无文），按历官先后顺序编排，分为《侍御稿》《巡漕稿》《巡城稿》《川东道稿》《晋臬稿》《抚皖稿》《抚苏稿》《江督稿》。本次整理又从《陶文毅公全集》和《林则徐全集》中辑录陶氏奏疏十四篇，作为补遗，置于《陶云汀先生题本》之后。

《陶云汀先生题本》八卷。题本又称题稿，是奏疏的一种。本书编刻于道光八年，共收题本七十七篇，前三卷为《抚皖稿》，后五卷为《抚苏稿》。其内容主要为题请旌表忠孝节义、节烈妇女、颐寿长者以及慷慨捐赈人物。本次整理又从湖南图书馆藏《清安徽、江苏巡抚奏疏》中辑补题本七篇，以及与吏治相关的杂件五十八篇（实五十九篇，另一篇从民间收集到），均置于本册之末。

《印心石屋文钞》三十五卷。初刊于道光十四年，其中第十六卷至十九卷为道光二十二年补刊，共收文章三百三十四篇，按文章体裁归类。此次整理又从《陶文毅公全集》中辑录各体文章八十四篇，作为"附录一"，置于本册之后。又从《陶文毅公书牍》等多种文献和多家图书馆馆藏中辑出各体文章六十七篇，作为"附录二"，置于本册"附录一"之后。

《诗集》十二卷，原本是《陶文毅公全集》卷五十三至卷六十四，收诗歌一千五百四十首。本次整理，以《陶文毅公全集·诗集》为主体版本，以《印心石屋诗钞》与《抚吴草》为校勘本。另外从相关文献中辑录陶氏诗歌三十一首，作为《诗集补遗》，置于本册之后。对联一百零五首，作为附载，置于《诗集补遗》之后。

《靖节先生集注》十卷，〔晋〕陶渊明撰，陶澍注。本书是对陶渊明作品进行注释的著作，成书于陶澍病逝前不久，刊刻于陶澍病逝之后。本书在汇集前人所编的各种版本的基础上，对前人的校勘、注释和评解进行考证，择善而从，或提出自己见解，多达二百九十三条。《靖节先生年谱考异》两卷，是以宋王质《栗里年谱》和吴斗南《靖节年谱》为基础，对陶渊明的生平、思想、家世、居地等问题进行研究和考证，实际上相当于陶渊明年谱的新编。《靖节先生集注》和《靖节先生年谱考异》均以道光十九年周诒朴校刊本为底本标点排印。

《蜀辀日记》四卷。本书是作者于嘉庆十五年担任四川乡试副考官期间，往返于途中的日记，起于五月二十九日，止于十一月二十日。对沿途的山水名胜、历史遗迹多有考证，时人称"考证江山，时出卓见，以发前人之覆……且寓经济于考索之余"。此书以道光四年刻本为底本校点排印。

《全集》之末有陶澍的传记文献七种，其中《陶澍大事年表》

为陈蒲清新编。

## 汤鹏集　甲81—82

[清]汤鹏撰　刘志靖　王子羲　石彦陶　陈子定校点　岳麓书社2011年3月出版

　　汤鹏，字海秋，自号浮邱子，湖南益阳县人。道光三年进士，授礼部主事，官至山东道监察御史。其生性豪爽，志业才气凌轹一时，与龚自珍、魏源、张际亮并称“京中四子”。先后担任会试同考官和陕西乡试正考官。在御史任内因冒犯亲贵，被罢官降职，从此发愤著述，“欲有所暴白于天下”。于是撰“《浮邱子》九十一篇，篇数千言，通论治道学术；《明林》十六卷，指陈前代得失；《七经补疏》，明经义；《止信笔初稿》，杂记见闻事实”。汤鹏擅长制艺时文，有《海秋制艺前后集》行于时。其诗歌创作，“自上古歌谣至三百篇、离骚，汉魏六朝唐，无不形规而神絜之”（梅曾亮语）。本书收汤鹏《浮邱子》、《海秋制艺前后集》，《海秋诗集》三种。

　　《浮邱子》十二卷，是一部论述政治和学术的专著。益阳城西有浮邱山，号称“小南岳”。相传刘宋潘逸远在此山炼丹，自号浮邱子。汤鹏亦以浮邱子自号，又以名其集。本书每卷之下分若干专题，引用儒家经典文献作为立论依据，然后作理论阐述。其论述的风格，熊少牧序称“时而云垂海立，时而月皎风疏，时而玉佩华绅，时而斜簪散髻，连抖旁魄，无有端涯”，又称“是集经纬万端，自成一子”。本书1987年于岳麓书社整理出版，本次收入《汤鹏集》，为其修订之本。

　　《海秋制艺前后集》，《前集》八十四篇，《后集》九十八篇。制艺，即八股文。汤鹏制艺之文，文采气势俱佳，叙事说理，条理分明。梅曾亮称汤鹏"所为制艺，列书肆中，士子模拟，相接得科第"。本书以道光十八年刻本为底本校点。

《海秋诗集》二十六卷《后集》一卷，其诗题材广泛，大凡励志、遣兴、诫友、题赠、哀悼、咏怀、感时、写景等，无所不具。林则徐说："海秋于诗，无体不工。四言出入风雅颂；五言始而希踪韩、杜，既而陶、阮、鲍、谢，皆在伯仲之间；七言则寓妥帖排奡之力于淋漓跌宕之中，合太白、昌黎为一手；五七律、五七绝均嗣响唐人；至其所为琴操、古歌谣，则尤备古人之所不及备，为今人之所不能为。诗至此，可谓极天下之大观也已。"《诗集》存诗二千三百多首，按体裁排列，先古体后近体，先四言五言，后七言。《诗集》后附录诸家评跋。《后集》所收诗一百九十三首，为道光十八年以后作品。本书以同治十二年刻本为底本校点。

## 魏源全集　甲 83—96

[清] 魏源撰　魏源全集编辑委员会编　岳麓书社 2011 年 2 月出版

魏源，字默深，原名远达、字典良图，湖南邵阳（今属隆回）县人，是我国近代杰出的思想家。魏源一生著述宏富，2005 年岳麓书社出版的《魏源全集》，是他所撰写的著作以及所编纂的重要著作之结集，此次收入《湖湘文库》，删去了《皇朝经世文编》、《淮北票盐志略》。各册的内容是：

第一册，《诗古微》二卷、《诗古微》二十卷。此二书是魏源研究《诗经》的成果。前者成书于道光初年，有修吉堂刻本，称为初刻本或称二卷本；后者是在初刻本的基础上修订而成的，刻于道光二十年，称为"二刻本"或称二十卷本。二十卷本分为卷首和上、中、下三编，上编六卷、中编十卷、下篇三卷。作者撰写《诗古微》，旨在研究汉代经学家解释《诗经》的古义，即通过搜集齐、鲁、韩三家遗说，发挥三家《诗》的微言大义，"补苴其罅漏，张皇其幽渺，以豁除《毛诗》美刺正变之滞例，而揭周公、孔子制礼正乐之用心于来世"，为其改革的政治主张寻找理论依据。二卷本以修吉堂刻本为底本整理，二十卷本以道光二十年刻本为底本整理。

第二册，《书古微》十二卷、《古微堂四书》六卷、《蒙雅》一卷。《书古微》是作者研究《尚书》的成果，旨在发明西汉今古文《尚书》之微言大义，揭辟东汉马融、郑玄古文之凿空无师传，又补亡证伪，用实地调查的山川水利学识和引用西方天文地理科学知识，阐述水道源流、古今演变、推断河流未来走向，为《尚书》研究带来生机。作者另有《禹贡说》二卷（计二十六篇），有同治六年巴陵方氏刻本。但《禹贡说》实为《书古微》的一部分，本书将《书古微》未刊之《禹贡说》的六篇文章及《禹贡说序》附在《书古微》卷五之后。本书以光绪四年淮南书局刻本为底本。《古微堂四书》又名《四书后编》，含《小学古经》、《大学古本发微》、《孝经集传》、《曾子发微》四种，是魏源青壮年时代研究经学的成果。本书以国家图书馆藏何绍基抄本为底本整理出版。《蒙雅》是魏源应读书人阅读典籍之需而纂辑的识字课本。本书以仓圣明智大学《广仓学窘丛书》本为底本。

第三册，《圣武记》十四卷，附《夷艘寇海记》二卷。《圣武记》是一部探求清代盛衰的史书。全书分为两大部分：卷一至卷十叙述清朝历代的武功；卷十一至卷十四为《武事余记》。本书为纪事本末体，将清代大事总结为三十四个事件，按事立篇，旨在总结战事得失和盛衰教训，为抵抗侵略提供借鉴。本书以道光二十六年古微堂三次重订本为底本整理出版。《夷艘寇海记》是一部全面叙述鸦片战争的最早的历史专著，以中国社会科学院近代史研究所藏抄本整理出版。

　　第四册至第七册，《海国图志》一百卷。《海国图志》是魏源受林则徐嘱托而编纂的一部世界地理与历史知识的综合性图书。该书以林则徐所译《四洲志》为基础，将当时收集到的其他相关文献和魏源自撰的多篇论文进行扩充，于道光二十二年完稿并初刻印行，为五十卷，道光二十七年增补刊刻，为六十卷。随后又不断增补，至咸丰二年成为一百卷。全书详细叙述了世界舆地和各国的历史政制，风土人情，主张学习西方的科学技术，提出了一整套以"师夷长技以制夷"为中心的救国方略，对当时和后来的思想界有很大影响，对日本的明治维新也有一定影响。本书以咸丰二年古微堂重刊定本为底本整理出版。

　　第八册至第十一册，《元史新编》九十五卷。《元史新编》是魏源编撰的一部系统反映元代兴亡及其社会根源的纪传体史书，包括本纪十四卷、列传四十二卷、表七卷、志三十二卷。本书依据正史，旁搜《元朝秘史》《蒙古源流史》《皇元圣武亲征录》《元文类》及元人文集、明清有关著述百余种，记元太祖元年至元顺帝至正二十八年间的史事，着重补充了先元四朝史迹、西域舆地及治河、钞法等内容，并首次利用国外资料考补西北边防舆地沿革。其列传将各类人物分为开国、世祖、中叶、元末四期。本纪自世祖以下则以邵远平《元史类编》为蓝本。《艺文志》《氏族志》则袭用钱大昕同名著作。本书以光绪三十一年魏氏慎微堂刻本为底本整理出版。

　　第十二册，《老子本义》上下篇、《净土四经》《诗比兴笺》稿本与《诗比兴笺》刻本。《老子本义》是魏源研究《老子》的成果，旨在将《老子》的哲学精髓，转化为经世致用的营养。本书以1931年商务印书馆《丛书集成》本为底本整理。《净土四经》

收魏源所撰关于佛教净土宗四经（即《无量寿经》《观无量寿佛经》《阿弥陀经》《普贤行愿品》）的五篇叙、两篇附记及其重新会译的《无量寿经》。本书以清同治五年金陵刻经处刻本为底本整理。《诗比兴笺》是用笺释《诗经》的方法，笺汉魏晋唐之诗，使读者知比兴之所起，并知志之所本。稿本不分卷，刻本分为四卷。其稿本以北京大学图书馆藏本为底本，刻本以咸丰五年初刻本为底本。

第十三册，《古微堂内集》二卷、《古微堂外集》八卷。二书合称为《古微堂集》，又名《古微堂内外集》，或《魏默深文集》。《古微堂内集》卷一为《默觚上·学篇》，卷二为《默觚下·治篇》，共三十篇，均为学术性读书札记。《古微堂外集》收魏源所作之叙跋、例言、表考、碑铭、传记、书信及论著等单篇文章一百三十六篇。本书以清宣统元年长沙国学扶轮社石印本为底本整理出版。

第十四册，《古微堂诗集》十卷，及其《补录》和《附录》。《古微堂诗集》收魏源诗作八百八十九首，依次按四言古诗、五言古诗、乐府、七言古诗、五言律诗、五言绝句、七言绝句之顺序排列。本书以清同治九年长沙宝庆郡馆刊印之《古微堂诗集》十卷本为底本，参校 1976 年中华书局《魏源集》。《补录》收魏源《古微堂内外集》和《古微堂诗集》之外的文章、诗歌和对联。《附录》为《邵阳魏府君事略》以及有关魏源的其他传记资料。

## 严如熤集  甲 97—99

[清]严如熤撰  黄守红标点  朱树人校订  岳麓书社 2013 年 5 月出版

严如熤，字炳文，号乐园，湖南溆浦人。乾隆五十四年优贡生。早岁入岳麓书院，师事罗典，学政张姚成称为经世才。乾隆六十年入湖南巡抚姜晟幕，献《平苗议十二则》。在姜幕四年，为镇压湘黔川三省苗民起义出谋划策。嘉庆五年举孝廉方正，以知县用，发往陕西，次年补洵阳知县。严如熤用团练武备之法，参与平定了陕鄂川三省白莲教起义。在陕西为官二十二年，由知县、知州、知府、道员至按察使，在任内广泛兴办学校、修建渠堰、加强治安、清理冤案，并且经常深入乡村，"穷乡邃谷，老兵妇孺，皆识其姓字"。严如熤著述丰富，陶澍称"其措施往往见于所著书"。本书包括严如熤的著作四种：

《乐园文钞》八卷，收各体文章一百四十四篇，大抵按辨、论、说、记、序、传、书、议、疏、寿序等类例排序。以清道光刻本为底本标点。

《乐园诗钞》六卷，收各体诗歌四百余首。依专题各自为集。卷一《汉南集》、卷二《感旧集》、卷三《咏史集》、卷四《苏亭集·乐府》、卷五卷六《苏亭集》。邓显鹤称其诗"朴老沉雄，不加雕琢，如其为人，其汉南纪事诸作，真挚悱恻，直不减次山《春陵行》也"。以清道光刻本为底本校点。

《苗防备览》二十二卷，是一部关于湘黔川三省接壤地区苗族历史、地理与社会生活的专著，成书于作者担任姜晟幕宾时期，取材于当时公牍及湘黔川有关地方志。全书包括舆图、村寨、险要、道路、风俗、屯防、述往、人物、艺文等门类。以道光二十三年绍义堂刻本为底本校点。

《三省边防备览》十四卷，辑录川鄂陕三省相邻地区有关地理、军制、经济、风俗等资料，还记录了边地民众的生产和经济活动，有作者亲身经历和实地调查的记载。以道光二年刻本为底本校点。

## 墨香阁集　甲100

[清]彭维新撰　袁庆述校点　岳麓书社2010年11月出版

　　彭维新，字肇周，号石原，湖南茶陵州（今茶陵县）人。康熙四十五年进士，选庶吉士，授编修，先后充山西乡试副考官、陕西乡试正考官，后授山东学政、浙江学政，官至户部尚书、协办大学士事。其晚年屡被革职，又屡次起用，最终在乾隆十五年因事获罪革职，乡居十九年而卒。《墨香阁集》是彭维新的诗文集，共十三卷，首一卷，末一卷。卷首为"颂"及《恭和御制诗》，卷一至卷八分别收录各体文章九十篇，卷九至卷十三收录诗歌三百余首，卷末有杂文八篇。彭维新学识渊博，熟谙经史，其推论史事之作，鞭辟入里；其小品文，或写景状物，或抒发情怀，文笔洗练，清新可爱。彭维新的诗作雄深雅健，邓显鹤称其"诗古今体宗法甚正，古体尤多沉博瑰丽之作"。本书据清道光二年家刻本校点。

## 贺长龄集　贺熙龄集　甲101

[清]贺长龄撰／[清]贺熙龄撰　雷树德校点　岳麓书社2010年8月出版

　　贺长龄，字耦耕，号西涯，晚号耐庵，湖南善化县（今长沙县）人。嘉庆十三年进士，选庶吉士，授编修，先后担任广西乡试副考官，山西学政、御史等职。道光元年外放南昌知府，后官至云贵总督。贺长龄早年入岳麓书院，师事罗典，讲求经世致用之学，是清代嘉庆道光时期著名的经世派大臣和学者，组织编纂了《皇朝经世文编》一百二十卷。在江苏苏州布政使任内，协助巡抚陶澍组织并实施了漕粮海运，编纂了《江苏海运全案》。此外，他在南昌知府、山东布政使、贵州巡抚各任内，于清理狱讼、兴办教育、发展经济以及协调民族关系等方面，惠政颇多。本书是作者诗文集，包括《耐庵奏议存稿》十二卷、《耐庵公牍存稿》四卷、《耐庵诗存》三卷、《耐庵文存》六卷，其奏议始于嘉庆二十一年四月，止于道光二十六年十二月。其公牍始于山东兖沂道任内。其诗按创作的先后排序，其文按文体分类排序。本次整理据光绪八年刻本校点排印。

　　贺熙龄，字光甫，号蔗农，长龄之弟。嘉庆十九年进士，选庶吉士，授编修，先后担任御史、湖北学政等职。道光十六年因目疾请假回籍，出任长沙城南书院山长，长达八年之久，并于岳麓书院倡建湘水校经堂，培养经世致用之才，左宗棠等出其门下。本书是作者的诗文集，包括《寒香馆文钞》八卷、《寒香馆诗钞》四卷。其文按文体分类排序，其诗按创作先后序。本次整理，以道光二十八年刻本校点排印。

## 黄本骥集　甲 102—103

[清]黄本骥撰　刘范弟校点　岳麓书社 2009 年 7 月出版

　　黄本骥，字仲良，号虎痴，湖南宁乡县人。张之洞《书目答问》将其列为清代湖南八位知名学者之一。嘉庆二十三年黄本骥受邀参加编纂《湖南通志》，负责地理、山川、古迹、陵墓、艺文、物产等门类。道光元年中举人，次年赴京会试报罢，此后入唐仲冕、裕泰、吴荣光等大吏幕府。道光十七年选为黔阳县教谕，任职二十年，直至去世。黄本骥涉猎广博，于经学、历史地理、方志、姓氏、职官、金石文物和目录学都有深入的研究，癖爱金石，名其居室曰"三长物斋"。其著作十分丰富，大都收录在其本人所编之《三长物斋丛书》中。

　　本书包括《三长物斋诗略》《三长物斋文略》《痴学》《避讳录》《湖南方物志》《圣域述闻》《历代职官表》等七种专门著作。

《三长物斋诗略》五卷，收古近体诗三百零二首。《三长物斋文略》六卷，收各体文章八十六篇，以序跋类的学术文章居多。《痴学》包括《读经笔得》《读史笔得》《读文笔得》《读诗笔得》《韵学卮言》《信古录》和《疑疑孟》等七种小专集，前五种为读书心得；《信古录》为辩驳刘知幾《史道·疑古》而作，《疑疑孟》为质疑司马光《疑孟》一书而作。《避讳录》五卷，是一部研究避讳制度的专著，首次将从周朝到清代的避讳现象作了系统的梳理。《湖南方物志》八卷，系统地收录了湖南的矿产、动物、植物和各类制成品，是在嘉庆《湖南通志·物产》部分的基础上"稍为增辑"而成的。《圣域述闻》二十八卷，记述历代文庙的庙祀制度和圣贤事迹，是研究儒学儒教和政治教化、了解古代文庙、学校制度以及教育制度演变发展的重要文献。《历代职官表》是清代乾隆间《钦定历代职官表》的简编，保留了原书诸表，删去历代职官的叙说部分，简写了清代职官的叙说部分，较原书清楚简明。上述七种著作，均以道光年间湘阴蒋瓛刻、光绪四年古香书阁所印之《三长物斋丛书》本为底本校点排印。

## 罗泽南集　甲 104

[清]罗泽南撰　符静校点　岳麓书社 2010 年 2 月出版

罗泽南，字仲岳，号罗山，又号悔泉，湖南湘乡县人，县学生。咸丰元年举孝廉方正，为学以性理书为依归、兼及兵法、舆地之学。咸丰二年太平军围攻长沙，罗泽南在家乡与门弟子王鑫、李续宾、李续宜、蒋益澧等倡办团练，此后应曾国藩之召，将所办团练扩充为湘军，其本人也成为湘军早期的统帅之一。咸丰六年三月，罗泽南战殁于武昌，谥忠节。罗泽南虽以战功名噪于时，但一直勤于研究宋名理学，著述丰富，曾国藩称"其平生志事裕于学者久矣"。本书收其著作六种，即《罗忠节公遗集》《西铭讲义》《人极衍义》《姚江学辨》《读孟子札记》和《周易附说》。《罗忠节公遗集》八卷，其中卷一卷二为诗，卷三至卷八为文。诗词部分又分为《里中草》与《军中草》；文章部分则按文章体裁排序，包括论、序、记、书、传、墓志铭等文章形式。其书信部分多论及湘军战事，颇具史料价值。《人极衍义》一卷，原名《常言》，其内容推衍周敦颐"主静以立人极"，论述太极存在的绝对性和人生修养的必要性。《姚江学辨》两卷，其主旨驳斥王阳明《大学问》、《传习录》中的心学理论。《西铭讲义》一卷，其主旨是阐释张载《西铭》一书有关的伦理思想。《读孟子札记》两卷，是作者研读《孟子》的读书笔记，阐述了作者对治理国家及个人前途的看法。《周易附说》一卷，是作者在与太平军作战期间研究《周易》的心得。作者认为："《易》者，忧患之书。今于忧患时读之，尤亲切而有味也。"上述六种著作，均据咸丰九年刻本校点排印，名之为《罗泽南集》。

## 胡达源集　甲105

[清]胡达源撰辑　胡渐逵校点　岳麓书社2009年12月出版

胡达源，字清甫，号云阁，湖南益阳县人。清嘉庆二十四年进士，授翰林院编修，晋国子监司业，擢少詹事。道光八年任贵州学政，官至侍讲学士，一度主讲长沙城南书院。本书包括《弟子箴言》《闻妙香轩遗集》《长郡会馆志》《长郡题名录》以及《长郡文武仕宦题名录》。

《弟子箴言》十六卷，是一部论述修身的专门著作，分为奋志气、勤学问、正身心、慎言语、笃伦纪、睦族邻、亲君子、远小人、明礼教、辨义利、崇谦让、尚节俭、儆骄惰、戒奢侈、扩才识、裕经济十六个专题。曾国藩称此书"甄录古人嘉言，衷以己意，辞浅而旨深"。此书以道光十五年闻妙香轩本校点排印。

《闻妙香轩遗集》四卷，是作者的诗文集，第一卷第二卷为文，第三卷为诗，第四卷为赋。卷首有李元度《叙》，称其"序、记、书启、志状诸文，皆渊懿典则，壹以真性情屈注其中，不愧为有德者之言"。此集以光绪七年刻本校点排印。

《长郡会馆志》，胡达源编辑。长郡会馆即长沙府会馆，位于北京崇文门外草厂胡同，创建于明代末年。道光七年，胡达源曾主持会馆的扩建，此馆志则编于道光十五年。今据光绪十一年刻本校点排印。

《长郡题名录》，[清]吴灼编，[清]胡达源续编，[清]徐树钧再续编。该书记载明清时期长沙府历科进士、武进士、举人、武举人、拔贡、优贡、恩贡、孝廉方正等名单。据光绪十一年刻本校点排印。

《长郡文武仕宦题名录》二卷，[清]徐树钧编。该书记载清代咸同以来长沙府籍文职一品至七品、武职一品至五品官员任实缺者。本名录虽非胡达源著作，因附于《长郡会馆志》之后，可与《长郡题名录》互为补充。据光绪十一年刻本校点排印。

## 胡林翼集　甲 106—110

[清]胡林翼撰　胡渐逵　胡遂　邓立勋校点　岳麓书社 2008 年 11 月出版

胡林翼，字贶生，号润芝，湖南益阳县人。道光十五年进士，选翰林院庶吉士，授编修。道光二十年任江南乡试副考官，道光二十年外放贵州安顺府知府，后调署镇远府知府、补黎平府知府。咸丰三年，太平军夺取东南数省并建都南京，清廷急调胡林翼赴湖北军营委用，此后逐渐成为湘军重要统帅之一，官至湖北巡抚。

咸丰十一年卒，谥文忠。胡林翼治学不专重文艺，但究心吏治，博涉兵略，有《胡文忠公遗集》《读史兵略》《读史兵略续编》等著作传世。其中《读史兵略》一书，作者在世时即已刊刻，当时"四海风行，不胫而走"（俞樾语）。本书全五册。第一册为《奏疏》，第二册为《书牍》《批札》《家书》《诗文联语》，第三册、第四册为《读史兵略》，第五册为《读史兵略续编》。其《奏疏》始于咸丰五年三月二十七日，止于咸丰十一年八月二十二日。其《书牍》亦按时代顺序编排，始于道光二十四年，止于咸丰十一年。其《批札》是担任湖北巡抚期间的批示。其《家书》始于道光二年，止于咸丰十年。其《诗文联语》篇幅很少，仅文五篇、诗三首、联语七首。《读史兵略》及其《续编》由胡林翼主编，由其门人汪士铎、胡兆君、张裕钊、莫友芝等编纂，其主要内容是从《春秋左氏传》《通鉴》以及《宋史》《元史》和《明史》中辑录相关"资于忠贞而有方略"的军事文献。胡林翼的著作，1999年岳麓书社曾整理出版，本书即以其版加以重印，对其个别讹误作了修订。

## 岳麓诗文钞　甲111

[清]欧阳厚均编　邓洪波　周郁校点　岳麓书社2009年9月出版

欧阳厚均，见甲71—72。本书是以岳麓山为专题的诗文总集，编纂于道光十年。卷首有编者《叙》，称本书以康熙《岳麓志》为蓝本，"爰择集中诗古文词，芟繁去冗，录而存之。复就见闻所及，加以咨访，上溯唐宋，逮于国朝，凡宦寓名贤，钓游髦士，题咏传记诸作，悉与钞撮，按时代之先后为编次。其中之古迹名胜，为之寻流讨源，考其沿革兴替，一一疏证之，附以按语，俾后之修山志者采择焉"。原书五十七卷，其中《诗钞》三十五卷，收诗六百九十一首，《词钞》一卷，收词九十首，《赋钞》三卷，收赋三十一篇，《文钞》十八卷，收文章九十八篇。全书涉及作者五百五十八人，上起唐朝，下至清朝，历时千余年，足以体现岳麓山的文化渊源及其发展脉络。本书以清道光十年刻本为底本校点排印。校点者又辑录唐代至明代间岳麓山诗文若干篇，仿原书体例作《补遗》两卷，附于本书之末。

## 资江耆旧集　甲 112—113

[清]邓显鹤编纂　熊治祁　张人石校点　岳麓书社 2010 年 1 月出版

　　邓显鹤，字子立，号湘皋，晚号南村老人，湖南新化县人。嘉庆九年举人，屡赴京会试不第，应大挑之选，道光六年授宁乡县训导，任教职十三年。晚年引疾归，先后主讲于常德朗江书院和邵阳濂溪书院。邓显鹤一生致力于湖南地方文献的搜集、整理和刊刻，曾国藩称赞他"于湖南文献，搜讨尤勤，如饥渴之于食饮，如有大谴随其后，驱迫而为之者"。邓显鹤曾对明代周圣楷的《楚宝》进行考异和增辑，收在《湖湘文库》甲编 44—45。此外，还编辑了《船山遗书》《周子全书》等。

　　本书是一部湖南地域性诗歌总集，诗歌作者主要是明代至清代道光间资江流域人士。全书六十卷附《资江盛事》一卷，收入作者四百一十一人，诗四千四百余首。其中第五十九卷、第六十卷以及《资江盛事》由陶澍编纂（也有另一说原书五十四卷，其余由陶澍编纂）。其编纂主旨"以诗存人，亦以人存诗"，集中所录，不拘一格，举凡骚人韵士、布衣野老、闺秀、方外，只要有诗，均为收入，因此保存了大量濒于湮没的作品，尤其是明末清初遭遇战乱流亡的作家作品。本书于每位作者系以小传，介绍作者的生平、著述、诗歌特色以及诗词佳句，然后再选取其代表作品。本书以道光二十年刊本为底本校点排印。

## 沅湘耆旧集　甲 114—119

[清]邓显鹤编纂　欧阳楠校点　岳麓书社 2007 年 12 月出版

　　邓显鹤，见甲 112—113。邓显鹤有《楚宝（增辑考异）》，收
在《湖湘文库》甲编 44—45，又有《资江耆旧集》，收在《湖湘
文库》甲编 112—113。本书编纂于《资江耆旧集》之后，是一部
辑录湖南全省历代诗人诗歌的总集。全书包括前编与本编两部分。
前编四十卷，由邓显鹤之子邓琮编纂，所录诗人起于晋代罗含，
止于元代李祁，共计诗人三百三十家，诗作二千三百三十余首。
本编由邓显鹤编纂，所录诗人起于明代李祁，止于作者编纂之时
已去世者，共计诗人一千六百九十九人，诗作一万五千六百八十
首。全书体例是每位诗人先简介其生平，然后选编其诗作。个别
作者于其生平简介之后附有相关的传记资料，并作考证，其他相
关文献或附在其诗作之后。所选诗人，既有馆阁词臣，也有布衣
野老，闺秀方外，甚至包括不知名姓的俚语渔歌作者。本次整理，
前编以道光二十四年新化邓氏小九华山楼本为底本，本编以道光
二十三年新化邓氏南村草堂本为底本。全书分为六册，原总目录
置于第一册，新编各册之细目，置于各册之前。

## 湘雅摭残　甲 120—121

张翰仪编　曾卓　丁葆赤校点　岳麓书社 2010 年 2 月出版

　　张翰仪，字莼安，又字若苏，民国间曾先后担任长沙、湘潭、
衡阳等九县县长，后任福建省秘书长，为南社湘集成员。本书是
继《沅湘耆旧集》之后的又一部湖南诗歌总集，共收录作者六百
三十四家，诗作约八千首。所收作者上起清道光末年，迄于抗日

战争之前，不收当时在世人的作品。此书初辑时，仿《沅湘耆旧集》体例，并名之"沅湘耆旧集续编"。后抄稿毁于火灾，作者收拾烬余，重新编纂，改为今名。清代道光中期以后的百年间，湖湘人士的诗歌创作，是自明以来以李东阳为首的茶陵派之后的又一个高峰。其流派众多，题材广泛，尤不乏感时伤事、忧国忧民之作，本书在一定程度上反映了该时期湖湘诗歌的概貌。《沅湘耆旧集》刊行之后，有多人曾经有过续编之举，本书1988年在岳麓书社出版时，有专文论及此书与原湖南大学刘善泽教授之"续编"，成为版权悬案。本次出版，在《前言》中对此悬案有详细辨正，明证本书作者为张翰仪。

## 李星沅集　甲122—123

[清]李星沅撰　王继平校点　岳麓书社2013年5月出版

李星沅，字子湘，号石梧，湖南湘阴县（今属汨罗市）人。道光十二年进士，选庶吉士，次年授编修。道光十四年任四川乡试正考官，十五年任广东学政，十八年授陕西汉中知府，后官至两江总督兼管河务。道光三十年十二月被清廷派为钦差大臣，驰往广西镇压农民起义。咸丰元年病逝广西宣武军中，谥文恭。著有《李文恭公遗集》传世。

李星沅是近代经世学派的重要代表人物，善于处理钱粮、吏治、漕运等事务，而其为文，"志意宏远，所作皆雄博，寓风骨于藻缋中"。时人长沙熊少牧《李文恭公诗集序》云："吾乡官江南以经济而兼文章之美者三君子：一湘潭陈恪勤公沧洲（即陈鹏年），一安化陶文毅公云汀（即陶澍），其一为湘阴李文恭公石梧也。"本书以清同治四年芋香山馆刻本《李文恭公遗集》为底本校点，更名为《李星沅集》。全书四十六卷，包括奏议二十二卷，诗集八卷，文集十六卷。奏议主要反映了李星沅为官以来的相关公务情况。其中，在陕甘总督任上整顿官库、清剿"刀匪"、"啯匪"；在云贵总督任上整顿边务，惩治懈怠官员，平息汉族和少数民族间的矛盾和纠纷；两江总督任上整理水师，经理漕务等，均有较高的史料价值。特别是任钦差大臣，出师广西，镇压太平天国起义时期的奏报，虽然时间短暂，但对了解太平天国初期的情形，尤其是清政府应对太平天国农民起义的措施以及清政府财政的困境，颇具文献价值。诗集八卷、文集十六卷，虽多为官场应酬唱和之作，但其青年时期言志之诗大多志意宏远，其文集部分有《滇南军书》三卷、《粤西军书》八卷，也是研究西南民族关系和太平天国的重要文献。

## 唐鉴集　甲124

[清]唐鉴撰　李健美校点　岳麓书社2010年9月出版

　　唐鉴，字栗生，号镜海（也作敬楷），湖南善化县（今长沙县）人。清嘉庆十四年进士，选庶吉士，散馆授检讨，官至太常寺卿。唐鉴崇尚理学，主张省身持敬、精思力践，在北京倡导"正学"，曾国藩、倭仁等随其考德问业，对咸同间理学的复兴颇具影响。唐鉴著述丰富，本书只收《唐确慎公集》和《国朝学案小识》两种。

　　《唐确慎公集》十卷，首一卷末一卷，是唐鉴的诗文集。卷一至卷五为文，按序、说、论、议、记、碑、箴、题跋、书、传、墓志铭、墓碑、墓碣、哀辞、禀、移、示谕等各文体排序。卷六至卷十为诗，首例《拟乐府》二十四首，其余各诗按创作先后排序。卷首为唐鉴的《奏疏》三篇，卷末为《歌语》两篇。本书以光绪元年刻本为底本整理出版。

《国朝学案小识》十四卷，末一卷，是清代第一部阐述清代儒学道统的学术史著作。该书仿黄宗羲《明儒学案》《宋元学案》的体例，将清代学者分为传道、翼道、守道、经学和心宗五学案。全书共列清初至嘉庆间二百五十六位学者，各为之传，记其生平、学术渊源、学术思想、主要著作。每传之后附同学或从游者、问答者。本书旨在扶持程朱理学，宗朱子为正学，不宗朱子即非正学。表彰传道、翼道、守道、穷经诸儒之功，辨王阳明心学"阳儒阴释"之非。本书以光绪十年重刻本为底本整理出版。

## 邹叔子遗书七种　甲125

[清]邹汉勋撰　蔡梦麒校点　岳麓书社2011年2月出版

邹汉勋，字叔绩，一字绩父，又字叔子，湖南新化县人。咸丰元年举人，咸丰三年投笔从戎，参加曾国藩的湘军，率军解南昌之围，叙知县。不久，迁直隶州同知。同年十二月，太平军破庐州，被杀。邹汉勋幼承家学，"于天文推步、方舆沿革、六书、九数之属，靡不研究"，一生致力于舆地学研究，先后参与编纂了《新化县志》《宝庆府志》《宝庆疆里图》。道光二十五年应邀赴贵阳纂修《贵阳府志》《大定府志》《兴义府志》《安顺府志》，时论推许为"西南方志大家"。邹汉勋著作丰富，多达三十余种三百余卷，同治二年"俱毁于火"。后人搜集剩稿，编为邹氏遗书，有两种刻本。其一是《新化邹氏学艺斋遗书》，收书五种，由龙汝霖与赵之谦合刊，光绪四年刻于南昌。其二是《邹叔子遗书》，收书七种，由其孙邹代钧"以家存本与南昌本参校合并"，光绪九年刻于新化。本书即以新化刻本为底本校点排印，所收七种著作如下：

《读书偶识》十卷附识一卷，为作者读书心得，成书于道光十三年。书首自叙云："见必出诸己，理不阿于人"。"破前人之训故，必求唐前之训故方敢用；违笺传之事证，必求汉前之事证方敢从"。由此可见作者读书治学的严谨态度。

《五均论》两卷，是作者研究古代音韵学的专著，"五均"即五韵。全书一百二十论，分为五音二十五论（论声调）、廿声四十论（论声纽）、八呼二十论（论等呼）、十五类三十论（论韵类）、总论摄五论。本书的特色是开辟了以方音证古音、古韵的道路，一直为音韵学界所重视，时人将邹汉勋评价为"古之郑贾、今之江戴"。

《颛顼历考》两卷，是一部研究从秦始皇二十七年至汉武帝太初元年期间所使用的颛顼历的专著，为古史研读提供了"至朔日闰"方面的可靠凭依。

《文集》一卷，是作者考据学成果的单独结集，收考据学论文九篇。这九篇文章体现了南昌刻本《文集》原貌，今又收入本书《学艺斋文存》。

《南高平物产记》两卷，是作者的一部记载地方方物的专著。南高平为古县名，始设于三国吴宝鼎元年，辖地在今湖南隆回、新化县境内。全书记载动物、植物等自然产物十四类，后附以《新化县志·食货志》的《土贡》与《物产》两节。

《学艺斋文存》八卷，是作者各类文章的结集，包括考说、序跋、记、传、书等体裁。

《学艺斋诗存》两卷附诗馀一卷，是作者诗词的结集，多感怀赠答之作，体裁以五古七古居多。

全书末附有《红崖刻石释文》。红崖刻石位于贵州省永宁州（今关岭县）红崖山上。刻石共二十五字。邹汉勋认为此刻石为殷高宗伐鬼方纪功之作。

## 何绍基诗文集　甲126—127

[清]何绍基撰　龙震球　何书置校点　岳麓书社2008年11月出版

　　何绍基，字子贞，号东洲，晚自号蝯叟，湖南道州（今道县）人。道光十六年进士，选庶吉士，旋授编修，纂修国史。先后任福建、贵州、广东等省乡试正副主考官。咸丰二年出任四川学政。咸丰四年因"缕陈时务十二事"，被责以"肆意妄言"，由部议以私罪降调，从此绝意仕进，离开官场，周游各地，从事书法、讲学和著述活动。咸丰八年主讲山东泺源书院。同治元年以后又主讲长沙城南书院和岳麓书院多年。后由曾国藩和江苏巡抚丁日昌延主苏州书局，校刊大字《十三经注疏》。不久，应浙江巡抚杨昌濬之邀主孝廉堂讲席。同治十二年病逝。

　　本书包括作者的三种著作：《东洲草堂诗钞》三十卷、《诗馀》一卷、《东洲草堂文钞》二十卷。均以清同治六年何氏家刻本为底本校点。作者是清代著名的书法家和诗人。其篆书用笔遒劲，貌似枯藤，古拙典雅；其隶书运笔浑圆，婉和韵雅，古拙朴厚，具有深厚的金石味；其楷书力厚骨劲，气苍韵遒，骏发雄强；其行书恣肆旷逸，意态超然，如天花乱坠；其草书龙翔凤舞，超迈入神，浑然一体，自成风韵。作者的书学理论集中体现在《东洲草堂文钞》的题跋文中。作者还是清代宋诗派的倡导者和实践者，诗风崇尚苏轼和黄庭坚，诗集中用坡韵之作，屡见不鲜。

## 罗汝怀集　甲128

[清]罗汝怀撰　赵振兴校点　岳麓书社2013年5月出版

　　罗汝怀，初名汝槐，字甘孙，又作念生、研生，晚号梅根居士，湖南湘潭县人。早岁就读于长沙城南书院，博通经史，尤好音韵文字训诂之学。道光十七年选拔贡生，次年入京。廷试不遇，落第返乡，曾主讲醴陵渌江书院。两年后以亲老辞归，设馆授徒，绝意仕进，精研经史，搜讨文献。时人称其"学博而不杂，才多而不流"。参与光绪《湖南通志》的编纂，晚年选芷江、龙山等县训导，皆不赴。罗汝怀治学勤奋，著述多达二十余种，其中《湖南文征》两百卷已收入《湖湘文库》甲编84—89。

本书是罗汝怀的诗文合集，包括《绿漪草堂文集》三十卷、《绿漪草堂诗集》二十卷、《研华馆词》三卷、《绿漪草堂外集》两卷，以光绪九年长沙刻本为底本校点。《绿漪草堂文集》包括说、释解、考、论、辨议、议表、叙、叙例、书后、题跋、书、书启、记、寿叙、传、赞、铭、纪事、墓志铭、墓表、行状、诔、哀词、祭文等诸体文章。其中说、释解、考、辨议是学术论文，短小精密，创获甚多；论、议表诸文，多经世之论；叙、书后、题跋、记、传、墓志铭等类文章，具有较高的文献价值。时人吴敏树称罗汝怀之文"以典雅详明为体，不为议论恢肆，其辞必称其事，而曲尽细微。如治丝，经纬及成，锦绮烂然。时或清省，论绪寥寥，意理至周，情味弥远"。《绿漪草堂诗集》包括各体诗歌，按五古、七古、五律、七律、五绝、七绝排序。吴敏树称其诗"妥贴圆妙，出奇无穷，少年才人不逮"。时人李元度叙其《诗集》，称其诗"清远闲放，品如其人"。《研华馆词》收词若干首，首有陈学受题辞，称其词"得南宋清转层折之致，兼以顿挫风姿，长篇多雅健，小令特旖旎"。《外集》为杂文，多以士人身份向当道提出的建议，涉及治安、备荒、禁烟等方面。

## 北岳山房诗文集　甲129

[清]阎镇珩撰　陶新华校点　岳麓书社 2009 年 10 月出版

阎镇珩，又名北岳，字季蓉，号嵩阳，湖南石门县人。少即补县学生，但终身不仕。博览群书，精研理学，爱好诗古文辞，其为文宽厚宏博，贯穿经史，卓然自成一家。早年曾游幕于浙江，后长年在湘鄂间坐馆授徒，光绪十一年始主讲慈利渔浦书院。光绪二十五年在家乡创建北岳精舍，捐助私田若干亩，作为购书育才之用。光绪二十八年出任石门书院山长，湖南督学柯劭忞推荐他担任湖北荆州训导、加国子监学正衔，被婉拒。宣统间，征为礼学馆顾问，亦坚辞不就。严镇珩一生勤于治学，著作丰富，其中最重要的著作是《六典通考》两百卷。其书分设官、爵命、禄制、宫政、邦计、膳饮、庵寺、医政、民政、教典、宾兴、委积、荒政、市政、礼制、乐制、礼器、司天、建国、兵制、军礼、王政、职方、刑典、宾礼、都邑、工政、沟洫等二十八考，周代至明代三千年间有关职官制度及各官所司事务，依年代按类汇总，有光绪二十九年北岳山房阎氏家刻本传世，后又收入《续修四库全书》。

本书是作者的诗文集，包括《北岳山房文集》十四卷、《北岳山房诗集》四卷、《北岳山房骈文》两卷。《文集》按文体分类编排，包括杂著、序、送序、赠序、寿序、记、读经史、读史子、哀诔、吊祭、传、行状、碑、墓表、墓志铭、圹铭、书、论。《诗集》则未分体裁，大体以创作先后排序。《骈文》卷一为碑、赞、吊文、志铭、诔；卷二为序、记、跋、书、论。《骈文》有光绪十八年武陵刻本；《文集》和《诗集》有光绪三十一年合刻本。民国三十六年，知名学者申悦庐等将阎氏诗文集加以校勘，并以石印印行。本次整理出版，即以此石印本为底本校点排印。

## 周寿昌集　甲 130

[清]周寿昌撰　王建　田吉校点　岳麓书社 2011 年 2 月出版

　　周寿昌，字应甫，号荇农，晚年号自庵，湖南长沙人。道光二十五年进士，选翰林院庶吉士，授编修。咸丰二年擢侍读，充日讲起居注官。同治间先后任实录馆纂修、总校、侍读学士、詹事府詹事、署户部左侍郎兼管三库事务。光绪间任内阁学士、署户部尚书。其学术，考据与辞章兼治。考据学成果有《汉书注校补》五十六卷、《后汉书注补正》八卷、《三国志注证遗》四卷、《五代史记纂误补续》一卷，以及《思益堂日札》六十卷。辞章方面的成果有《思益堂文集》十卷、《诗集》二十卷、《诗馀》四卷、《宫闺文选》十卷。光绪十年，其门人王先谦将其诗文集和《日札》编辑为《思益堂集》，包括《思益堂诗钞》六卷、《思益堂古文》两卷、《思益堂词钞》一卷、《思益堂日札》十卷。本书即以光绪十年小对竹轩本《思益堂集》为底本校点排印。

## 辽西草　峒东诗钞　麋园诗钞　甲 131

[清]孙起栋撰/[清]欧阳辂撰/[清]毛国翰撰　刘文校点　岳麓书社 2013 年 3 月出版

　　孙起栋，字天擎，号白沙，湖南新化县人。乾隆癸酉拔贡，考取正红旗官学教习。乾隆己卯因科场案发，涉嫌为人捉刀，谪戍临榆，居辽西四十年。嘉庆三年获释回乡，无以为家，只身走广西，依一中表亲戚。不半载返回，中途遇盗，行李、诗稿俱被抢去。贫病交加，客死于东安旅舍。孙起栋博极群书，才雄一世，而命运多舛，邓显鹤称其"生平抑塞奇诡之气，一泄于诗，倔强生硬，如其为人"。作者原有《辽西草》《湘南草》等诗集，失去无副本。本次整理出版之《辽西草》六卷，皆及门辈偶尔钞集所存，以民国间刊本为底本标点。

欧阳辂，原名绍洛，字念祖，一字硐东，湖南新化县人。乾隆五十九年举人，屡应会试均未得中。后遍游南北，放浪山水，不修边幅，敝衣垢履，岸然公卿大人间，剧谈豪饮，旁若无人。陶澍称其"才气纵横，不可一世"。又称其诗"炼骨入声，融神于气""天马行空，神龙见首，既雄且杰，而跌宕昭彰，如风水相焕，自然而成"。欧阳辂的诗在湖南文学史上有崇高的地位，邓显鹤《沅湘耆旧集》中称"诗老"，与张九钺齐名。《硐东诗钞》十卷，道光六年由陶澍资助刊刻于淮阳。后来欧阳辂又自订其集，大加删改，加入新作，道光十年由邓显鹤重为开雕。又有光绪二十二年新化三味堂刊本，本次整理即以此为底本校点。

毛国翰，字大宗，号青垣，湖南长沙人，县学生。自幼颖悟强记，尤善写诗。乡试屡黜，乃筑室于长沙城北黑麋峰及麋湖口之间，名其居为麋园。晚年入湖广总督裕泰幕，数年后病逝于武昌。裕泰亟称毛国翰诗才，命人将其诗稿重新编订为八卷，并亲自作序，刊刻行世，是为《麋园诗钞》。民国五年毛氏后裔以裕泰刻本重新检校再版，本次整理即以此为底本校点。

## 刘蓉集　甲 132—133

[清]刘蓉撰　杨坚校点　岳麓书社 2008 年 6 月出版

刘蓉，字孟容，号霞仙，湖南湘乡县人，县学生员。年少时曾与曾国藩、罗泽南讲求程朱之学。咸丰四年参与曾国藩戎幕。咸丰十年入四川，在骆秉章幕中参赞军事。同治元年授四川布政使。同治二年授陕西巡抚。同治五年十二月，被西捻军围困，全军覆没。清廷以贻误军机罪，将其革职。其著作有《刘中丞奏议》二十卷、《养晦堂文集》十卷、《养晦堂诗集》两卷、《〈思辨录疑义》一卷。本书即上述四种著作之集成，总名之为"刘蓉集"。其奏议共三百九十四件，起于同治元年正月二十日，止于同治六年正月初九日，除前三件是在四川藩司任内所作外，其余都作于陕抚任内。其《文集》包括说、策问、记、序、书后、题跋、书、墓志铭、墓表、传、祭文、谕帖、公牍诸文体，其中书的篇幅达六卷，共六十六通。其诗歌曾国藩曾以"渊懿畅达"四字褒美，本集所存则是经作者"焚弃旧稿"芟选之作。其《〈思辨录〉疑义》是对清初学者陆世仪《思辨录》中所提出的"性命之本原"、"性命之要旨"等论点提出疑问，并进行驳难，再申明己说，共四十一条，是一部纯粹的学术著作。《养晦堂文集》《养晦堂诗集》据光绪三年思贤讲舍刊本校点，《刘中丞奏议》《〈思辨录〉疑义》据光绪十一年思贤讲舍刊本校点。

## 江忠源集　王錱集　甲 134

[清]江忠源撰/[清]王錱撰　谭伯牛校点　岳麓书社 2013 年 6 月出版

江忠源，字常孺，号岷樵，湖南新宁人。道光二十七年举人，湘军早期创始人，因军功累擢安徽巡抚。卒谥忠烈。本书为作者诗文集，收文章十九篇，诗歌八十八首。卷首和附录二卷为介绍作者生平事迹和身后褒荣的文献。诗文集初编于清咸丰五年，此后多次编辑扩充，渐次有咸丰丙辰长沙刻本、咸丰六年邵州刻本、同治三年四川藩署刻本、同治十二年长沙重刻本、光绪十三年吴县刻本、光绪十四年邵阳重刻本、民国二十五年新宁县教育局重刻本，本次整理以民国二十五年新宁县教育局重刻本为底本校点排印。

王錱，字璞山，号四愿居士，又号返璞山人，湖南湘乡县人。道光二十八年补县学生员，师事罗泽南。湘军早期创始人，以军功累擢道员，加按察使衔。卒谥壮武。本书为作者文集，共二十四卷。前七卷《禀牍》、卷八至卷十六《书札》、卷十七卷十八《家书》、卷十九至卷二十二《日记》、卷二十三《练勇刍言》、卷二十四《杂著》。前有卷首，为作者的生平资料和《年谱》二卷，《年谱》的作者是罗正钧。本书以清光绪壬辰《王壮武公遗集》为底本校点排印。

## 刘锦棠奏稿　李续宾奏疏　甲 135

［清］刘锦棠撰／［清］李续宾撰　杨云辉校点　岳麓书社 2013 年 5 月出版

刘锦棠，字毅斋，湖南湘乡县人。十五岁参加其叔父刘松山的湘军部队，常为前锋，屡立战功，多次得到曾国藩和左宗棠的称赞和举荐。同治八年随左宗棠出征西北，于甘肃吴忠堡一战，临危不乱，左宗棠深重其才，荐其以三品京卿接统老湘营。此后数年间，刘锦棠奉左宗棠之命，转战新疆南北，直至新疆全境平定收复。光绪四年补授太常寺卿，又补授通政使司通政使。光绪六年正月以通政使衔帮办新疆军务，同年八月接替左宗棠督办新疆军务，并署理钦差大臣。光绪七年八月实授钦差大臣。光绪十年十月，新疆正式建省，刘锦棠担任首任新疆巡抚。光绪十六年回籍养病、守制，直到光绪二十年七月病逝，清廷议谥襄勤。刘锦棠的奏稿共计十六卷，起于光绪四年三月，止于光绪二十年三月。第一卷为历次谢恩奏折，第十六卷部分奏折是其回籍后由湖南巡抚代奏之件。第二卷至第十五卷是其帮办新疆军务以来直至新疆建省以后的奏折。这部分奏折主要涉及新疆的分兵部署、行政和治安建设、中俄交涉相关事务，以及新疆建立行省的相关建议和各项措施的落实情形。此外，还涉及整军裁勇和人才举荐等方面。刘锦棠的奏议，是研究新疆历史的重要文献。本书以全国图书馆文献缩微复制中心《中国文献珍本丛书》之《刘襄勤公奏稿》之影印本为底本标点整理。

李续宾，字迪庵，又字克惠，湖南湘乡县人。贡生，早年师从罗泽南，后佐罗泽南等在乡创办团练，咸丰三年随罗泽南援江西，以军功累擢知府，以道员记名。咸丰八年加巡抚衔，并特别批准他"专折奏事"。十月十八日战死于庐州三河镇。清廷议谥忠武。李续宾所留下的奏折仅九篇，是他向朝廷汇报赴援庐州，并连克太湖、潜山、桐城、舒城，以及最后孤军深入被围的情况。《李续宾奏疏》虽然篇幅较少，但其人及所经历的事件对研究太平天国运动颇具史料价值。本书以光绪十七年瓯江巡署刻本为底本标点整理。

## 杨岳斌集　甲 136

[清]杨岳斌撰　肖永明　曾小明校点　岳麓书社 2012 年 8 月出版

杨岳斌，原名杨载福，字厚庵，湖南乾州厅（今吉首市）人，后改籍善化（今长沙）。行伍出身，幼娴骑射，以军功累擢至陕甘总督，卒谥勇悫。其一生跨越道、咸、同、光，亲历了晚清众多重大历史事件。从咸丰七年十一月始，至光绪十二年四月止，杨岳斌撰写了大量的奏折。这些奏折是研究晚清社会的珍贵史料。光绪间，杨岳斌的奏折被编纂成《杨勇悫公遗集》，共十六卷，首一卷。全书按奏折先后顺序排列，卷首为杨岳斌的相关传记文献。本书以光绪二十一年问竹轩刻本《杨勇悫公遗集》为底本校点排印，更名为"杨岳斌集"。

# 吴敏树集　甲 137

[清]吴敏树撰　张在兴校点　岳麓书社 2012 年 4 月出版

　　吴敏树，字本深，号南屏，晚号乐生翁，枻湖渔叟，湖南巴陵（今岳阳）人。道光壬辰举人，参加会试不第，后大挑授浏阳县教谕，与时不合旋即辞归。咸丰二年再次赴京会试，不第后绝意仕途，居洞庭湖畔，自放于山水间。吴敏树自幼即好古文，尤究心明代归有光的文章，道光末年就以擅长古文名传京城。郭嵩焘称"湖南二百年文章之盛，推曾文正公及君（吴敏树）"。曾国藩盛赞其文"质雅劲健，不盗袭前人字句，良可诵爱"，"大抵节节顿挫，不用矜奇辞奥句而字字若履危石而下，落纸乃重绝伦"，"其中闲适之文清旷自怡，萧然物外，如《说钧》《杂说》《程月新传》《屠禹甸序》之类，若翱翔于云表，府视而有至乐"。王先谦也称赞其文"词高体洁"，其生平"足以壮独行之胸，而激懦夫之气，可不谓卓然雄俊"。唯曾国藩将其文章划入桐城派，他本人却并不苟同，并专门致信给曾国藩加以申明。本书收作者《枻湖诗录》《钓者风》和《枻湖文录》三种，总名为"吴敏树集"。《枻湖诗录》六卷，按诗体排序，以同治八年刻本为底本校点排印。《钓者风》一卷，收诗一百一十八题，为作者晚年退居湖上之作，以同治刻本为底本校点排印。《枻湖文录》八卷，按文体分类排列，以同治八年刻本为底本，参校光绪十九年思贤讲舍十二卷本以及民国间李昌焕点校本《吴敏树文》校点排印。

# 海东札记　台湾杂记　巡台退思录　台海思痛录　甲138

[清]朱景英撰/[清]黄逢昶撰/[清]刘璈撰/[清]黎景嵩撰　钟启河　喻几凡
廖芳芳校点　岳麓书社2011年2月出版

《海东札记》，朱景英撰。景英字幼芝，一字梅冶，号研北，湖南武陵（今常德）人。乾隆十五年举人，十八年选宁德知县，三十四年四月擢升台湾海防同知，三十九年迁北路理番同知，四十二年去职，在台湾先后达八年之久。本书卷首有作者题记，称书成于乾隆三十七年。全书共四卷，每卷各两篇，共八篇。各篇依次是记方隅、记岩壑、记洋澳、记政纪、记习气、记土物、记丛琐、记社属。卷首有刘亨地序和郑际唐序。郑《序》称"其立言简而峭，其叙事约而尽，其体物核而精"。本书是研究台湾历史的重要文献。

《台湾杂记》，黄逢昶撰。逢昶字晓墀，湖南湘阴县人，生卒仕履不详，唯知其于光绪元年赴台北府任职，在台湾时间十年左右。其间遍访台湾南北各地，对台湾的山川、地貌、资源、物产、人情、风俗均有较多的了解，并以竹枝词的形式加以记录。本书不分卷，分为两部分。第一部分为诗词，其中台湾《竹枝词》一百首，第二部分为"治台策论"两篇、《记事略》一篇、《医方》一篇。其书文献价值很高，书首还有左宗棠、郭嵩焘、彭申甫、李辅耀等人的序言。

《巡台退思录》，刘璈撰。璈字凤翔，号兰洲，湖南岳阳县人。由附生从军，入左宗棠部，以军功擢升台州知府。同治十三年随沈葆桢入台，任沈营务处主任。光绪四年随左宗棠赴新疆，任兰州道员。光绪七年四月任台湾道员，再次入台。在台期间，先后与闽浙总督何璟、福建巡抚兼督办台湾军务刘铭传发生矛盾并受其诬陷。本书是作者将其在台湾期间的禀札和上司批复汇集成册，以最原始证据来澄清与前上司争论的是非曲直。全书共三卷，其内容包括开山抚番、整顿营务、革除发饷弊端、加强海防建设、整顿煤务、整顿厘金税收、处理番民关系等，虽为本人辩诬，但其内容已涉及台湾防务、政治、经济、民刑、教育等各方面的史实，是研究刘璈治台以及这段时期台湾历史的重要资料。

《台海思痛录》，黎景嵩撰，托名思痛子。景嵩字伯塎，湖南湘潭县人。曾历任福建海澄、霞浦、安溪等县知县。光绪十七年任台湾基隆同知。中日甲午战争期间，署理台中知府、组建"新楚军"，并兼统各军，与台湾人民一道抗击日军。本书即以其亲身经历记述了台湾人民反割台、反击日军入侵台湾的英勇事迹。分为《台防篇》《台北篇》《台湾篇》《台南篇》和《澎湖篇》等五个篇章。卷首有作者《自序》，署名思痛子。本书是研究台湾近代历史的重要文献。

上述四种著作，均以《台湾文献丛刊》本为底本整理排印。

## 律音汇考　丁祭礼乐备考　甲139

[清]邱之稑编纂　湖南文艺出版社 2010 年 12 月影印出版

邱之稑，字毅士，湖南浏阳人，监生。自幼喜读书，尤好音乐，道光九年浏阳知县杜金鉴聘为该县文庙乐舞教习，并被派往山东曲阜孔庙学习祭孔礼乐，此后一直从事音乐舞蹈的教学与理论研究并兼乐器制作。

《律音汇考》，是作者的雅乐理论研究著作。本书共八卷，卷一、卷二《律吕说源》，卷三、卷四《乐器审音》，卷五、卷六《仪礼经传》，卷七、卷八《诗乐存古》。日本音乐家田边上雄称"学近代音乐，必读邱之稑的《律音汇考》"。本书以道光戊戌刻本为底本影印。

《丁祭礼乐备考》，是作者关于孔庙祭祀活动相关礼仪和音乐舞蹈的全面记录。全书三卷，卷上包括仪注、礼器图、祭品、陈设图等四篇。卷中包括乐章律音谱、乐章声韵谱、乐器、舞谱等四篇。卷下为附录，包括候气转律、琴谱、瑟谱、管乐声字谱、肄习乐舞所图等五篇。本书以道光二十年刻本影印。

## 曾国藩全集　甲 140—170

[清]曾国藩撰　岳麓书社 2011 年 12 月出版

曾国藩，原名子城，字伯涵，号涤生，湖南湘乡县（今属双峰）人。道光十八年进士，选翰林院庶吉士、授编修。道光二十三年升翰林院侍讲，并担任四川乡试正考官。道光二十七年授内阁学士兼礼部侍郎衔。道光二十九年任礼部右侍郎，先后兼署兵部右侍郎、工部右侍郎、吏部左侍郎。咸丰二年以在籍侍郎身份帮办湖南团练，从此创办湘军。同治三年六月湘军攻克太平天国的首都天京，以功加太子太保，封一等侯爵。后官至大学士、直隶总督、两江总督等职。卒谥文正。曾国藩是我国近代洋务运动的开创者之一。在学术上，强调义理、考据、词章三者兼备，缺一不可。在文学上，是桐城派文学的重要代表作家。曾国藩著述丰富，同治光绪间湖南传忠书局编刻《曾文正公全集》，收曾国藩著作十五种，计一百九十三卷。此外，单行著作尚多。20 世纪 80 年代至 90 年代，岳麓书社整理出版的《曾国藩全集》，是曾国藩全部著作的大结集，全书三十册。本次收入《湖湘文库》对其作了修订和增补，全书共三十一册。各册的内容是：

第一册至第十二册，《奏稿》。《奏稿》按时间顺序编次，起于道光二十三年八月初四，止于同治十一年二月十五日。收奏片以及相关谕旨、咨文、札件等共计三千六百六十篇。《奏稿》以湘乡曾氏八本堂家藏曾氏奏章原始底稿为工作底本，底本缺佚之件，则从曾氏家藏手抄本《会奏折稿》《奏章补钞》《后衔会奏稿》补入。本次修订新增之奏稿有二百四十余件，出自1993年版台湾"故宫博物院"《先正曾国藩文献汇编》。

第十三册，《批牍》。共收曾国藩批牍一千一百三十九篇，附咨文五篇。第1号至第1003号按批牍的时间顺序排列，起咸丰三年春夏季，止于同治十一年正月。第1004号起为两江总督署之刑科、江西科、盐政科、通商科专题批牍。《批牍》据湘乡曾氏八本堂家藏《曾文正公批禀》之抄件整理出版，此次修订增收两件。

第十四册，收曾国藩诗文、杂著、笔记和《鸣原堂论文》《孟子要略》两种专著。诗词部分包括诗一百五十九题，三百二十三首，按写作时间排序。词八首。联语一百七十一副。其文章部分包括各体文章一百七十篇，按文章体裁排序；还包括《杂著》四十二篇、《笔记》十二篇。本册之诗词部分以光绪二年湖南传忠书局刻本《曾文正公全集·诗集》为底本；联语部分以同治十二年湖南陶甓勤斋刊行之《曾文正公联语》为底本，并以长沙谦善书局之《曾左联语合钞》作补充；其文章部分以曾氏家藏抄本为底本。《鸣原堂论文》是曾国藩为其弟曾国荃所编，选汉代至清代名臣奏疏十七篇，随文加以评论，并于每篇之末加以总的评价，论其义法。《孟子要略》原本是朱熹的著作，其书早佚，刘传莹于金仁山《孟子集注考证》中辑出。曾国藩在刘传莹"未完之本"的基础上"仿《近思录》之例，疏明分卷之大旨"，为之排定付刻。《杂著》《鸣原堂论文》《孟子要略》均以湖南传忠书局刻本为底本整理。

第十五册，《读书录》，清刻本名《求阙斋读书录》，是曾国藩阅读四部群书时的批注，包括心得、考证及校勘。所批注之图书计经部九种、史部六种、子部三种、集部三十一种。经部有《诂训杂记》一条（十八则），为阅读语言文字学著作之札记。其中《诗经》之批注，为本次修订时所增补。本书以光绪二年湖南传忠书局刻本《求阙斋读书录》为底本整理。

第十六册至第十九册，《日记》。曾国藩的日记起于道光十九年正月，止于同治十一年二月。其中咸丰元年七月初一日至咸丰二年六月十二日之日记称为《绵绵穆穆之室日记》；同治八年正月初一日至同治十年三月二十九日另有《无慢室日记》，其间多有间断。曾国藩的日记，据宣统元年中国图书公司印行的手稿本整理，并以台湾学生书局1965年影印本《曾文正公手写日记》校勘。宣统本所缺之道光十九、二十两年的日记，则据台湾本予以补全。本次修订增收了《绵绵穆穆之室日记》与《无慢室日记》，补自台湾学生书局1965年影印本《湘乡曾氏文献》。

第二十册至第二十一册，《家书》。《家书》共收曾国藩写给祖父母、父母、诸弟、儿子的信件共计一千四百八十五通，起自道光二十年二月，止于同治十年十一月。曾国藩的《家书》，据曾氏家藏原件、抄件及光绪五年湖南传忠书局《曾文正公家书》《曾文正公家训》整理编辑，并据台湾学生书局1965年影印本《湘乡曾氏文献》补苴校正。本次校订，增收家书二十余件。

第二十二册至第三十一册，《书信》。《书信》收曾国藩致同事、部下、友人的信件八千三百六十五通，始于道光二十一年闰三月，止于同治十年十二月。这些书信，据曾氏家藏稿本以及公私所藏曾氏信函原件或抄件整理编辑。本次修订，增补书信四十余件，其来源均于相关页面脚注中注明。

# 左宗棠全集　甲171—185

[清]左宗棠撰　刘泱泱　岑生平等校点　岳麓书社2009年11月出版

　　左宗棠，字季高，又字朴存，湖南湘阴人。道光十二年举人。曾主讲醴陵渌江书院及任陶澍家西席十年。咸丰二年入湖南张亮基、骆秉章幕。咸丰十年，以四品京堂襄办曾国藩军务，次年任浙江巡抚。同治二年升闽浙总督。三年封一等恪靖伯。同治五年，创办福州船政局，成为洋务派代表人物之一。随任陕甘总督，授大学士，封二等恪靖侯。光绪元年，任钦差大臣督办新疆军务，挥师天山，收回伊犁，巩固西北边陲，创办了兰州机器织呢局，并建议新疆建省。光绪六年，奉调入京任军机大臣，旋任两江总督。光绪十年，授钦差大臣督办福建军务，参与抗法。因病卒于任，追授太子太傅，谥文襄。

　　《左宗棠全集》共十五册，具体分册内容是：第一册、第二册，为左氏担任浙江巡抚、闽浙总督时的奏稿，主要内容均反映与太平天国的战争。第三册为左氏担任闽浙总督、陕甘总督时的奏稿，主要内容为创办福州船政局及与捻军的战争。第四册、第五册为左氏任陕甘总督时，治理陕甘的奏稿。第六册、第七册，是左氏担任陕甘总督和钦差大臣督办新疆军务时的奏稿，主要内容为督师收复新疆、创办兰州机器织呢局、筹划新疆建省及其善后建设。第八册，是左宗棠担任军机大臣、两江总督、钦差大臣督办福建军务时的奏稿，主要内容为其晚年在京城和江浙的政务以及中法战争时期的军事活动。第九册为《张大司马奏稿》《骆文忠公奏稿》的合刊，系左氏在湖南巡抚幕时为张亮基、骆秉章代拟的奏稿。第十册至第十二册主要内容是左氏自青年时代至晚年写给戚友、僚属、总理衙门以及下属司道的书信。第十三册收入了左氏写给夫人周诒端及孝威、孝宽诸子的家书，道光十三、十

五、十八年三场会试的试卷以及诗文、联语。第十四册内容为批札、咨札、告示、说帖。分别为就有关军事事务致总理衙门、相关督抚、朝廷亲王、所属司道及僚属的文书，有就一些重大军政事务公布的文件，有向总理衙门提交的政见书。第十五册为附册，内容包括新发现的左氏奏稿、书信、家书、诗文、联语以及新编之《左宗棠年表》。

左氏的著作，在其生前已有少量刊刻行世。去世以后，其后人委托杨书霖将奏稿、书牍、批札、咨札、告示、说帖、诗文联语等编辑成《左文襄公全集》，并附录罗正钧所撰《左文襄公年谱》，共一百三十五卷，由长沙萃文堂刻刷局于光绪二十三年刊印行世。上世纪80—90年代，岳麓书社将之整理校点成《左宗棠全集》十五册出版。本次收入《湖湘文库》，仍然是以长沙萃文堂光绪二十三年刊印的《左文襄公全集》为底本，并以清末以来出版的左氏著作其他版本为参校本进行修订，尤其对第十五册的内容有较大的增删。

## 彭玉麟集　甲 186—187

[清]彭玉麟撰　梁绍辉　刘志盛等校点　岳麓书社 2008 年 11 月出版

彭玉麟，字雪琴，号退省斋主人。诸生出身，湖南衡阳人。受知于曾国藩，与杨载福一道统领湘军水师，是湘军重要将领之一。以军功历任知府、水师提督、兵部右侍郎、长江巡阅使，官至兵部尚书，卒谥刚直。

彭玉麟的著作，在其逝世后由俞樾整理，于光绪十七年分别以《彭刚直公奏稿》《彭刚直公诗集》刊刻行世。本次整理辑校的《彭玉麟集》两册，内容包括奏稿、电稿、诗词、联语、文集、书信。其中奏稿、诗词部分以光绪十七年之刻本为底本，并增补了集外诗词及未刊稿；电稿部分主要辑自《张之洞全集》；联语、文集、书信，则系从湖南省博物馆、上海市图书馆、湖南图书馆等处搜集所得。

## 刘长佑集　甲188—189

[清]刘长佑撰　陈书良等校点　岳麓书社2011年2月出版

刘长佑，字子默，号荫渠，湖南新宁人。拔贡出身，与江忠源、刘坤一共创楚军，成为湘军重要统帅。以军功历官广西、广东巡抚，两广、直隶及云贵总督。

刘长佑的著作，于光绪十六年在金陵（今南京市）刊出，名《刘武慎公全集》，三十卷。上谕及御制碑文等居卷首，卷一至卷二十一为奏疏，卷二十二至卷二十五为禀稿，卷二十六至卷二十七为尺牍，卷二十八（上）为谕示，卷二十八（下）为营规，卷二十九（上）为遗文，卷二十九（中）为诗存、联语，卷二十九（下）系遗事、事略之类。

刘氏长期担任军事将领和地方疆吏，仕履生涯数十年，其立身任事，往往独具只眼，屡获好评，曾国藩称其"此老胸中甲兵，吾不复能窥测矣"。本书从军事、政治到物议人情，以及对湘、桂、粤当时战役的记载，均为近代史的真实参考资料。本书点校，以光绪十六年金陵刊本为底本。

## 南村草堂文钞　甲190

[清]邓显鹤撰　弘征校点　岳麓书社2008年8月出版

邓显鹤，见甲112—113。有《资江耆旧集》《沅湘耆旧集》分别收入《湖湘文库》甲112—113、甲114—119。

《南村草堂文钞》二十卷，内容在涉猎遗民、忠烈、耆旧传记外，还于古今治乱、赈荒、团练、河渠、洋事、艺文、教育、史评、考证等亦莫不皆备。其中行状、墓志、碑铭的写作，尤能见人物之秉性与精神。卷二至卷五为序言，《船山遗书目录》《沅湘耆旧集序例》等篇，被称之为"岿然称楚南文献者垂三十年"的代表作。

邓氏为文，"一宗桐城义法"，"必以汉唐为标准，以杜韩为法律"，曾国藩说他是"有志于古之作者"，梁启超誉其为"湘学复兴之导师"，为之作序的沈道宽甚至称本书为"湖外不可磨之书"。本次校点以道光九年至咸丰元年刻本为底本。

## 南村草堂诗钞　甲 191

[清]邓显鹤撰　弘征校点　岳麓书社 2008 年 8 月出版

邓显鹤，见甲 112—113。《南村草堂诗钞》二十四卷，是邓显鹤的又一部传世之作。邓氏一生致力于诗，十八岁即编有《种松草堂初集》，后来又陆续编有《相思草》等十多个集子，收诗约八千余首，但均毁于水患或火灾，未能传世。本书系邓氏诗作之劫余，前有程恩泽、陶澍、欧阳辂三序，程序称"湘皋内行纯笃，读书知所别择……其发于诗也，引之而高，邃之而深，激之而厉以长，涵之而夷以婉，大之治忽之故，小之身世之感，无弗赅焉"。陶序称"湘皋之诗，导源于魏晋而驰骋于唐宋诸老之场，雄厚峻洁，磅礴沉郁，情深而意远，气盛而才大"。

《南村草堂诗钞》十六卷，初刻于道光八年。道光九年续刻增至二十卷。咸丰元年邓氏逝世后，其后人辑遗增刻为二十四卷。本书校校即以二十四卷本为底本。

# 论语训　春秋公羊传笺　甲 192

[清]王闿运撰　黄巽斋校点　岳麓书社 2009 年 7 月出版

王闿运，字壬秋，又字壬父，号湘绮。湖南湘潭人。举人出身，因无缘入仕，终老以授徒讲经、著书为业。曾先后主讲四川尊经书院、长沙集贤讲舍、衡阳船山书院。为清末文章大家、经学大师。其诗在晚清诗坛上独树一帜，为"湖湘诗派"的开派祖。平生爱讲纵横之术，帝王之学。王氏著有经学著作十余种，本书即其一。

《论语训》分上下两卷，搜集古今所传的《论语》注释五十余种予以互相参校，总括出诸家注解有"十蔽""二误"。本书之作，意在"通其所蔽"，厘正往古之纰缪，弘扬孔学之正义。王氏以为，"《论语》者，盖六艺之菁华，百家之准的，其义多本于《春秋》"。故在训释中，每与孔子作《春秋》之主旨、义例、笔法联系起来加以阐发，并以之作为提挈全书之纲。书中新解层出，胜义缤纷，能发前人之所未道。《论语训》以光绪十七年衡阳东洲讲舍刻本为底本。

《春秋公羊传笺》系王氏汇集数十年读书讲学之心得，结合晚清时危世乱之局，寓其忧时之苦心，着力寻求古圣先贤的经世大法之作。全书对《春秋》义例多所发明，对何休解诂多有驳正，对《公羊传》正文，亦间有补充、修正。曾成为康有为"倡导变法的理论基础"。

《春秋公羊传笺》有清桂阳刘映黎李金刻本、光绪二十四年东洲抄本，本次校点则用封面题有"戊申十月与廖昺文重校"字样的王氏最后定稿本为底本。

## 尔雅集解　甲 193

[清]王闿运撰　黄巽斋校点　岳麓书社 2010 年 9 月出版

　　王闿运，见甲 192。《尔雅集解》十九卷，为王闿运晚年之力作。全书广集诸家传注，博考制度，参比厘正，依据古制度礼俗而驳正诸家误说。又根据《尔雅》以证群经，于声近义通之字，博采旁搜，观其会通，讲求声训，考究名原。凡物之受名，必有所本。这些均有别于《尔雅》其他注疏。另外，对群书所引经传异文及《尔雅》注家异文，也广为搜罗，分别旁注于正文之下。对词义的训释，还着重注意词义的历史发展、同义词之间词义的细微差别，并兼及语法、语音和古今音变对名物方面的影响。本书以光绪二十九年癸卯三月东洲校勘本为底本，繁体竖排。

## 楚辞释　甲 194

[清]王闿运撰　吴广平校点　岳麓书社 2013 年 6 月出版

　　王闿运，见甲 192。本书是王闿运于经学著作外的又一重要学术著作，成书于光绪九年。卷一至卷七为屈原《离骚经》《九歌》《天问》《九章》《远游》《卜居》《渔父》。卷八、卷九为宋玉《九辩》《招魂》。卷十为景差之《大招》。卷十一为附录，收宋玉之《高唐赋》。

　　王氏一生崇拜屈、宋，酷爱《楚辞》。因其"欲做鲁仲连、陈汤一流人物而不可得"，故假注释《楚辞》之机，借古讽今，倾吐自己对晚清政治、军事、外交的个人见解。著名楚辞学家陈子展在其《楚辞直解》中谓"彼盖自伤其一生纵横计不就，而有所托焉者也"。另一楚辞学家姜亮夫在《楚辞书目五种》中更是谓王氏"心入绵邈，深体文心，求其比兴，以推作意。非空言欺人、标新诬古、妄为解析者之所能望其肩背"。

本书以光绪十二年成都尊经书院精刊本为底本，并参考了其他版本。

## 湘绮楼诗文集　甲195—199

[清]王闿运撰　马积高主编　谭承耕　陶先淮副主编　岳麓书社2008年11月出版

88

王闿运，见甲192。《湘绮楼诗文集》系王闿运文学创作之集大成者。全集五册，第一册文集九卷，内容包括赋、奏疏、上书、书、启、论、议、序、颂、箴、铭、传、哀诔、祭吊、碑、墓志铭、行状及其他杂文。第二册文集十一卷，其中王氏对答学生问难及笔记短论之《王志》二卷，致友朋之书牍信札等《笺启》九卷。第三、第四册诗集二十卷，另增补有《湘绮楼未刻诗》。第五册内容含《湘绮楼词》，《湘绮楼联语》五卷，《湘绮楼说诗》八卷。

自晚清以来，王闿运一直为后人尊为文章大家，其为文于魏晋之文风深有所契，不作道学门面语而能畅所欲言，殊有情趣。王氏之诗，五言古体宗魏晋，七言古体及五言、七言近体宗盛唐，在晚清诗坛独树一帜，称"湖湘诗派"。其诗于时事有关者多，如《独行谣》《盐井歌》《圆明园词》等。其他如联语，足与当时之联坛大家曾、左相颉颃。《王志》《湘绮楼说诗》皆能一语中的，发前人之所未道。书札笺启之类，亦皆妙品。章太炎谓"并世所见，王闿运能尽雅"。

王氏的著作，先后收入清光绪、宣统间衡阳东洲讲舍汇刻本《湘绮楼全集》（收十九种）和清光、宣间刻，民国十二年长沙湘潭王氏湘绮楼校刊汇印的《湘绮楼全集》（收二十六种）。另有多种单行刻本存世。本书将其文学著作汇编点校，即是依据这类版本为底本，并补入未刻诗词四百余首，遗文一百余篇。

## 郭嵩焘全集　甲 200—214

［清］郭嵩焘撰　梁小进主编　岳麓书社 2012 年 12 月出版

郭嵩焘，字伯琛，号筠仙，曾自署南岳老人，晚号玉池老人，又称养知先生。湖南湘阴人。道光进士，选庶吉士。咸丰二年随曾国藩办团练，协助创建湘军，因功授翰林院编修。咸丰八年，入值南书房。同治元年，任苏松粮储道，继改任两淮盐运使、署理广东巡抚。同治五年回籍，家居八年，潜心从事著述与讲学。光绪元年，授福建按察使，未到任，在总理衙门上行走，后任兵部左侍郎。光绪二年，署礼部左侍郎。十月，充当首任出使英国大臣，任驻英国公使，后又兼任驻法国公使。光绪五年因病归国，十七年卒于家。

《郭嵩焘全集》编辑整理，是以《养知书屋遗集》和郭氏其他著作的内容为基础，以及搜集到的一批郭氏的集外文、未刊稿，内容包括专著、奏稿、书信、诗文联语等。全书按经、史、子、集的顺序编排，分为十五册。第一册至第三册为经部，收录郭氏的经学研究著作十一种，分别是：《大学章句质疑》《中庸章句质疑》《礼记质疑》《校订朱子家礼》《周易释例》《毛诗馀义》《周易异同商》《周易内传笺》《尚书疑义》《诗疑义》《乡党义》。

第四册至第十二册为史部，收入郭氏的史学著作八种。其中，第四册为奏稿。第五册收入《史记札记》《湘阴郭氏家谱》《罗忠节公年谱》《湘军志平议》。第六册、第七册为《湘阴县图志》，该志历来为史学家誉之为"近代志书中之上品"。第八册至第十二册收入郭氏的全部日记。

第十三册至第十五册为集部和子部。其中第十三册收入郭氏的书信，绝大部分均系辑佚所得。第十四册为诗文联语。第十五册除郭氏文集部分外，还收其子部著作《庄子评注》《管子评注》二种，前者辑自郭嵩焘之侄郭庆藩之《庄子集释》，后者辑自清末颜昌峣之《管子校释》和郭氏之《读管札记》二书。最后附有《郭嵩焘年表》。

郭嵩焘是晚清著名的政治家、外交家，杰出的思想家。虽然清廷认定他"出使外洋，所著书籍颇滋物议"，在他死后不予赐谥。但毕竟"流传百世千龄后，定识人间有此人"。其一生著述宏富，生前已有《湘阴郭氏家谱》《使西纪程》等八种著作刊行于世。郭氏逝世后，王先谦等将其奏稿、诗文整理编辑成《养知书屋遗集》五十五卷，于光绪十八年由长沙思贤讲舍刊刻行世。民国年间，郭氏的《玉池老人自叙》等九种著作亦相继出版。1983年，湖南人民出版社又校点整理出版了《郭嵩焘日记》。同年，岳麓书社也分别校点整理出版了《郭嵩焘奏稿》《郭嵩焘诗文集》。同时，岳麓书社还出版了郭氏包括《使西纪程》在内的《伦敦与巴黎日记》。稍后，又整理出版了郭氏的《礼记质疑》。

本书整理校点，《养知书屋遗集》以光绪十八年长沙思贤讲舍刊刻本为底本。其他著作均以初刻本为底本，分别是：《大学章句质疑》《中庸章句质疑》《礼记质疑》《校订朱子家礼》据光绪十六、十七年长沙思贤讲舍刊本。《周易释例》《毛诗馀义》据光绪二十四年养知书屋刊本。《周易异同商》据北京出版社《四库未收书辑刊》"经部"第二辑影印本。《周易内传笺》《尚书疑义》《诗疑义》《乡党义》据湖南师范大学图书馆藏稿本。《湘阴郭氏家谱》《罗忠节公年谱》《湘军志平议》《史记札记》分别据清咸丰、同治及民国时期的初版本。《湘阴县图志》据光绪七年湘阴志局刊本。

## 李寿蓉集　甲 215

[清]李寿蓉撰　袁慧光校点　岳麓书社 2011 年 1 月出版

李寿蓉，字械叔，一字均裳，号篁仙。湖南长沙人。进士出身，官户部主事。后于湖北汉阳、黄州、安徽安庆、滁州、和州等地任道员。在湖北曾兼经心书院主讲。

《李寿蓉集》内容含《榆图读史草·史论》二卷，《榆图读史草·乐府》四卷，《天影盦文存》三卷，《天影盦诗存》四卷，《诗拾遗》一卷，《天影盦书札》一卷，《外集》一卷，《外集杂著》一卷，《琐记》二卷，《联语》一卷。

李氏年少时即才气横溢，与王闿运、龙皡臣、邓弥之、邓葆之并称"湘中五子"。王闿运称其"学八比试帖大卷，皆甲于四子"。他的史论究古人之成败得失与兴亡更替，往往有独特见解，郭嵩焘称赞"篁仙治史甚深"。其诗亦韵味别具，每托物于情，寓意深刻，郭嵩焘谓"至其华妙处不减宣城也"。联语亦为不可多得之佳构，足抗时流，为人称道。

李寿蓉去世后，他的著作散于各处，直到 1943 年才由其族孙李天民、李金森等辑编付梓，名《天影盦全集》。本书即依据 1943 年湘南印务馆刊印的版本为底本。

## 郭崑焘集　郭嵛焘集　甲 216

[清]郭崑焘著/郭嵛焘著　王建　陈瑞芳　邓李志校点　岳麓书社 2011 年 2 月出版

郭崑焘，原名先梓，字仲毅，一字意城，晚年自号樗叟。湖南湘阴人，郭嵩焘大弟。道光二十四年举人。咸丰间参张亮基、骆秉章幕府，保国子监助教，晋内阁中书、四品京堂。郭氏为湘中名儒，中年参筹戎幕，与曾国藩、左宗棠、胡林翼、彭玉麟等都有很深的交往。

《郭崑焘集》收入其《云卧山庄诗集》八卷、《云卧山庄家训》二卷。其著作中，于晚清军事、政治、经济都有较真实的记载。本书点校是以光绪十年至十一年湘阴郭氏岵瞻堂刻本为底本。

郭崙焘，字叔和，一字志城，湖南湘阴人。县学生，郭嵩焘二弟。咸、同军兴，骆秉章、张亮基、毛鸿宾、恽世临等多引以为助。以筹饷功累保同知、知府、道员。

《郭崙焘集》原名《萝华山馆遗集》，内容含文一卷、诗二卷、尺牍二卷，系光绪十年家刻本。本书点校即以之为底本。崙焘究心经世之学，与其兄嵩焘、崑焘齐名，有"三珠树"之目。其著作虽然存世较少，但书中"尺牍"部分述其所历政事、人事往还等，皆有关湘军故实，殊为难得。诗文亦志趣高雅。

## 王之春集　甲 217—218

[清]王之春撰　赵春晨　曾主陶　岑生平校点　岳麓书社 2010 年 9 月出版

王之春，字爵棠，又字苟棠，号椒生，湖南清泉（今衡南县）人。诸生出身。咸丰间入湘军，参彭玉麟幕，因功授通判，擢兵备道。后历任浙江、广东按察使，湖北布政使。曾出使日本、俄国。累官至山西、安徽、广西巡抚。是晚清洋务派的知名人物。

《王之春集》收入五种著作，分别是：

《椒生奏议》五卷，又名《王大中丞椒生奏议》，是王氏一生全部奏章的汇编，起自光绪十五年四月，迄于光绪二十七年八月。该书于光绪三十年由长沙通俗报馆刊印。本书点校即以此为底本。

《谈瀛录》三卷，其中卷一、卷二为《东游日记》，卷三为《东洋琐记》，是王氏赴日本考察期间所写的日记，以及归国后所写的考察节略，并夹有诗作，于光绪六年由上海文艺斋刊刻行世。

本书即据此为底本。

《使俄草》八卷，是王之春作为特使赴俄国，以及旅行欧洲期间的日记。其于"西学之源流、山川之险易、民物之简蕃、民俗之殊变、军械之更新，随得随录"，亦夹有诗作于其中。《使俄草》于光绪二十一年由上海文艺斋刊刻，本书点校即是以此为底本。

《国朝柔远记》二十卷，又名《中外通商始末记》、《国朝通商始末记》、《各国通商始末记》、《通商始末记》，是王氏研究中外关系史的专著。其中正编十八卷，以编年体形式记录清王朝二百余年中外交涉的历史，以及朝廷同边疆少数民族关系的若干史料。卷十九为附编，内容包括《瀛海各国统考》、《蠡测卮言》。卷二十亦为附编，内容包括《沿海形势略》、《环海全球》、《沿海舆图》、《三岛（台湾、澎湖、琼州）分图》。其中《蠡测卮言》着重提出了处理中外关系、学习西方科学与文化的系列主张。该书于光绪十七年由广雅书局刊刻行世，本书即是据此为底本。

《椒生随笔》八卷，系王氏的读书笔记汇编，内容于一些自作的诗词联语外，对咸、同时期的名人逸事亦多有记载。《随笔》于光绪七年由上海文艺斋刊刻，本书据此为底本。

## 湘军史料四种　甲219

《湘军志》［清］王闿运撰　李沛诚点校/《湘军志平议》［清］郭振墉撰　喻岳衡点校/《续湘军志》［民国］朱德裳撰　易祖洛点校/《湘军记》［清］王定安撰　朱纯点校　岳麓书社 2008 年 4 月出版

《湘军史料四种》内容均为叙述曾国藩组建湘军，及其治军任将、营制、筹饷、战事等史事，互有关联而又各有表述。

《湘军志》十六卷。作者王闿运，钱基博谓其"及撰《湘军志》，叙国藩之起湘军及戡定太平军本末，虽扬诩功绩，而言外意见，婉而章，尽而不汙，焯有史法"。李肖聃则称其"此志之作，始意欲追班书，及其成功，多类范史。然《筹饷篇》实师《平准书》，《营制》诸篇，多师太史《汉志》。才力所至，可抗古人"。本书据以点校之《湘军志》，是以光绪十一年长沙斠微斋刻印本为底本。

《湘军志》刊行后，受到曾国荃、郭嵩焘兄弟之激烈批评。嵩焘、崑焘对书中的疏略和失考之处，眉批评议达百数十条。后由郭嵩焘之从孙郭振墉加以笺补，汇为《湘军志平议》，于民国五年由清闻山馆郭氏家刻印行。本书所收，即据此为底本。

《续湘军志》，作者朱德裳，字师晦，晚号九环，湖南湘潭人。湖南留学日本官费生。曾参加自立军，入同盟会。民国初年任交通部佥事，《民主报》主笔。因感《湘军志》止于平捻，未记其后左宗棠用兵西陲、收复新疆，振旅而归之功，故而补叙成《续湘军志》。该书迄未刊行，本书所录，系据其手稿整理而成。

《湘军记》二十卷，是曾国荃为抵消《湘军志》"直笔"之影响，命王定安重新撰写的。王定安，号鼎丞，湖北宜昌人，曾国荃幕僚。王定安所撰文采虽不及闿运之《志》，然其久历兵间，熟知战事，故"其所述者，非其所目睹，则其所习闻"。《湘军记》于光绪十五年由江南书局刊刻印行，本书即以此为底本。

为了说明《湘军志》《湘军志平议》《湘军记》产生之缘由始末，特于《湘军志》后附录沈一士《王闿运与湘军志》一文。

## 中兴将帅别传　甲220

[清]朱孔彰撰　向新阳校点　岳麓书社2008年11月出版

朱孔彰，字仲我，原名孔阳，字仲武，晚号圣和老人。江苏长洲人。举人出身。入曾国藩幕，襄校江南官书局。又先后主修

《两淮盐志》《凤阳志》，主持淮南书局、江楚编辑局、江南通志局，并掌教蒙城书院、存古学堂。入民国后被聘为清史馆协修。

《中兴将帅别传》三十卷，又名《咸同以来将帅别传》、《中兴名臣事略》，内容为曾国藩、胡林翼、江忠源、刘长佑、左宗棠等一百五十六人的传略，其中对"中兴将帅"率领的湘军与太平军、捻军、以及西北、云贵等少数民族的战事，左宗棠进军新疆的过程都有较翔实的记载。书前有清经学家、文字学家孙诒让所撰《咸同以来将帅别传序》，序中言及："朱君尝从文正戎幕讲学，甚悉于麾下材官健儿，多相狎习，尝从询兵间事，辄得其详。故此传纪述特翔实……"尹炎武称"是书文直事核，与湘潭王壬翁《湘军志》相骖靳"。本书校点以光绪二十三年江宁刻本为底本。

## 南楚诗纪　楚南史赘　甲 221

[清]彭开勋撰/[清]周康立撰　马美著校点　岳麓书社 2011 年 12 月出版

彭开勋，字勒彝，湖南宁乡人。诸生出身，工诗词文赋。《南楚诗纪》四卷、外编一卷，是彭氏"欲补志三楚疆域，以附考据之末"，用五言体诗歌咏湖南各府、州、县的山川陵墓、名胜古迹、神庙寺观的著作。全书收录纪胜诗四百余首，每首诗附以其地的历史沿革、修复概况和历代名人吟咏等资料以为诠释。《南楚诗纪》有彭氏述古堂道光七年和咸丰元年两次刻本。本书校点是以咸丰元年刻本作为底本。

周康立，字杏农，湖南长沙人，生平事迹不详。据《楚南史赘》记载，其祖上为地方富室，明末深受战乱之害，全族死三百六十人。周氏有感于"忠魂饱刃，守帅迎降，而各郡城属血海尸山。士女终无一草间求活者"，于是编纂《楚南史赘》，使"享太平者知有兵燹，愈知太平之乐"。本书内容所载，均为明末清初湖南五十余年间之战事，以及争战对湖南的危害及影响。资料来源系各种志书、笔记、家乘。本书为未刊稿本，分上下两册，原稿定正于道光十五年，本次即是依据未刊稿整理点校的。

## 苗疆屯防实录  甲222

[清]佚名氏编  伍新福校点  岳麓书社2012年8月出版

《苗疆屯防实录》三十六卷，未署编纂者姓名。据所涉之内容及年代，当为清嘉庆、道光两朝之事。

本书分"屯防纪略"、"条奏"、"奏详"、"建置沿革"、"碉卡"、"营汛"、"均田"、"屯苗备弁"、"储备"、"旱歉蠲缓"等部分，辑录了湘西"苗疆"实施"建碉修边"、"均田屯丁"过程中所有的禀陈、奏折、咨议、上谕、章程等原始档案文献，汇集了丰富的第一手资料。其中，有不少是在其他史籍和著作中所未能见到的。如"均田"过程，凤凰、乾州、永绥、麻阳等厅县一些生员、士民赴省、赴京"呈控"，反对和抵制"均田"，及最后处理的具体情节；在修建碉堡、哨卡和划清民、苗田土界限时，凤凰、永绥苗族人民的多次反抗斗争，以及傅鼐实行所谓"雕剿"，血洗苗寨的一些典型事例；迁移永绥厅城时，曾遭到当地苗民的反对及其缘由，等等。

《苗疆屯防实录》未见刻本，传世的仅有江苏扬州1960年据原抄本的手刻油印本，本书即依据油印本整理校点。

## 西征纪程  中俄界记  甲223

[清]邹代钧撰  陶新华校点  岳麓书社2010年1月出版

邹代钧，字甄白，号沅帆，湖南新化人，邹汉勋孙。中国近代地图学的倡导者和奠基人之一，研究欧洲测绘学，创造了"中国舆图尺"。曾先后充任出使英、俄随员，编书局总纂兼学务处提调，京师大学堂地理总教习，《钦定书经图说》纂修兼校对官，补直隶知州。

《西征纪程》四卷，是邹氏于光绪十二年出使英、俄等国，对沿途所经过国家和地区的方位、地势、疆域、山川、海洋、政教、历史、风俗、物产、时事等的详细记述。

《中俄界记》是邹代钧研究中俄边界线的走向及边界线所经之地理形势的著作，其内容如作者所述："搜集中外图籍，融会新旧约章，凡定界之年次，订约之原起，暨夫沿边内外山川形要、卡伦牌博、度里方位，莫不宏揽无遗。而于我国五十年来外交历历失败，土地频频蹙割，又莫不申明而切论之"。

《西征纪程》在光绪十七年即已刊行铅印本，光绪二十三年再由湖南新学书局木刻刊行。《中俄界记》先有光绪年间的两湖书院活字本，继有宣统三年武昌亚新地学社刊印本。本书将二书合刊，分别以光绪二十三年本与宣统三年本为底本点校。并将邹氏的《两湖书院地理讲义》及《两湖书院日本舆地课程》收入。

## 诗三家义集疏　甲 224—225

[清]王先谦撰　吴格　田吉　崔燕南校点　岳麓书社 2011 年 1 月出版

王先谦，字益吾，晚号葵园，湖南长沙人。进士出身，选庶吉士，授编修。历任至国子监祭酒、江苏学政，赏内阁学士衔。又曾被聘为长沙思贤讲舍主讲，并先后任城南书院、岳麓书院山长及湖南师范馆长。一生潜心治学，所著、编、校、注、辑、刊的著作达五十种。整理、训释古籍经典，尤负盛名。

《诗三家义集疏》二十八卷，初名《三家诗义通绎》。该书属稿始于王氏中年，然仅至《卫风·硕人》而中辍，曾以成稿寄缪荃孙等商讨体例。晚岁赓续成书，二度修订。本书引书浩博，举凡唐宋以前之经史、诸子、文集及字书、韵书、类书等有三家《诗》说见存者，莫不搜讨征引，采撷无遗。唐宋以后，尤其是清代学者之研究著作，亦大量钩稽引证。故本书体例博洽严谨，用心精密，使三家《诗》说之辑集达到完备的程度，是研究《诗经》很有帮助的工具书。

《诗三家义集疏》于民国四年以王氏虚受堂家刻本行世，中华书局于 1987 年出版有整理排印本。此次点校仍以家刻本为底本，并参考了中华书局的点校成果。

## 王先谦诗文集　甲226

[清]王先谦撰　梅季校点　岳麓书社 2008 年 9 月出版

王先谦，见甲 224—225。一生治学勤谨，著述终老，夙以涉猎广博、撰辑宏富著称。

《王先谦诗文集》包括《虚受堂文集》、《虚受堂诗存》两部分。王氏文章宗秦、汉，推崇韩愈，行文盘结回旋，气势繁盛，而风格朴实，纯美自然。其所作《海军论》、《永慕庐记》、《南菁沙田记》等论、记，均为古文代表作。王氏之诗，不主性灵，亦不主典实，而学杜甫、苏轼、陆游，其风格雄浑老成。叶德辉评其诗"得杜之神，运苏之气，含陆之味，置之国朝集中，挺然拔秀"。

本书《虚受堂文集》十六卷，有光绪二十六年之自刻本和民国十年之家刻本。《虚受堂诗存》十八卷，有王氏于光绪二十八年之自刻本及民国十年之家刻本。此次校点整理，《文集》《诗存》均是以民国十年王氏家刻本为底本。唯《诗存》则悉按年代编目。

## 湖南全省掌故备考　甲 227

[清]王先谦辑　段青峰校点　岳麓书社 2009 年 11 月出版

　　王先谦，见甲 224—225。《湖南全省掌故备考》三十五卷，王先谦辑编。全书内容分为郡县沿革、分野、疆域、形势、山川、水道、关隘、城郭、津梁、堤堰、古迹、书院、祠庙、寺观、陵墓、金石、风俗、物产、盐法、钱法、田赋、兵制、封建、名宦、人物、流寓、方伎、仙释、祥异、艺文、杂说等三十一门。王氏自述纂辑此书旨在"明郡县之沿革，达疆域之体势，原始以表末，因巨以及细，审俗以达政，识名以博物，皋牢方隅之地，发皇乡曲之观，亦几乎备矣"。

　　王先谦以博览群书著称，又注重考证、校勘，对地理尤其深有研究。所引图书，均以经书、正史及省、府、州、县方志为主，辅以《禹贡》《水经注》等各种专书。故其征引，书籍多而不滥，而所涉面则广而又专，形同一部湖南全省的准通志。本书点校，是以光绪十四年五月长沙刻本为底本。

## 谭嗣同集　甲 228

[清]谭嗣同撰　何执编　岳麓书社 2012 年 5 月出版

　　谭嗣同，字复生，号壮飞，湖南浏阳人。早岁入新疆刘锦棠幕。中日甲午战争后，在浏阳倡立新学，并协助湖南巡抚陈宝箴等设立时务学堂。又倡设南学会，办《湘学报》，宣传变法。1898年 8 月被征入京，任四品卿衔军机章京，参与变法维新，9 月殉难。为戊戌变法六君子之一。

　　《谭嗣同集》收入著作十一种，分别是：《寥天一阁文》二卷，《莽苍苍斋诗》二卷、补遗一卷，《远遗堂集外文》，《石菊影庐笔识》，《兴算学议》，《思纬壹壹台短书》，《秋雨年华之馆丛脞书》

二卷，《仁学》，《壮飞楼治事十篇》，《集外文存》，《书信》。

谭氏虽然英年殉难，却是中国学术史、思想史上的重要人物。其《仁学》思想内容包含中国传统文化、佛教思想、西方自然科学知识和基督教思想。谭氏认为："凡为仁学者，于佛书当通《华严》及心宗、相宗之书；于西书当通《新约》及算学、格致、社会学之书；于中国书当通《易》《春秋公羊传》《论语》《礼记》《孟子》《庄子》《墨子》《史记》，及陶渊明、周茂叔、张横渠、陆子静、王阳明、王船山、黄梨洲之书。"梁启超称其为晚清思想界的彗星，"使假以年，则其学将不能测其所至"。

谭嗣同的著作，大都是在其殉难后出版的。民国六年，上海文明书局出版《谭浏阳全集》，民国十六年上海群学社将其改版，称《谭嗣同集》，均只收录谭氏部分著作。直到 1954 年，三联书店出版的《谭嗣同全集》才较为完备。1981 年又改由中华书局出版，重新编校，增辑补遗，名为《谭嗣同全集（增订本）》。本书以民国十六年上海群学社的版本为底本，并参校三联本与中华本。诗文书信增补则辑自报刊与手迹。

## 唐才常集　甲 229

[清]唐才常撰　王佩良校点　岳麓书社 2011 年 2 月出版

唐才常，字伯平，又字黻丞，号佛尘，湖南浏阳人。贡生出身。清末维新派领袖，著名的政治活动家。曾与谭嗣同协办时务学堂，创办《湘学报》。戊戌政变后，去日本、南洋筹资，创"自立会"，旋于汉口谋发动自立军起义，事泄被捕就义。

《唐才常集》收入其生前唯一刊行的专辑《觉颠冥斋内言》四卷，以及论文、书信、诗赋。内容涉及政治、经济、文化、军事与外交等各个领域，充分体现了唐氏变法维新的先导思想。

本书以《觉颠冥斋内言》光绪二十四年长沙刊四卷本为底本，参校了光绪二十六年《浏阳二杰遗文》刊本及1980年中华书局版《唐才常集》，还收集补入了唐氏散见于各报刊的论文、书信、诗赋若干篇。

## 曾国荃集　甲230—235

[清]曾国荃撰　梁小进主编　岳麓书社2008年9月出版

曾国荃，原名国莲，字子植，又字沅甫，号叔纯，湖南湘乡（今双峰）人，曾国藩之弟。贡生出身。率湘军吉字营与太平军作战，因功次第升任浙江巡抚。攻克天京后，加太子少保、封一等伯。后历官山西巡抚、湖北巡抚、陕西巡抚、河东河道总督、陕甘总督、两广总督、礼部尚书、两江总督兼通商大臣，加太子太保衔。卒谥忠襄。是湘军的著名将领和晚清重臣之一。

《曾国荃集》共六册，第一册收同治二年至光绪五年奏疏。第二册收光绪六年至光绪十六年奏疏。第三册收咸丰八年至光绪四年书札。第四册收光绪五年至光绪十六年书札，以及光绪九年至光绪十六年之电稿。第五册收道光二十八年至光绪十五年之家书。第六册收入公牍、批牍、文集、诗词、联语及题铭。

曾氏一生，前期统兵经武，转战江南数省，历练有年。后期历任疆圻，身居显宦，仕履生涯近半个世纪。其著作内容涉及当时中国的社会状况及发展变化，如政治、军事、经济、文化、外交、风土人情、社会习俗等诸方面，均有极为重要的史料价值。尤其有关湘军的创建、营制、饷章与遣撤，与淮军的关系等等，更是珍贵的第一手资料。另外，曾氏对晚清国情的认识，以及在政治、军事、外交诸方面的见解主张，亦有其深远独到之处。

曾国荃去世后，其著作编辑成《曾忠襄公遗集》，于光绪二十九年刊刻行世。后来，台湾文海出版社曾将之影印出版。2006 年，岳麓书社在此基础上又辑得《遗集》未收之奏疏、书信、电稿、诗文、联语等七百余件、约五十万字补入，重新编校出版，名《曾国荃全集》。本书即据此版校核修订重版，更名为《曾国荃集》。

## 曾纪泽集　甲 236

[清]曾纪泽撰　喻岳衡校点　岳麓书社 2008 年 9 月出版

　　曾纪泽，字劼刚，湖南湘乡（今双峰）人，曾国藩长子。同治九年由二品荫生补户部员外郎，光绪三年袭侯爵。旋充任驻英、法大臣，补太常寺少卿，兼充驻俄大使，改签《中俄伊犁条约》，收回伊犁特克斯河地区，晋兵部右侍郎。归国后帮办海军事务，助李鸿章建立北洋海军，改兵部左侍郎，在总理各国事务衙门行走。卒谥惠敏。

　　《曾纪泽集》十七卷，其中奏疏六卷，文集五卷，诗集四卷，日记二卷。曾氏一生的主要事迹是折冲樽俎，与沙俄帝国改订了《中俄伊犁条约》。故本书中大部分奏疏、日记，以及文集中一部分有关外交的书信，对当时沙俄在中国西北边疆的侵略、左宗棠的西征和《伊犁条约》的改订等，都有真实的反应。另外，文集中的《〈几何原本〉序》《〈文法举隅〉序》《〈西学述略〉序》等篇，指出西方的科学技术"学成而精至者""大抵撼风雷而揭日月，夺造化而疑鬼神"。他还主张学习西方的语言文字，"益以海国人士深思格物、实事求是之学"，坚决反对当时朝野一部分人"守其所已知，拒其所未闻"的保守态度。本书以光绪十九年江南制造总局刊印本《曾惠敏公遗集》为底本校点。

# 天岳山馆文钞　诗存　甲237—238

[清]李元度撰　王澧华校点　岳麓书社2009年7月出版

李元度，字次青，一字笏庭，自号天岳山樵，晚号超然老人。湖南平江人，举人出身。咸丰间入曾国藩幕，因功擢宁池太道，以徽州失守落职。同治初授浙江盐运使兼署布政使，擢按察使，未几被劾。后特诏授云南布政使。光绪间任贵州按察使，迁布政使。卒于任。

《天岳山馆文钞》四十卷，系李氏生前手订。内容分别为论、说、碑、传、记、序、书、赞等二十八类，叙事占其大半。其中人物传记、墓志铭、神道碑等，记录了大量湘军将士的从军经历及其遭遇，如自序所言："身在军中久，所见巨公、名将、烈士死职死绥者，多平生雅故，爰就所闻见各为别传，以存其真，亦史民之支流余裔也。"杨彝珍盛称李氏之文"于交亲旧故并命于锋刃者，感悼之余，间以喟叹，词旨激越悲楚，足令读者隐有所忾于中，而大作其义烈之气"。

《天岳山馆诗存》二卷，补遗一卷。虽作品不是很多，亦可见其于古近体诗皆有领会造诣，律诗尤其擅长。无论身历戎行，还是退居林泉，其以诗抒怀、以诗书愤、以诗怀人、以诗代柬者，均随有所作，且多率真之词。

《天岳山馆文钞》于光绪六年爽溪精舍刻印行世，1965年台湾《近代中国史料丛刊》据原刻本影印收入，本书即以之为底本。《天岳山馆诗存》则是以民国时期陈右钧所辑之抄本为底本，并参校了中国旅游出版社1996年出版的颜震潮点校本，篇次小有异同，与《文钞》合而为一。

# 国朝先正事略　甲 239—240

[清]李元度纂　易孟醇校点　岳麓书社 2008 年 11 月出版

李元度，见甲 237—238。《国朝先正事略》是李氏的又一重要著作，是清人完成清代人物传记的第一部书。全书六十卷，立正传者五百人，附传者六百零八人。分《名臣》二十六卷，《名儒》五卷，《经学》五卷，《文苑》七卷，《遗逸》四卷，《循良》六卷，《孝义》六卷，共七门。李氏《自序》称，该书是因为清室"二百余年，名卿巨儒、鸿达魁垒之士，应运而起者，不可殚数。其讦谟政绩，具在国史，类非草野之士所能窥，而其遗闻佚事、嘉言懿行，往往散见于诸家文集中，特未有荟萃成书，以备掌故，而为征文考献之助者耳"。故其取材范围之广，远超方志和其他类别的人物传记；其规模之大，亦远超后来成书的《满汉名臣录》、《中兴将帅别传》等书。本书告成之日，曾国藩即评其"博雅公核，近数十年无此巨制，必可风行海内，传之不朽"。

本书点校，是以同治丙寅冬月循陔草堂木刻本为底本。以光绪十三年上海点石斋本、光绪十六年上海百宋斋本、光绪二十八年上海广益书局本、上海文瑞楼本、上海中华书局四部备要本相互参校。还参考了其他一些书籍，择善而从。

# 刘坤一奏疏　甲 241—242

[清]刘坤一撰　陈代湘　何超凡　龙泽黯　李翠校点　岳麓书社 2013 年 5 月出版

刘坤一，字岘庄，湖南新宁人。廪生。与江忠源、刘长佑组建楚勇。咸丰五年入刘长佑部帮办军务，转战湘赣数省，同治元年升广西布政使。历官江西巡抚、两广总督、两江总督。甲午战争时对朝廷议和不满，支持台湾抗日。曾列名强学会，但又攻击康、梁变法。反对"义和团"，与张之洞倡"东南互保"。光绪二十五年与张之洞连上三疏，请求变法，提出兴学育才、整顿朝政、兼采西法等主张，时称"江楚三折"，多为清廷采纳。卒谥忠诚。

刘氏以一介书生投笔从戎，不数年即跻身封疆大吏，一生开明务实，在吏治、理财以及军事方面均卓有见地。著作有《刘忠诚公遗集》传世。《刘坤一奏疏》即为《遗集》中的奏疏（三十七卷）、电奏（二卷）、电信（三卷）部分，所涉内容如整饬吏治、筹办洋务、反对和议、东南互保、请求变法等，对研究刘氏本人和晚清历史，均为真实的历史文献资料。本书整理校点，以宣统元年刻印的《刘忠诚公遗集》为底本。

## 皮锡瑞集　甲 243—244

[清]皮锡瑞撰　吴仰湘校点　岳麓书社 2012 年 12 月出版

皮锡瑞，原字麓云，改字鹿门，因署所居名师伏堂，人称师伏先生。湖南善化（今长沙）人。举人出身。曾先后为湖南桂阳州龙潭书院、江西南昌经训书院主讲。中日甲午战争后，极言变法图强，任南学会会长，宣扬爱国维新。戊戌政变后，被革去举人。晚年长期执教，博贯群经，为晚清经学大家之一。

皮锡瑞一生著述宏富，所遗经学专著、经史杂著、诗文、书札、日记等，不下数十种。《皮锡瑞集》选取其经学著作《经学历史》、《经学通论》、《尚书大传疏证》四卷、《孝经郑注疏》二卷、《六艺论疏证》共五种，借以窥其一斑。又收入《师伏堂骈文》四卷、《师伏堂诗草》六卷、《师伏堂咏史》、《师伏堂词》等四种。此为皮氏生前所编定刊行之作品，其一生的思想及文学造诣，已尽在其中。另收入其杂著《南学会讲义》、《师伏堂春秋讲义》二卷、《鉴古斋日记评》四卷、《师伏堂笔记》三卷共四种。

皮氏屡踬科场，绝意仕进，毕一生之力穷经究史，力主"通经致用"。李肖聃称其"连珠与士衡并美，游记共道元生色""既究群经之玄意，兼都雅之高文，精义入神，炼才就范。非姬汉之书不谈，非羲黄之旨不传"。故"经学挺出于清儒，文章特殊于华士"。

《皮锡瑞集》整理所依据的版本甚多，分别是：《师伏堂骈文》以皮氏师伏堂光绪甲辰重刻本为底本，同时参校前刻之光绪乙未本。《师伏堂诗草》、《师伏堂咏史》、《师伏堂词》以皮氏师伏堂光绪甲辰刻本为底本。《南学会讲义》乃据《湘报》所刊整理。《鉴古斋日记评》以善化陈氏光绪二十八年家刻本为底本。《师伏堂笔记》以长沙杨氏积微居民国十九年刻本为底本。《孝经郑注疏》以皮氏师伏堂光绪乙未刻本为底本，并参校民国二十三年中华书局据刻本排印之《四部备要》本。《尚书大传疏证》以皮氏师伏堂光绪丙申刻本为底本。《六艺论疏证》以湖南思贤书局光绪己亥刻本为底本。《经学历史》以湖南思贤书局光绪丙午刻本为底本。《经学通论》以湖南思贤书局光绪丁未刻本为底本。

## 吴獬集　甲 245

[清]吴獬著　何培金编　湖南人民出版社 2009 年 1 月出版

吴獬，字凤笙，又字凤荪、凤孙，号子长。湖南临湘人。十八岁中秀才，四十八岁中进士。一生除任过四年广西荔浦知县外，长期从事教育事业。曾主持创办广西正谊书院、岳州府中学堂。先后在岳阳金鹗书院、沅州敦仁书院、衡山研经书院、衡阳石鼓书院、南京三江师范、长沙岳麓书院、湖南高等师范等院校任教席或山长达五十余年。

《吴獬集》收入吴氏《不易心堂集》、《一法通》、《诗文联补编》三个单行集。其中《不易心堂集》内容含诗集、文集、联语、别集，是现存吴氏的主要著作。《一法通》是吴氏从民间收集整理的谚语俗语，按韵编排，曾一度被作为声律的启蒙教材使用。《诗文联补编》系何培金收集整理的吴氏散佚作品。书末另附有吴獬生平事略、著作评介、诸家题赠。

吴氏长期献身教育，倡导民俗文学，周谷城称其"对保存荆楚文化，弘扬民俗文学，贡献颇大"。张之洞曾对僚属说："学问有如洞庭一湖水，凤笙可算饮了一杯，余与诸君不过尝其点滴而已。"

本书整理校点，《不易心堂集》以民国十五年的铅印本为底本，《一法通》以光绪三十二年刻本为底本。《补编》及附录，均辑自族谱、抄件、碑刻。

## 湖南女士诗钞　甲 246

贝京校点　湖南人民出版社 2010 年 8 月出版

《湖南女士诗钞》是从民国以前的湖湘女性诗集中选择三种具有代表性的诗集汇编而成的，分别是：

《湖南女士诗钞所见初集》，为女诗人毛国姬与其弟毛国翰辑编。国姬字孟瑶，号素兰女史，湖南长沙人。著有《素兰诗集》。其弟国翰为诸生，亦工诗。该集共十二卷，前十一卷为诗钞，第十二卷为词钞。收入女诗人一百三十一家，诗两千余首。所选遵温柔敦厚之诗教宗旨，强调诗人之品行。该集于道光十四年刊刻行世。

《湘潭郭氏闺秀集》，该集主体由郭润玉编。润玉字昭华，号笙愉，湖南湘潭人。一门四代闺秀，皆风雅善诗，润玉尤为翘楚。其夫李星沅，湖南湘阴人，官至两江总督，亦善诗，《李星沅集》

收在《湖湘文库》甲122—123。润玉病逝后,其夫李星沅收集润玉遗稿,合为全璧。集中收入润玉姑祖母郭步韫《独吟楼集》,姑母郭友兰、郭佩兰之《咽雪山房诗》《贮月轩诗》,表妹王继藻《敏求斋诗》,胞姐郭漱玉《绣珠轩诗》,润玉《簪花阁诗》及《簪花阁遗稿》,润玉侄女兼长媳郭秉慧《红薇吟馆遗草》七家,诗700首,于道光十九年刊刻行世。

《碧湘阁集》,为民国女诗人陈家庆的诗、词、文集。家庆字秀元,号碧湘,湖南宁乡人。毕业于东南大学。曾执教于安徽大学、重庆大学、中央政治大学、上海中医大学。兄弟姊妹五人能诗,均为南社诗人。该集收诗二百四十三首,词一百三十四首,另附文十五篇。家庆之著作,清丽雄健,时有巧思,尤以词作著称,在当时具有全国性的影响。《吴宓诗话》称其"词胜于诗文"。该集于民国二十二年刊印。本书所收三集,悉以原刻本作为底本予以整理校点。

## 樊锥集　毕永年集　秦力山集　甲247

[清]樊锥著/毕永年著/秦力山著　刘泱泱编　湖南人民出版社2011年6月出版

樊锥,字春渠,又字一鼐,湖南邵阳人。县学诸生,肄业长沙城南书院。戊戌维新时,任邵阳南学会会长,被逐出湖南,乃东渡日本入陆军士官学校。归国参加自立军起义,失败后再逃至日本,参与刊印《游学译编》及从事各种反清革命活动。不久病逝。

毕永年,字松琥,亦作松甫,湖南善化(今长沙)人。拔贡出身。与唐才常、谭嗣同、林圭等交厚,有民族革命思想。赴日本加入兴中会。归国参与自立军起义,失败后至广州罗浮寺为僧,不知所终。

秦力山,原名彝鼎,别号遁公、巩黄,湖南善化(今长沙)人。县学生员。参与维新运动,戊戌政变后至日本,留学东京高等大同学校。归国后参加自立军,任后军统领,失败后走新加坡。后至日本主编《国民报》,至上海参与《大陆报》编辑。屡遭通缉,乃至缅甸、云南等地,继续进行反清革命宣传。不久病逝云南干崖。

本书将《樊锥集》《毕永年集》《秦力山集》合编,是基于他们三人都属于维新运动的激进派,都活动于戊戌维新运动前后及辛亥革命的初期,由维新而走上革命道路,且都在中国近代史、特别是湖南的近代史上产生了较大的影响。

《樊锥集》原由中华书局于1984年出版。《毕永年集》未单独出版,只将其著作以"外一种,毕永年文"附于《樊锥集》后。《秦力山集》1987年由中华书局出版。本书整理合编,系以中华书局本为基础,调整体例,重新校点。并广泛搜集佚文,予以增补,还对《秦力山集》中的少量非秦氏作品予以删除。

## 陈天华集　甲248

[清]陈天华著　刘晴波　彭国兴编　饶怀民补订　湖南人民出版社2008年1月出版

陈天华,原名显宿,字星台,又字过庭,别号思黄,湖南新化人。曾就读于资江书院、新化求实学堂。光绪二十九年留学日本,入东京弘文学院师范科。归国后,写《猛回头》《警世钟》等书宣传反清革命。又与黄兴、宋教仁创立华兴会,策划起义。事泄复至日本,与宋教仁创办《二十世纪之支那》杂志,参与组建同盟会。因受日本文部省颁布的《取缔清国留学生规则》刺激,投海自尽。

《陈天华集》收入其1898年至1905年期间散见于《苏报》

《民报》所刊之文章二十余篇，以及当时已单独成书的《猛回头》《警世钟》《最近政见之评决》《国民必读》《支那最后之方针》《狮子吼》《混沌国》等。其中《猛回头》《警世钟》等书，"由于咸用白话文或通俗文，务使舆夫走卒皆能了解"，"散播于长江沿岸各省"，陈天华被誉为"革命党之大文豪"。

《陈天华集》1928 年即由上海民智书局出版，1958 年湖南人民出版社亦曾出版，但资料收集均不完整。1982 年，湖南人民出版社重新出版了刘晴波、彭国兴编校的《陈天华集》，所收仍未齐全。本书即是在此版的基础上，由饶怀民补订再次出版，并附录陈旭麓的《论陈天华的爱国民主思想》及王鉴清的《陈天华》（传记）。

## 杨毓麟集　甲 249

[清] 杨毓麟著　饶怀民编　岳麓书社 2008 年 12 月出版

杨毓麟，字笃生，号叔壬，又号守仁，湖南长沙人。进士出身。曾充任湖南时务学堂教习，加入南学会，参与自立军起义。旋赴日本早稻田大学攻读政治经济学，入兴中会，与黄兴等编印《游学译编》，并著《新湖南》宣传革命。又参加发起拒俄义勇队。归国后参加华兴会，并另组北方暗杀团。华兴会筹组长沙起义，被派驻上海，负责联络江、宁、沪、浙等地会党。事败后往北京译学馆任教，充出洋考察宪政五大臣之随员，在东京与黄兴、宋教仁等筹商扩充同盟会。继与于右任等创办《神州日报》，任总撰述。未几赴英国，任留欧学生监督秘书。继赴苏格兰爱伯汀大学研习英文。因闻广州黄花岗起义失败，忧愤投大西洋海湾殉国。

《杨毓麟集》系根据杨氏在《湘学新报》《游学译编》《神州日报》《民立报》等报章杂志上的撰著编辑而成，内容为论著、时评、书信、诗词、小说五大类，均以发表时间先后为序。其中有大量为辛亥革命大造舆论的社论和时评，于右任称其"皆能言人所不敢言"。

2001年9月岳麓书社曾出版《杨毓麟集》，本书是在此基础上重新修订出版，增加了部分新发现的材料。

## 刘揆一集　甲250

刘揆一著　饶怀民编　湖南人民出版社2008年8月出版

刘揆一，字霖生，亦作林生，又字启后，号培英。祖籍湖南衡山，后寄籍湘潭。早年肄业于岳麓书院，与哥老会首领马福益友善。光绪二十九年留学日本，入东京弘文学院速成师范科。归国后，与黄兴等筹组华兴会，任副会长。长沙起义事败，复至日本，加入同盟会，曾长期代行总理职务。武昌起义后，任袁世凯政府工商总长，因工商部私借外债辞职。嗣后在天津办《公民报》，北伐战争前夕赴广州参加革命。先后担任国民党党史编纂委员会纂修和行政院顾问。他是中国近代著名的民主革命家，与黄兴、宋教仁为时人所"同时推重"，居正说："三子者，革命之伟绩，固同垂不朽焉。"新中国成立后，刘氏被聘为湖南省军政委员会顾问，1950年病逝。

《刘揆一集》是根据刘氏各个时期编著、刻印的单行本，以及散见于《复报》《民主报》《亚东丛报》《生计》《震旦》《民立报》《政府公报》《实业杂志》等报章杂志上的撰著编辑而成。内容含文集、为纪念其胞弟刘道一烈士所编之《衡山正气篇》。另有刘氏友朋章太炎、章士钊、居正等人的书信、寿序、刘氏子女的回忆录及《刘揆一年表》附于书后。

1992年岳麓书社出版《刘揆一集》，本书即是对其重新修订而出版的。

## 熊希龄集　甲 251—258

熊希龄著　周秋光编　湖南人民出版社 2008 年 9 月出版

112

　　熊希龄，字秉三，湖南凤凰人。光绪二十年中进士，选庶吉士。任湖南时务学堂提调。戊戌政变后被革职，在常德创办师范讲习所和启智书局。后由端方引荐，充任出洋考察五大臣参赞。调任江苏抚署文案，创办醴陵瓷业学堂和醴陵瓷业公司，继任奉天盐运使。民国成立后加入共和党，任袁世凯政府财政总长兼热河都统。旋与梁启超、张謇组阁，任国务总理。去职后，创办北京香山慈幼院。后任国民党政府赈务委员会委员，世界红十字会中华总会会长。1937 年日本侵华攻陷上海后，移居香港而逝。

　　《熊希龄集》内容包括试卷、奏折、咨呈、条陈、批牍、政论、专著、演说、谈话、函电、札记、诗词、启事、序跋、联语、题辞、祭文，以及由其签署的各类公文、命令、布告、委任状、证券、合同、收据等，共编为八册，按时间顺序排列。

　　熊氏一生身跨两朝，屡历仕宦，留下的文字资料很多。其在世时，仅刊行过《东三省移民开垦意见书》《顺直河道改善建议案》《香山背书幼院创办史》《香山慈幼院发展史》《熊秉三先生政书》《双清集》等数种专著。直至 1985 年，才由湖南人民出版社出版了《熊希龄集》上册。1996 年，又扩充为上、中、下三册重新出版。1998 年，上海书店也出版了《熊希龄遗稿》共五册。本书系新编《熊希龄集》，增加了原来没有收入的或新发现的熊氏作品及少量相关附件，改正了原版中的差错，删除了部分有关个人起居、行程、家事的文字，并对少数标题作了适当的处理。

## 夏思痛集　甲259

夏思痛撰　王佩良　张茜编　岳麓书社2009年10月出版

　　夏思痛，又名夏寿华，字小范，又字卓春，晚号思痛。湖南益阳（今桃江）人。曾就读于长沙岳麓书院，又受业于湘潭王闿运。邑庠生，乡试挑取誊录，议叙通判。后出任过两广总督袁树勋委任的陆军参事、云南河口督办。民国后曾任军务院参议、总统府参议、武岳招抚使等。自戊戌政变后即痛心国事，澹泊功名，为反清倒袁奔走，如策动自立军起义、谋杀西太后、与云南周云祥共谋勤王、谋刺徐世昌、加入同盟会、策划广州新军起义等，几乎无役不从。1924年6月，因年高体弱，决心以死唤起民众，在汉阳鹦鹉洲跳江自尽。

　　《夏思痛集》分为杂著、时文传记、诗歌韵语、附录四部分。杂著内容包括《琼游笔记》《南洋》《香江狱记》三种。其中，《琼游笔记》《南洋》是记录海南省和南洋风土人情、经济历史的真实资料。时文传记内容为《湖南省宪驳议》《张献忠传》《性恶说》等一系列政论文及人物史料。夏氏的诗作多为律诗、绝句，亦间有古风长歌，其叙事抒情、咏物言志，时含忧国忧民之心。附录部分的内容，系夏氏的友朋亲故为其作品所写的序跋和传记资料。本书资料来自于湖南图书馆、南京图书馆、桃江县文物管理所。

## 兵镜类编　甲260

[清]李蕊撰　王治来　李维琦　刘衍　李蟠点校　岳麓书社2007年12月出版

　　李蕊，字商舟，号奎楼，湖南祁阳人。年过三十中秀才，入左宗棠幕襄办军务。四十六岁中举人，五十一岁成进士，钦点翰林，援例以道员分发广东候补，乘暇著书。曾国荃督粤，委以善后局。卒于任。

《兵镜类编》四十卷，采摘上自春秋、下迄明末之可靠史料一千四百七十一条，分为六十八类，内容涉及选将、练兵、设谋、料敌以及攻防战术等军事的各个方面。史料之后，复加写按语，评论得失，抒发己见。另有《臆说十种》《臆说补遗》，系李氏对军事提出的一些见解与主张，实为其军事思想。书后还附有李氏裔孙李祖荫于1934年编辑出版的《李资政公遗集》。自上世纪80年代以来，介绍、引用、阐释、评论《兵镜类编》的文章、专著、辞书不下二十种。1990年江苏扬州广陵古籍刻印社影印出版了该书。1998年中国大百科全书出版社将其收入《中国少年军事百科全书》。1990年解放军出版社出版的《中国兵书通览》亦将其内容作了详细的介绍。

《兵镜类编》成书后，即在广州锓版，光绪八年由宝庆务本书局刊行。本书校点即以此为底本。

## 白香亭诗集　抱碧斋集　甲261

[清]邓辅纶撰/陈锐撰　曾亚兰校点　岳麓书社2012年4月出版

邓辅纶，字弥之，湖南武冈人。肄业于长沙城南书院，与王闿运等号称"湘中五子"。咸丰元年以捐饷叙内阁中书，从父宦南昌。后累官至浙江道员，兵败免官。遂游历湖湘、江宁，讲学授徒。卒于江宁。

《白香亭诗集》三卷，收入邓氏古近体诗三百一十八首，和陶（渊明）诗七十六首，集中展现了邓氏的诗歌创作成就、诗歌技艺及学养才情。其平生事迹、交游建树等在诗中多有反映。集中亦保存了诸多当时政界、军界、学界重要人物、重要事件的历史资料。王闿运称其诗"下笔渊懿，出语高华"，"卓然有大家风"。该集整理校点，依据光绪十九年许振祎校刊本为底本。

陈锐，原名盛松，字伯弢，湖南武陵（今常德）人。光绪十年拔贡，选湘潭训导。十九年成举人。官江苏知县。辛亥革命时弃官，还湘从事教育。民国十二年逝世。

《抱碧斋集》收入陈氏所作诗、词、杂文、诗话、词话等。陈氏工诗文，是湘西"三才子"之一。早年专攻五言，崇汉魏六朝，后与同光体诗人陈三立等交往，诗风多有转变。又工词，在晚清词坛被推为一代词宗。陈三立称其"奇芬洁旨，抗古探微，渐已出入湘绮翁，自名其体矣"。该集校点，以1930年夏敬观校刊本为底本。

## 杨恩寿集　甲262

[清]杨恩寿撰　王婧之校点　岳麓书社2010年9月出版

杨恩寿，字鹤俦，号蓬海、朋海，别号蓬道人。湖南长沙人。举人出身。任湖北都转盐运使司运使，继以湖北候补知府充湖北护贡使。仕途偃蹇，未展其志。善诗文，尤爱好创作戏曲。一生著述颇丰，自编为《坦园丛书》，包括诗、文、词赋及戏曲等多种作品。

《杨恩寿集》收入杨氏《坦园日记》《词馀丛话》《续词馀丛话》及《坦园六种曲》。其中，《坦园日记》记录了杨氏从二十七岁至四十岁往来各地的见闻与思想，并有大量观剧的记录。《词馀丛话》《续词馀丛话》是杨氏的戏曲理论集，记载了清中叶以后较多的戏曲史料。《坦园六种曲》是杨氏的传奇合集，包括《姽婳封》《理灵坡》《桂枝香》《桃花源》《麻滩驿》《再来人》六部作品。杨氏自我评价："吾半生所造，以曲子为最。"王闿运也称其

"善治情"。

本书《坦园六种曲》《词馀丛话》《续词馀丛话》以光绪三年长沙杨氏坦园刻本为底本校点，《坦园日记》则是以杨氏家藏的手稿整理付梓。

## 叶德辉诗文集　甲 263—264

叶德辉撰　张晶萍校点　岳麓书社 2010 年 2 月出版

叶德辉，字奂彬，号直山，又号郋园。祖籍江苏吴县，落籍湖南湘潭，实为长沙人。光绪十八年进士，授吏部主事。次年辞官回湘，与王先谦研讨经学，并成为湖南守旧派的领袖人物。宣统二年，湘省饥荒，以囤积谷米不肯平粜被革去功名。袁世凯复辟帝制，在湖南组织筹安会分会极力拥戴。民国十六年又攻击农民运动，被处以极刑。一生长于经学，勤于著述，尤精版本目录学，所著均有一定的学术价值。有汇编校刻的多种书籍传世。

《叶德辉诗文集》收入《书林清话》十卷，《书林馀话》二卷，《郋园北游文存》一卷，《郋园山居文录》二卷，《观古堂骈俪文》一卷，《观古堂文外集》，《郋园诗钞》，《古泉杂咏》四卷，《消夏百一诗》二卷，《观画百咏》四卷。其中，《书林清话》以笔记体裁系统地介绍了我国历代雕版印刷书籍的各项专门知识，是研究版本目录学的入门之书。《郋园诗钞》内容包括《南游集》《朱亭集》《岁寒集》《书空集》《汉上集》《于京集》《还吴集》《北征集》《浮湘集》，从中可窥见叶氏的若干行踪、交往、志趣等。《古泉杂咏》《消夏百一诗》《观画百咏》三种则属专题诗作，为叶氏对古泉、古画的研究性文字。

叶氏是清末民初湖南的硕学通儒，李肖聃在《湘学略》中评价说："湘州酾年以来，文儒相望，而甄微广术，孤诣致精，搜集穷乎众流，徒人及于域外，未有若先生也。"王啸苏称其"七略四部，穷术业之大原；五际六情，续天人之坠绪。荟丛编而远行海国，寻佚简而欲度流沙。淹雅有称，足光楚学"。

本书所依据校点的版本分别是：《书林清话》以1920年长沙观古堂刊印本为底本。《郎园山居文录》以1922年初版本为底本。《郎园北游文存》以1921年初版本为底本。《郎园诗钞》以1929年仲冬刊印本为底本。《古泉杂咏》以1901年初刊本为底本。《消夏百一诗》以1908年刊印本为底本。《观画百咏》以1917年之刊印本为底本。

## 苏舆集　甲265

［清］苏舆著　胡如虹编　湖南人民出版社2008年11月出版

苏舆，字嘉瑞，号厚庵，又号闲斋。湖南平江人。幼年随父读书，工诗古文词。年十三补县学生员，肄业长沙湘水校经堂。光绪二十三年选拔贡。戊戌变法期间，追随王先谦、叶德辉，反对维新变法。光绪三十年赐进士，授翰林院庶吉士，赴日本考察教育和邮政，捐湖北即补道，补邮传部郎中。民国成立后，苏氏以国政败坏，抑郁还湘，作《辛亥溅泪集》纪其事。民国三年病逝。

《苏舆集》收入其所辑《翼教丛编》六卷，所著《辛亥溅泪集》四卷，《自怡室诗存》四卷。其中《翼教丛编》系汇集湖南守旧士绅驳斥和攻击变法维新的书信、公约、奏牍等。《辛亥溅泪集》是一部杂记，记叙了武昌起义前后时局的发展变化，以及清王朝及各地军阀、各种派系之间的明争暗斗，勾心斗角和袁世凯的奸险嘴脸。李肖聃称之为"见《哀郢》之孤忠，流悲音于《心史》，较之劬庵殉难之录，补松碧血之编，负痛尤深，伤心独至"。

《自怡室诗存》系苏氏去世后，其弟子萧子和搜集整理的诗作八十二首。

本书《翼教丛编》有光绪二十四年刻本，另有上海书局光绪二十五年的增广石印本。本次校点均作为底本予以互参。《辛亥溅泪集》《自怡室诗存》以长沙云龙印刷局刊印本为底本。

## 城南书院志 校经书院志略 甲266

[清]余正焕 左辅撰 邓洪波 梁洋 李芳校点/[清]张亨嘉撰 邓洪波 马友斌 蒋紫云校点 岳麓书社2012年7月出版

余正焕，字星堂，湖南长沙人。嘉庆进士。历官陕西、迤西二兵备道，江西盐巡道，署按察使事。道光初年督建城南书院，并出任山长。

左辅，字仲甫，江苏阳湖人。乾隆五十八年进士。历官知县、知府、按察使、布政使。嘉庆二十五年任湖南巡抚，移城南书院于长沙南门外之妙高峰原址。

《城南书院志》四卷，内容包括新典、各奏咨详呈文稿、图记、事迹、朱张诗文、旧书院图记、岳麓城南两书院膏火田考、艺文等。为余正焕辑编。该书有两附录，其一：《城南书院新置官书条款目录》为左辅编辑。书目分经史子集四部，著录院藏之书四百零三部，计三千一百七十四本。书名之下，各记作者、版本、卷数、函数等内容。另有《条款》六则，皆图书保管、借阅等具体规定。其二：《城南书院文献辑存》四卷，为今人邓洪波所辑，补道光以降未能再修院志之缺失。

张亨嘉，字燮钧，福建侯官（福州）人。光绪进士。历官太常寺少卿、都察院左副都御史、兵部右侍郎、礼部左侍郎等。光绪十四年起任湖南学政，于光绪十六年建校经书院于长沙湘春门外。

校经书院，原名湘水校经堂，又名湘水校经书院。《校经书院志略》为张亨嘉辑编，不分卷，内容含图、记、奏折、文牍、经费、章程等，记录书院迁建的相关文献。该书有两附录，其一：《湘水校经堂书目》，原名"湘水校经堂官书目录"，佚名编，以经、史、子类杂编、子、集等五类为纲，著录院藏图书三万四千三百九十六卷。每书著录书名、卷数、作者、版本、函数、本数等内容。其二：《校经书院文献辑存》三卷，为今人邓洪波辑，收入各类前所未收及近人所述之文献，以存其概。

本书的整理出版，意在传承湖湘学脉，嘉惠学林。《城南书院志》以道光五年刊本为底本。《城南书院新置官书条款目录》以道光三年刊本为底本。《校经书院志略》以光绪十七年刊本为底本。《湘水校经堂书目》以光绪十七年重刊本为底本。

## 楚南苗志　　湘西土司辑略　甲267

[清]段汝霖撰　伍新福校点/谢华著　岳麓书社2008年9月出版

段汝霖，字时斋，号梅亭，湖北汉阳人。乾隆初，由举人历官道州知州、永绥同知。宦游湖湘二十余年。后升云南楚雄府知府，补福建建宁知府。

《楚南苗志》共六卷。卷一，概述历代苗族的称谓沿革，苗疆地理、古迹、气候、物产等。卷二、卷三，按朝代编年，记述苗人"叛服"及历代"剿抚"史事。卷四、卷五，记载苗人服饰、器械、房舍、农具、田土，以及生产生活诸事，及信仰、祭祀、禁忌、娱乐、言语等。卷六，为"瑶志""土志"，即瑶族及土家族的相关资料。书中所附《红苗归流图说》，绘制于乾隆初年，署名曰"子牙河分司阿琳"。阿琳生平不详，原件已难觅。此系伍新福于上世纪 80 年代初收集到的照片及抄件。

谢华，原名兹山，号仲池，湖南衡阳人。曾任湖南省委统战部部长，湖南省政协副主席，兼湖南历史考古研究所所长、省文史馆馆长。1987 年逝世。

《湘西土司辑略》共六章。第一章，综述武陵郡和古代五溪的地理范围，唐宋前"蛮"人的分布活动情况。第二章，江西"赤石蛮"、湘西土司之祖彭氏兄弟、唐末起兵及入湘归楚的史料。第三章，溪州之战与溪州铜柱铭文。第四章，彭氏下溪州、所辖地域的世系承袭，征调攻伐史料。第五章，桑植司、柿溪司及上下二峒长官司的有关史料。第六章，土司制度、统治状况及改土归流的一些史志和文档资料。

本书《楚南苗志》以乾隆二十三年刻印本为底本，《湘西土司辑略》系采用中华书局 1959 年出版的单行本。

## 南岳志　甲 268

［清］李元度修纂　［民国］王香余　欧阳谦增补　［民国］王香余续增　刘建平校点　岳麓书社 2013 年 6 月出版

李元度，见甲 237—238。王香余，字兰轩。欧阳谦，字邵甫。同为湖南衡山人。

本书为历代《南岳志》之集大成者，包括李元度之《南岳志》、王香余和欧阳谦之《增补南岳志》、王香余之《续增南岳志》。正志二十六卷，依次为星度一卷、图说一卷、形胜三卷、祠庙二卷、祠祀二卷、前献四卷、仙释三卷、书院二卷、寺观二卷、古迹一卷、物产一卷、金石二卷、艺文一卷、杂识一卷。增补有文、诗、释子、杂识各一卷。续增有文、诗各一卷。元度固善文，其于史志更是存真辨伪，考索精严。增补"与李志如出一手，间有补李志所缺漏者"。续增乃据明弘治《衡山县志》"查已有者去之，未登者录之，无关者汰之，有遗者采之"而成。

本书校点以 1990 年中国书店《海王邨古籍丛刊》影印之王香余等人分别于民国十二年、十三年翻刻之李志（且经王香余等人校勘）及初刻之增补、续增本为底本。原正、增、续增三书合而为一，且视之为一个整体而名之为《南岳志》，故今次编排大率仍其旧貌。

## 岳麓书院志　甲 269

[明]吴道行　[清]赵宁等修纂　邓洪波　杨代春等校点　岳麓书社 2012 年 2 月出版

岳麓书院号称天下四大书院之首，历宋、元、明、清，兴学不断，已逾千年。自明弘治以来，院志辑刊，连续未断。《岳麓书院志》收录了现尚存世的院志资料七种，分别是：

《重修岳麓书院图志》十卷，题作[明]陈论编集，吴道行续正，明万历二十二年刊印。吴道行，号虚庵，滨州人。万历五年进士，曾任长沙知府九年。任内对岳麓书院十分关注。该志内容含道统、书院、崇道祠、六君子堂图志、禹碑考、石本图志、建造、沿革、书院兴废年表志、山川、古迹、疆界等志，以及先贤、山长、儒吏、器数、教条、食田等志，另有艺文、诗、杂、志及湘西、道林、城南等书院附志。

《新修岳麓书院志》八卷，首一卷，清康熙二十七年刊印。纂修者[清]赵宁，字又裔，号管亭，浙江山阴人。康熙间任长沙府同知，受巡抚丁思孔之托，主持重建岳麓书院。院成，博采广辑而成此志。该志上承明修旧志，下纪清初五十余年之兴复，徐国相序称"其亦可上佐兰台石室之藏，下补舆图传记之缺"。

《续修岳麓书院志》四卷，首一卷，终一卷，清同治六年刊印。纂辑者［清］丁善庆，字伊辅，号自庵、养斋，湖南清泉（今衡阳）人。道光三年进士，官至侍讲学士。后任岳麓书院山长二十二年，成就人才甚众。咸丰间重修岳麓书院，于重刊正志之后，又续成此志。该志卷一为书院、庙祀、田额、规条，卷二为列传、古迹、寺观，卷三以下为艺文。卷之首为新典恭纪、奏疏，卷之终为图书著录及捐赠事。

《岳麓书院续志补篇》一卷，清同治十二年刊刻。纂辑者［清］周玉麒，字韩城，一作韩臣，湖南长沙人。道光二十四年进士，官至内阁学士兼礼部侍郎。先后任长沙城南、求忠、岳麓书院山长。同治间整修岳麓书院，并清理田产，整顿规章，周氏乃搜集有关文献十七篇而成此《补编》。

《岳麓书院记事录存》一卷，成书刊刻于清光绪年间。纂辑者［清］王先谦（已著录，见甲224），为晚清学术名家，光绪间任岳麓书院山长十年。甲午战败后，力推变革院规等各种措施，使书院加速迈向近代化进程，因收集有关文献十一篇而成此《录存》。

《岳麓小志》，民国二十一年成嘉森编辑，同年由湖南新闻社出版。成嘉森系湘乡人，其自序称"爱本旧志，兼采群书，益以实地之调查，报章所纪载，辑而成编"。该志内容分疆域、山水、古迹名胜、书院沿革、传记、湖南大学概要、仙释、游览行程等八章。其最大特点是将湖南大学与岳麓书院历史贯通，有"今湖南大学，承继岳麓书院历史上固有之地位，犹子承父业也"之说。

胡庶华题签之《岳麓小志》，编者佚名，民国二十三年八月铅印本。该志内容分山川形势及名胜古迹、书院沿革两章。主旨谓岳麓书院"今虽易名湖南大学，然图书、科学之设备扩充，……其吸收现代科学知识，发扬固有历史精神，斯成后起者之责也"。

因成此志。

另有[清]瞿中溶编辑的《岳麓书院新置官书目录》一卷，附刊于嘉庆《湖南通志》之后。瞿中溶时任湖南布政司理问，兼续修《湖南通志》监局官，因成此《目录》。

本书整理校点，均以各志之原刻本为底本。

## 石鼓书院志　甲 270

[明]李安仁　王大韶　[清]李扬华修纂　邓洪波　刘文莉辑校　岳麓书社 2009 年 12 月出版

石鼓书院位于湖南衡阳，地处湘江与蒸水交汇之矶，绵延千年，宋初已声名显赫，有"天下五大书院"之称，石鼓书院名列其中。本书收入《重修石鼓书院志》和《国朝石鼓志》。

《重修石鼓书院志》第一版成书于明万历七年，由提学黄希宪率邑人王大韶完成，史称万历《石鼓志》。黄希宪，字伯容，号毅所，江西金溪人，进士出身。万历初以湖南提学副使督学石鼓书院。王大韶，字心雪，自号衡岳野樵，湖南衡阳人。历任泗州知州、建昌府推官。此志因"刷久板模"，到万历十七年，又由知府李安仁率王大韶将之修订，是为第二版，即今尚存世之《重修石鼓书院志》。李安仁，字体元，号裕居，四川迁安人。进士出身，万历间官衡阳府知府。志分上下二部，上部内容分地理、室宇、人物、述教四志；下部为词翰志，分诗、记、后序三目。

《国朝石鼓志》，史称光绪《石鼓志》，由山长李扬华编撰。李扬华，字潪先，湖南清泉（今衡阳）人，历官兵部职方司，光绪五年聘为石鼓书院山长。志分事迹、散文、韵语、规费四卷。兵备道蒋启勋作序，称其"首形式，次沿革，次金石，次官吏，次山长，又次艺文，又经费规条，靡不详备。……殆可以补郡志之缺,而为观风者所必择焉"。

本书编校者邓洪波为补两志之缺憾,特依其体例辑成《石鼓书院志补遗》四卷,附于书后。本书校点整理,《重修石鼓书院志》以明万历十七年刊本为底本,《国朝石鼓志》以清光绪六年刊本为底本。

## 贾太傅祠志　定王台志　南岳二贤祠志
甲 271

[清]夏献云/尹继隆纂修　吴松庚　王立华　梁遐校点　岳麓书社 2008 年 11 月出版

本书《贾太傅祠志》《定王台志》均为夏献云纂修。夏献云,字襄臣,号芝岑,江西新建人。道光贡生。后入京,历任军机章京等职。同治九年以道员分发湖南,十一年授粮储道,晋按察使衔。光绪元年及光绪五年,倡率重修贾太傅祠和定王台,因而成此二《志》。

《贾太傅祠志》四卷,收入了自《史记》《汉书》以来,历代文人学士关于贾谊史事的论述及对贾谊生平思想的论述,记载了贾太傅祠的建置沿革,汇集了历代歌咏太傅祠的诗赋及时人的题咏,是一部关于贾谊及祠祀最完备的资料汇编。

《定王台志》分上、下两卷,体例一仍《贾太傅祠志》。上卷收辑了《史记》《汉书》诸书有关刘发的记载,以及对定王台和蓼园的考证,时人对定王台故地故物的辞赋铭文。下卷收集了前人题咏定王台的诗词文赋,以及重修之后时人的题咏。是一部专记汉代长沙定王刘发筑台望母史事及定王台历史沿革的志书。

《南岳二贤祠志》是一部专述南宋名儒张栻、朱熹游览南岳吟唱酬答,以及后人建祠以祀所撰之南岳地方专志。二贤祠为明翰林尹台于嘉靖十八年奉使至楚，游南岳，仰朱、张二贤之高风，捐资而建。清道光十一年，尹台之八世孙尹继隆又登南岳，见"栋挠榱折，壁破楼毁"，乃于其秋"经营修葺"，乃成此志。尹继隆，江西永新人，生平不详。

《南岳二贤祠志》共八卷。卷一为发凡、图考、形胜、古迹、路径五部分，分载二贤祠的兴建、位置、路径及方广寺与二贤祠的遗迹遗踪；卷二为游寓，记载朱、张之后历代前来游览之人物及方广寺之名僧；卷三为历朝祀典；卷四为祠田田册；卷五至卷八为艺文，收入了朱、张及后来历代文人雅士浏览南岳的诗文。

本书校点整理，《贾太傅祠志》以光绪四年长沙刊刻本为底本。《定王台志》以光绪七年长沙刊刻本为底本。《南岳二贤祠志》则是以民国二十六年南岳图书馆抄本为底本。

## 洞庭湖志　甲 272

[清]陶澍　万年淳等修撰　何培金校点　岳麓书社 2009 年 11 月出版

《洞庭湖志》刻本署名为："安抚陶云汀先生督修，岳守沈筠堂先生总纂，修选训导綦世基原本，岳州教授夏大观补辑，六安州丞万年淳再订。"历三代人七十多年而成此志。

陶澍，见甲 73—80。沈筠堂，又名沈廷瑛，江苏常熟人，乾隆末至嘉庆初任岳州知府。綦世基，字鳌柱，号自堂，湖南华容人。乾隆六年拔贡。夏大观，号枫江，湖南湘潭人，拔贡出身。乾隆末至嘉庆初任岳州府学教授。万年淳，号弹峰，湖南华容县人。乾隆五十七年举人。出宰安徽，历任知县、同知、知府。

《洞庭湖志》十四卷，内容分舆图、皇言、分星、湖山、水道、洲港、堤垸、税课、舟筏、兵防、风俗、物产、古迹、祠庙、游览、事纪、捃摭、艺文十八门，是洞庭湖的唯一之志。该志求其实用，其中《事纪》篇记述了洞庭湖区是多种自然灾害和灾荒的多发之地，是历代兵家的必争之地。且不铺张胜景，"不似太湖、西湖之志，仅记景物之佳丽、录文词之雕镌而已也"。

本书以道光五年刻本为底本，并参照有关典籍、史料进行整理校点，于2003年由岳麓书社出版。本次纳入《湖湘文库》，又进行了校订。

## 洞庭湖保安湖田志　甲273

[清]曾继辉编纂　何培金校点　岳麓书社2008年6月出版

曾继辉，字榆蔚，号月川，湖南新化人。曾就读宝庆濂溪书院、长沙岳麓书院。戊戌政变期间参加南学会。后避难于洞庭湖淤洲，筑垸开垦，成巨富。宣统元年，当选咨议局常驻议员。武昌起义爆发，出任新化保安会长。后任宝庆五属中学校长。谭延闿二次督湘时，任清理湖田总局局长。

《洞庭湖保安湖田志》二十四卷。卷一、卷二为南洲垦务章程，卷三为南、华、澧、安各属垦务章程，卷四、卷五、卷六为沅江垦务章程，卷七为保安垸垦务章程，卷八至卷十五均为保安垸卷宗，系清理湖田之各类呈控、诉讼、公文、札件、批件等，卷十六至卷二十为保安垸田册，卷二十一、卷二十二为筹办疏浚洞庭大江案牍，卷二十三、卷二十四曰"湖上草堂浪笔"，系曾氏之诗文。

本书具体详细地反映了咸丰二年藕池溃口以后洞庭湖出现的骤变、巨变，记述了清王朝对开垦湖田政策变化，开垦湖田的历史过程及各种争夺的矛盾纠纷。反映了湖区的许多地片、湖洲、垸田的沧桑历史。谭延闿称赞本书为"疆理斯土者，至今奉为圭臬"。本书整理校点以民国四年新化刊刻本为底本。

# 九疑山志（二种） 炎陵志 甲274

[明]蒋镔纂/[清]吴绳祖修/[清]王开琸纂 梁颂成 李花蕾校点 岳麓书社 2008年8月出版

本书是明《九疑山志》、清《九疑山志》、《炎陵志》的合刊。明《九疑山志》编纂者蒋镔，字明远，江苏省吴县人。成化举人。万历中官宁远县知县。清《九疑山志》主编者吴绳祖，字玉山，云南省元江州人。举人出身。乾隆嘉庆间官宁远县知县。《炎陵志》编纂者王开琸，字云樵，湖南宁乡人。曾主讲永州濂溪书院。道光元年举孝廉方正，不就。多才艺，年三十余卒。

明《九疑山志》八卷。内容包括：皇明御制祭舜陵文、山水、古迹、建置、人物、游寓、仙释、山瑶、土产、碑文铭记、历代诗词等。此志《四库全书总目提要》载："……九疑山在宁远县南四十里，相传舜葬其地，有舜庙焉。虽舆记流传，而旧无专志，镔始创修此编。"

清《九疑山志》四卷。卷一为图考、山水、陵庙、修治、御祭文等；卷二为古迹、物产、寓贤、仙侣、寺观、神异、瑶峒；卷三、卷四为艺文，系历代碑铭诗赋。

《炎陵志》共十卷。炎陵，在湖南炎陵县，相传炎帝神农氏葬于此。卷一、卷二为帝纪，卷三陵庙，卷四祀典，卷五、卷六为碑碣，卷七山川，卷八杂说，卷九、卷十为纪咏。全志较详尽地介绍了炎帝陵的风物古迹和历代诗文吟唱。

全书校点整理，明《九疑山志》以万历四十八年刻本为底本。清《九疑山志》以嘉庆元年刻本为底本。《炎陵志》则以道光十八年增修本为底本，而以道光八年之原刻本予以校核。

## 大沩山古密印寺志　甲 275

［清］陶汝鼐　陶之典编纂　梁颂成校点　岳麓书社 2008 年 9 月出版

陶汝鼐，见甲 30。陶之典，陶汝鼐长子，字五徽，号憺庵。湖南宁乡人。工诗文，兼精医术。顺治间曾为安亲王府教习，授内阁中书，不就。晚年受邀编纂《大沩山志》，完成乃父未竟之业。

大沩山，位于湖南宁乡县西，是佛教禅宗五家之一沩仰宗的发源地。《大沩山古密印寺志》，又作《大沩山志》，共八卷。卷一为开山缘起、山水、寺刹等，卷二为法系、功行表、法要，卷三为法要、佛事，卷四为塔墓、庄产等，卷五至卷八为历代各类诗文铭赞。该志除收录了大沩山固有的佛教、山水文化资料外，还收录了隶属于沩山禅宗系统的芙蓉山、浮山、泉塘山、白云峰、龙山等处的佛教文化资料。

该志修成于康熙三十七年，于同年刊印。历一百八十多年后的同治十三年，又重新刊刻印刷百部。本书整理校点，即是以同治重刊本为底本。

## 桃花源志略　甲 276

［清］唐开韶　胡焯编纂　刘静　应国斌校点　岳麓书社 2008 年 9 月出版

唐开韶，字竹谷，武陵（今常德）人。县学生员。生当乾、嘉之时。曾辑《湖南诗征》数百卷，刊刻未果。一生嗜诗好客，因贫病卒。胡焯，字光伯，武陵人。道光二十一年进士，选庶吉士，授编修，衔命赴盛京撰定太庙玉宝。后晋侍读，主广东乡试，提督广西学政。

桃花源，位于湖南省桃源县境，是著名的风景名胜。《桃花源志略》十三卷，列原始（含绘图）、纪胜、征文、志余四个部分。

分析纪胜为山水、营筑、物产、人事，析征文为文、赋、诗、石刻、书志、书画等子目。其征文有十卷之多，收有著名作者如庾信、徐陵、王维、孟浩然、王昌龄、李白、刘长卿、刘禹锡、韩愈、李群玉等近五百人的诗词文赋，蔚为壮观。

《桃花源志略》由唐开韶纂辑，生前未能付梓。后经胡焞重为删节编次，于道光二十六年刻印成书。光绪十七年，又予以重刊，是为研经堂胡氏刻本，本书即以之为底本予以校点整理。

## 广湖南考古略　甲277—278

[清]同德斋主人编　鄢蕾标点　湖南教育出版社2010年12月出版

《广湖南考古略》正文三十卷，分天文、地理、水道、古迹、山川、关隘、形势、陵墓、城池、堤堰、田赋、盐法、钱法、矿厂、榷税、物产、书院、苗防、兵事、封建、名宦、人物、金石二十三门。全书近八千个词条，约六十万字，皆采辑自光绪《湖南通志》中"凡可为典要者"，并依类分卷，每类分条按朝代次序叙述；每朝又按州、府、县等行政区域分别次第。是了解湖南"累朝之沿革，山川之名胜，人文之蔚起，物产之丰饶"的工具书。本书初版为光绪十四年鸿宝斋石印巾箱本，不署撰人，卷首有同德斋主人序。同德斋主人，不详其人。这次整理校点，即以初版石印本为底本。

## 湘城访古录　湘城遗事记　甲279

[清]陈运溶纂辑　陈先枢校点　岳麓书社2009年5月出版

陈运溶，见甲9。一生自辑、自撰、自刊的地理专著、志乘、古代佚文等达数十种。

《湘城访古录》共十七卷。卷一为长沙各朝疆域图，卷二为沿革表，卷三为街巷表，卷四至卷十七分别载记城邑、城市、门名、书院、祠庙、宫观、寺院、山水、往迹、第宅、园亭、冢墓、碑碣等，共六百一十六个条目。在条目概述之后并附录古今名人的有关诗词、游记及其他载记。对有关方志也有简略的记载。该书于长沙历代建制沿革、政治、军事、名流佚事，直至街衢楼阁、市井民风，无不"旁搜群籍，博采名家，穷厥源流，事俱典雅"。

《湘城遗事记》共九卷，分别为人物、游宦、诗话、书画、仙释、鬼神、怪异、方物、故实等三百一十八个条目，多从正史和历代名流笔记中辑出，"上可供辎轩之采问，下可助词客之披吟。居人而得操土风，流寓而得知湘俗"，探源溯流，弥足珍贵。

本书《湘城访古录》于光绪十九年刊刻行世，《湘城遗事记》于光绪二十一年刊行。此次校点，则是采用清光绪长沙学院街萃文堂刻本为底本，是现存唯一的原始底本。

## 湖南乡土地理教科书　湖南乡土地理参考书
甲 280

辜天祐编著　湖南教育出版社 2009 年 12 月出版

辜天祐，字兰荪，清末地理学家。曾为时务学堂学生，热衷南学会。在长沙千寿寺创办正蒙学堂，又为湖南第一所私立学校明德学堂的教职员。留学日本时，拜会过孙中山，是兴汉会的重要成员，担任过哥老会的首领。民国后任湖南高等专门学校实习工场场长，湖南省教育会干事。

《湖南乡土地理教科书》共五册。全书正文共九十一课，约一万字，图九十幅。第一册内容从整体上介绍了湖南的地理位置、行政区划、山川等常识，以及长沙府的状况，第二册内容为宝庆府、岳州府、南州直隶厅的状况，第三册内容为常德府、澧州府、辰州府、凤凰厅的状况，第四册内容为永绥厅、乾州厅、永顺府、沅州府、晃州厅、靖州以及交通等，第五册内容为衡州府、永州府、郴州、桂阳州以及交通等。

《湖南乡土地理参考书》是《湖南乡土地理教科书》的配套用书，课文完全一致。全书内容涵盖历史地理（沿革、区划）、自然地理，还有人文及经济地理，包括历史沿革、山川形胜、行政建制、人物传记、武备兵防、经济物产、民俗风情、宗教信仰、异闻逸事等各个方面。另外，还对朝代更替、历史事件、当时时局、往哲风徽等详加考据，综文复核，钩玄提要。二书是湖南第一部乡土教科书与参考书，填补了湖南省无系统乡土教科书的空白，促进了湖南现代教育的发展。本书以清宣统二年湖南机器印刷局印、群益图书社发行本影印出版。

## 湖南民情风俗报告书　湖南商事习惯报告书

甲 281

[民国]湖南法制院编印/[清]湖南调查局编印　劳柏林校点　湖南教育出版社 2010 年 10 月出版

《湖南民情风俗报告书》为民国元年由湖南法制院据前湖南调查局编辑本印行。全书共分十二章，各章内容为住民、家庭、教育、职业、生活、礼俗、宗教、神道、习染、方言、卫生、赈恤。该书对湘人的优秀品质多有表述，如"湖南土著，汉苗杂居，其人劲悍决烈，忍苦习劳"，"中路之民士儒清慧，气质尚柔，和而慧"，"西南之民，民情犷悍，驯愿质朴"，"湘岳之间多瑰伟绝特、慷慨侠义之士，武勇而好谋，豪杰并起"等。

《湖南商事习惯报告书》分两编，于清宣统三年由湖南调查局编印。第一编内容分为商号、度量衡、货币、会馆四章，全面介绍了商业的概貌，如资本筹措、人员组成、交易、盈亏、开张等。第二编为分业，共五章，每一章介绍一个行业，为钱业、牙行、船业、堆栈、小卖商业等。第二编正文篇幅只占四分之一，其余为附录，汇集了湖南省城及省内主要县城十二个行业、一百多个同业公议的章程与条规，详细记录了当时湖南商界各行各业的从业要求和行规守则。

本书真实地反映了清末民初时期湖南民情风俗、商事营运的概貌，以清宣统三年、民国元年的编印本为底本整理校点。

## 132  沅湘通艺录  甲282

[清]江标编纂  岳麓书社2011年1月出版

江标，字建霞，号萱圃，元和（今苏州）人。光绪十五年进士，曾任湖南学政。《沅湘通艺录》即是其在湖南主持岁、科两试时士子应试之作的选编。共分八卷，包括经、史、掌故（二卷）、舆地、算学、词章（二卷），附四书文二卷。江氏兹选，开始涉足"新学"的领域。所选文如：《各国君主民主君民共主表》《欧洲诸国不许俄船出黑海论》《拟西学通考凡例》《拟设赛工艺会条例》《论国债》《点线面体递相为界说》等，内容涉及世界时事、政治、地理、财赋、商务、格致、算术、制造等"新学"的诸多方面，亦反映出江氏对湖南科举考试的改革。当时湖南巡抚陈宝箴曾称扬江氏此举："湘中士习，渐次改观，于造就人才之方，殊多裨益。"如书中入选文章最多的唐才常，就是新式人才的典型。

本书采用光绪二十三年长沙使院朱印本影印，另据《丛书集成初编》补"叙"一篇，并新编了"作者名、篇名索引"附于书后。

# 船山师友记　魏源师友记　甲283

[清]罗正钧纂　吴普生校点/[民国]李柏荣纂　陈新宪校点　岳麓书社2010年1月出版

王船山、魏源，是清代湖南两位杰出的思想家。

《船山师友记》作者罗正钧，字顺循，号劬庵，晚号石潭老农，湖南湘潭乌石乡人。光绪举人。曾任醴陵渌江书院山长，直隶抚宁知县、山东提学使。罗氏毕生景仰船山，因而"勤一世以尽心于先生之书"，纂成《师友记》十八卷，共搜采船山亲长及并世知名人士一百五十七人的事迹，加以编次考订。资料来源主要是船山著作、史传、通志与《沅湘耆旧集》《湖南文征》等郡邑之书，以及《船山行状》、墓表，"参以当日遗臣之纪述，近代私家之载记"。

《魏源师友记》作者李柏荣，别号日涛，湖南邵阳人，与毛泽东在湖南第一师范同学四年。毕业后随原湖南第一师范校长易培基到北京故宫博物院，后至北京大学图书馆工作。以工作之便博览群书，收集资料，著作达五十种之多。

《魏源师友记》原名"魏默深师友记"，于1936年出版，除收录《邵阳魏府君事略》《清史稿·文苑传·魏源》及《清史列传》之《魏源传》等传记外，另辑录亲长师友七十余人的事迹。1937年，又续补了魏源师友一百五十八人。至此，共搜集到魏源之亲长师友二百三十三人的生平事迹，使全书成为一部对于研究魏源生平及其思想具有重要参考价值的专著。

本书《船山师友记》于光绪三十三年刊行，1982年由岳麓书社改为简体横排出版；《魏源师友记》自1937年增补后，未能成书，直至1983年才由岳麓书社出版。本书即是将岳麓书社所出版之二书重新订正的合刊。

## 湖南文征　甲 284—289

［清］罗汝怀编纂　岳麓书社 2008 年 9 月出版

　　罗汝怀，见甲 128。《湖南文征》为罗氏所纂湖南地方文章总集，收辑自元明至清同治六百余年间"名臣魁儒，才人节士"之文四千零六十八篇。刊成于清同治十年，共两百卷，其中首一卷，目录六卷，姓氏传（作者小传）四卷，元明文五十四卷，国朝文一百三十五卷，补编一卷。作者计元代七人，明代一百八十七人，清代六百零二人（阙名二篇）。

　　所收文章均按体裁类别分卷排列，分别有疏、策、议、解、说、论、记、序、跋、书、传、碑记、神道碑、墓志铭、祭文、杂文、尺牍、公牍、赋、表、颂、铭赞、释、考、辨、小序、启、行状、诔、祭文等。有的类别还特别列出骈体，如疏、颂、表、箴、铭、赞、启、序、引、记等。

　　罗氏自言，编纂文征以"网罗放佚"、"搜集散亡"为目的，不敢"妄言鉴别"，"不以文论，即义法稍疏，意味稍薄，亦不免过而存之"；但以"发明经史，敷陈政术，考见风俗，能说山川，可备掌故"为主旨，"题取故实，文取典重"，选录"有意义可取、有故实可征"、"作者与所为作者有可考见"之文；对那些"空衍议论之文"，则"未遑多及"。如曾国藩所说："兹编所录，精于理者盖十之六，善言情者约十之四"，"不言法而法未始或紊"。

　　本书无论存文存人，都堪与《沅湘耆旧集》并驾齐驱，相得益彰。李瀚章称："得此与《沅湘诗集》并垂天壤间，以无坠鬵熊、倚相、屈子、濂溪之流风遗韵。"

　　本书以清同治十年刻本为底本影印；原书目录则加注页码，重新排印。此外，还新编了人名、书名索引，附于书末。

# 张百熙集　甲 290

［清］张百熙著　谭承耕　李龙如校点　岳麓书社 2008 年 6 月出版

张百熙，字埜秋，湖南长沙人。同治十三年进士，选庶吉士，授编修，督山东学政。命直南书房，迁侍读学士。光绪二十三年督广东学政，迁内阁学士。因荐康有为应经济特科，戊戌政变后被革职留任。光绪二十六年任礼部侍郎，升左都御史。后迁工部、礼部、吏部尚书，派充管学大臣，主持京师大学堂。创办医学堂、译学馆、实业馆，选派留学生出国深造，各省派官费生自此始。后历任户部、邮传部尚书。卒，赠太子少保，谥文达。

《张百熙集》内容包括三个部分。第一部分为时文、奏议、书信。第二部分为学堂章程，即《钦定学堂章程》和《奏定学堂章程》。第三部分为《退思轩诗集》。

张氏一生屡膺显宦，其最大功绩在于对教育的改革。他的时文、奏议、书信，反映了他主张改革教育，废除科举，兴办学堂，改革学制等进步思想。其所主持制定的《钦定学堂章程》，是我国近代由国家颁布的第一个规定学制系统的文件，详细规定了各级各类学堂的目标、性质、年限、入学条件、课程设置及相互衔接的关系。张氏的诗歌创作，也有许多是反映社会现实的，可谓别具一格。

本书整理校点，张氏乡试、殿试的文章以同治九年及同治十三年的原始刻本为底本。《钦定学堂章程》、《奏定学堂章程》及有关奏稿，以光绪年间浙江学务处刻本为底本，并参照湖北学务处刻本。《退思轩诗集》以民国初年上海文会堂书局石印本作底本。另外，还从一些相关文献中进行了搜集整理。

## 张西曼集　甲 291

张西曼著　李长林　张小曼编　湖南人民出版社 2010 年 10 月出版

　　张西曼，字百禄，湖南长沙人。同盟会员。1909 年入京师大学堂，1911 年赴俄入帝国东方语言专科学校。归国后在哈尔滨创办华东中学。在《新青年》发表过《俄国共产党党纲》等译作。1920 年在北京大学建立俄文系。1927 年任武汉大学法学院院长兼教务主任。1935 年任国民政府立法委员，并主持《中苏文化》杂志的出版。1948 年夏进入中原解放区，次年 7 月病逝于北京。

　　《张西曼集》收入其专著《历史回忆》、《西域史族新考》，时论及考证、文学作品、译作等共五十二篇。另有附录七篇。

　　张西曼是著名的国民党左派人士、社会活动家、政治家、学者。曾积极建议孙中山实行"联俄、联共、扶助农工"的三大主张。1931 年后又积极投入抗日救亡运动。抗战后还坚决反对内战、反对独裁，是"九三学社"的创立人之一。一生著述颇丰，因故未能结集出版。直到 1995 年才由中国文史出版社出版了《张西曼纪念文集》。2005 年，其女儿张小曼又搜集了张西曼的各种遗著，编成了《追寻先辈的足迹》一书。本书即是在《张西曼纪念文集》和《追寻先辈的足迹》二书的基础上，重新编辑整理而成。

## 邵阳车氏一家集　甲 292—293

[明] 车大任　[清] 车以遵　车万育等著　易孟醇校点　岳麓书社 2008 年 12 月出版

　　车氏为湖南邵阳望族，自明万历时起，止于民国二十二年，在近三百六十年间，绵延十代，书香不绝，留下了三十五人的诗文，其中最为有影响者有三人。

　　车大任，字子仁。明万历八年进士。历官南丰、遵化知县。

迁礼部郎中，神州、嘉兴知府，升按察副使，晋浙江左参政。晚年家居二十载，有《萤囊阁草》《归田集》《述古今寓言》传世。

车以遵，字孝则，一字孝思，号劬人，一号劬园，世称劬园先生。大任之子，明末清初人，终身不仕，以诗名于时，号为资峡盟主。其诗独树一帜，与竟陵派钟惺、谭元春相抗衡。

车万育，字与三，一字双亭，号鹤田，又号敏州。清康熙三年进士。历官户科给事中，充康熙十五年会试同考官。升兵科掌印给事中，后掌登闻鼓。学问赅博，著述颇丰，《声律启蒙》一书，尤蜚声江南。其子鼎晋、鼎丰、鼎贲亦皆有名。

《邵阳车氏一家集》共二册，收入车氏的十三部集子，共四十五卷。计：

车大任《参政集》，另附有其子车以达诗三首，孙车万合诗二首。

车以遵《逸民集》，另附有其子车万含诗二首、文一篇，子车万启诗十一首。

车泌书《教授集》，另附有其子车万备诗五首，子车万有诗二十三首，子车万藻诗二首，孙车鼎立诗文各一首，孙车鼎诠诗六首，孙车鼎篆诗五首，曾孙车闲诗文各一首。

车万育《都谏集》，另附有其女车梦余诗一首、绝笔辞二则。

车万期《饮宾集》。

车鼎黄《隐君集》。

车鼎晋《督学集》，另附有其子车敏来诗一首。

车鼎丰《双亭集》，另附有其弟车鼎贲诗七首、文六篇。

车无咎《贡士集》。

车照《孝廉集》，另附有其子车钟衡诗一首，子车飞诗四首、文一篇。

车元昂《广文集》，另附有其子车毓春诗三首、文三篇，孙车进诗一首。

车望湖、车寅庆合刊《双秀集》，另附有车柄离、车新寅断句。

车玉襄《别驾集》，另附有其子车赜诗二十七首。

邵阳车氏历代著述原来多达六七十种，自清雍正十一年鼎丰、鼎贲因文字狱遇害后，或被焚，或毁版，或仅余残篇，秘不示人。至民国初年，才由邵阳人刘粹叔在车氏后人的协助下，编成这部材料并不完整的《邵阳车氏一家集》，于民国二十二年由车氏家刻面世。本书校点，即以此家刻本为底本，并参照《沅湘耆旧集》《湖南文征》加以校勘。

## 刘人熙集　甲 294

[清]刘人熙著　周寅宾编　湖南人民出版社 2009 年 9 月出版

刘人熙，字艮生，号蔚庐。湖南浏阳人。光绪三年进士，任工部主事。因上书被外调直隶州知州。后周历豫、赣、桂等省，官至广西道员。光绪三十三年返湘，任中路师范学堂监督，湖南教育总会会长。辛亥革命时，任湖南都督府民政司司长。1914 年创办船山学社，任会长。1915 年投入反袁与驱张斗争。汤芗铭被逐后，任湖南督军兼省长一个月。1919 年病逝。

《刘人熙集》系刘氏的诗文合集。诗歌包括两个集子：《蔚庐刘子诗集》与《蔚庐亥子集》。前者含四个专集，后者指己亥（光绪二十五年）至壬子（民国元年）刘氏所作之诗。刘氏的散文亦有两个集子：《蔚庐刘子文集》收入古文，《蔚庐文稿》所收文章是刘氏在私塾课徒与书院主讲时所写的范文和参加科举考试的试卷。

刘人熙是清末民初湖南的一位重要人物，平生"远瞻诸葛，近仰船山"，倡导学以致用的湖湘学风。其诗歌效法陆放翁与苏东坡，意境开阔，"一片忧家爱国心"。散文基于桐城派，但"不祖述方姚"，"进而求之唐（顺之）归（有光），又进而求之韩欧"，开求实清丽之风气。

本书所依据之底本为：《蔚庐刘子诗集》用光绪二十二年大梁（开封）木刻本，《蔚庐亥子集》用民国二年木刻本，《蔚庐刘子文集》用光绪二十二年大梁木刻本，《蔚庐文稿》用浏阳家刻本。

## 易顺鼎诗文集　甲 295—297

[清] 易顺鼎著　陈松青校点　湖南人民出版社 2010 年 6 月出版

易顺鼎，字实甫，又字石甫、实父、仲实、仲硕、中硕，自号眉伽、哭盦、一盦、橘洲醒人、禅牛山民。湖南龙阳（今汉寿）人。光绪元年举人。官刑部郎中，改河南候补道，总厘税、赈抚、水利三局，督修贾鲁河工程。光绪十四年加按察使衔。中日甲午海战后，调京参与军事。后赴台湾接济坚守台中的黎景嵩。继而回湘任督销局总办。光绪二十八年以后，历任广西太平恩顺道、云南临安开广道和广东钦廉道、肇庆罗道、高雷阳道。民国后，任袁世凯政府印铸局代局长、局长。卒于京寓。

《易顺鼎诗文集》三十九卷，分为三册。第一、第二册为诗集，共二十卷，遵循易氏生前所编《琴志楼编年诗集》的意愿，以年为经，以集为纬，收入其一生所作诗歌四千余首。第三册为文集、词曲集、辑补及附录四部分。

易顺鼎早年即有"龙阳才子"之誉，一生著作多达六十余种，程颂万称"惟君之才，沐日浴月，海涵地负，靡有际涯。而学综百家，代取事据入文，顷刻万有，造于自然……惟太白、东坡可相上下矣"。王闿运亦称易氏之才为"生平所仅见"。

易顺鼎的著作丰富而又丛杂，结集甚多，且大多只有初刻，少有重刻。本书编校是以清光绪二十二年刊刻的《哭盦丛书》为主要底本，参以其他单刻各集如《壬子诗存》《癸丑诗存》《甲寅诗存》等而成。

## 光绪 湖南通志 甲 298—305

［清］李瀚章等修 曾国荃等纂 岳麓书社 2009 年 8 月出版

（光绪）《湖南通志》二百八十八卷，首八卷，末十九卷。同治初，湖南巡抚李瀚章、卞宝第等始修，曾国荃、郭嵩焘等纂。光绪五年付梓，十一年刊竟行世。首列诏谕八卷，录顺治元年至光绪九年各朝谕旨。末附杂志十九卷，分纪闻、述异、摭谈、辨讹四目。正文总为十五门三十四目。计有地理志，下设舆图、郡县沿革表、郡县沿革考、分野、晷度、疆域、水道、山川、关隘、古迹、陵墓、风俗十二目；建置志，下设城池、公署、津梁、堤堰四目；赋役志，下设户口、田赋、蠲恤三目；食货志，下设积储、盐法、钱法、矿厂、榷税、物产六目；学校志，下设学宫、学额、书院三目；典礼志，下设仪节、祀典、祠庙三目；武备志，下设历代兵制、国朝兵制、水师、团练、驿传、铺递、苗防七目；封建志；名宦志；职官志；选举志，下设制科、进士、举人、贡生、世爵、世职、荐举、军功八目；人物志，下设历朝人物、国朝人物、耆寿、义勇、流寓、技术、列女七目；方外志，下设寺观、仙释二目；祥异志；艺文志，下设经部、史部、子部、集部、金石五目。其中武备志详近略远，记曾国藩、左宗棠等湘军将领率师征剿太平军、"捻匪"，平息"回乱"等尤为详细；人物志于历代湘籍人物及流寓者，凡见之文献，悉为收录。艺文志搜集湖湘文人墨客之述作，蔚为大观。全志卷帙浩繁，资料宏富，约五百六十万字，是迄清末内容最为丰富、最具参考价值的省志。其体例谨严，征引有据，"视旧志增并不一，所引诸书，皆俱列原文，标列出典，颇为精详"，尤其是"书中间有案语，以考异同，亦均典核可取"（《续修四库全书提要》）。

　　本书以光绪十一年刊本《湖南通志》为底本影印。

## 乾隆 长沙府志　　甲 306—308

[清]吕肃高修　张雄图　王文清纂　岳麓书社 2008 年 11 月出版

　　（乾隆）《长沙府志》五十卷首一卷。[清]吕肃高修，张雄图、王文清纂。乾隆十三年刊行。吕肃高，字南村，河南新安（今渑池县）人，举人，乾隆十二年任长沙府知府。张雄图，字砺山，河南洛阳人，辛酉举人，为知名之士。王文清，见甲 65—66。该志始修于乾隆十二年夏，记事亦止于是年四月。正文分二十八门七十七目，首列皇言，其次星野、疆域、沿革、山川、赋役、城池、封建、建置、古迹、学校、风俗、典礼、陵墓、兵制、职官、名宦、政绩、选举、人物、列女、流寓、方外、物产、灾祥、艺文，最后为拾遗，共约八十万字。该志虽是在旧志的基础上续修，但调整、合并了旧志中的一些不合理的类目，使之繁简适当，更符志书体裁。在内容上，对旧志史料反复斟酌取舍，还广泛搜集新的资料，不仅篇幅较旧志增加两倍，且更翔实可信。其中名宦、人物传约两千余人，征事纪人，颇具特色。本书以乾隆十三年刻本《长沙府志》为底本影印。

## 乾隆 **岳州府志**　甲 309

[清]黄凝道修　谢仲坃纂　岳麓书社 2008 年 12 月出版

　　(乾隆)《岳州府志》三十卷首一卷。[清]黄凝道修,谢仲坃纂。黄凝道,安徽休宁人,岁贡,岳州知府。谢仲坃,字孔六,广东阳春人,举人,曾任衡阳县知县。

　　该志开局于乾隆十年五月,告竣于翌年三月。全书卷首为皇言、纂修姓氏;正文列二十八门:舆图、星野、沿革、山川、疆域、城池、公署、学校、祀典、赋役、物产、积贮、水利、恤政、风俗、仪礼、兵防、秩官、名宦、选举、人物、列女、仙释、古迹、寺观、艺文、事纪、杂志。约三十二万字。该志系以旧志为基础增删而成,其中积贮、恤政、仪礼、事记,皆新创立;于旧志中千官一词的历朝封赠、诰敕、品秩,及滥入祠祀的名宦,悉行删节;于郡邑治乱、修废、财赋、兵农、礼教风化及人物,则记载甚详。舆图皆由"画工登山涉水,遍历境内"勘察后绘成,更远较旧志精审。在历朝《岳州府志》中,该志年代最晚,也最为完备、精当。本书即以乾隆十一年刻本《岳州府志》为底本影印。

## 乾隆 **衡州府志**　甲 310—311

[清]饶佺修　旷敏本纂　岳麓书社 2008 年 12 月出版

　　(乾隆)《衡州府志》三十三卷首一卷。[清]饶佺修,旷敏本纂。饶佺,江西丰城人,监生,乾隆二十一年至三十年任衡州府知府。旷敏本(1677—1782),字鲁之,号岣嵝,湖南衡山人,乾隆元年进士,乾隆十九年始任岳麓书院山长,有《旷岣嵝集》。该志始修于乾隆二十七年,翌年付梓。纪事止于是年。载所辖九县,即衡阳、衡山、耒阳、常宁、酃县、安仁、临武、蓝山及清泉县历史资料。正文约六十万字，分三十门：星野、沿革、舆图、形势、疆域、山川、古迹、城池、津桥、公署、驿铺、藩封、户口、田赋、仓贮、学校、坛祀、风俗、物产、兵防、职宦、循良、选举、人物、列女、游寓、陵冢、寺观、祥异、艺文。沿革门详记桂阳州并入清泉县（今衡南）情况；人物门重点收本邑名人传记，如耒阳蔡伦"以意用树皮麻头及敝布鱼网造为纸"。游寓门载历代名人寄住过往衡邑情况，如韩愈由郴州经耒阳，作《吊杜陵祠》；张栻师衡山五峰先生胡宏、与诸子讲学于方广寺等史事。光绪间衡州知府武廷珍称该志"规模严谨，体制详明，洵善本也"。本书以乾隆二十八年刻本为底本影印。

## 道光 宝庆府志　甲312—314

[清]黄宅中　张镇南修　邓显鹤纂　岳麓书社2009年5月出版

（道光）《宝庆府志》四十三卷首二卷末三卷。[清]黄宅中、张镇南修，邓显鹤（见甲190）纂。黄宅中、张镇南为道光二十四年后两任宝庆知府。该志始修于道光二十五年三月，二十九年六月成书。记事自汉迄清道光二十八年。正文分八纲三十六目，约两百万字。

该志仿纪传体史书体例，分纪、表、图、记、书、略、录、传。纪为大政；表列沿革、疆里、藩封、世职、职官、武职、巡历官司、选举、氏族、士女；图绘形胜、沿革；记述形胜、疆里、山川；书载吏、户、礼、兵、刑、工；略举五行、艺文；录登政绩、武功、良翰、使岷、残明；传志先民、胜朝耆旧、国朝耆旧、列女。藩封、巡历官司、世职、氏族四表为前志所无，职官表与选举表虽循旧例，亦有独到之处。其形胜疆里图、记，均出自著名舆地世家邹汉勋兄弟子侄之手，尤其难得。该志史料宏富、体例独到，为湖南方志中上乘之作。《续修四库全书提要》评价称："邓氏斯作，体虽变而不失其雅，文虽富不伤于繁，至其综核之精密，断制之谨严，洵非老师宿儒三长兼备者，所能道其万一，足推为湘邑志中之冠。"本书以道光二十九年濂溪书院刻《宝庆府志》为底本影印。

## 道光 永州府志　甲 315—316

[清]吕恩湛等修　宗绩辰等纂　岳麓书社 2008 年 12 月出版

　　（道光）永州府志十八卷首一卷。[清]吕恩湛等修，宗绩辰等纂。吕恩湛，字丽堂，江苏沭阳人，道光五年署永州府知府。宗绩辰，字涤楼，号攻耻，浙江会稽（今绍兴）人，曾主讲永州濂溪书院。是志始修于道光五年，阅三载成书，记事亦止于是年。正文分图经一、志九、表二、传四、略二，约百万字，为八修永州府志。星野图经收录郡城、府属一州七县及府境水利全图。名胜记府境山水数百处。民俗特设方言专篇，记八州县方言俚语、土音。瑶俗附于风俗，胪列瑶人俗性，记诸县瑶峒情况。物产录存当地动植物、矿产数百种，记杉木尤详。艺文不收诗文，只录书目及提要、考证，按经、史、子、集四部分列，共七百七十余种。人物传则分良吏、寓贤、先正、列女诸卷；其中先正两卷，又分理学、忠节、行义、事功、才望、经术、文藻、高隐、耆硕诸目。该志体例完备，门目新颖独特，以图、志、表、传、略分述史事，是清代中期湖南方志之佼佼者。本书以道光八年刻《永州府志》为底本影印。

## 嘉庆 **常德府志** 甲 317—318

[清]应先烈修　陈楷礼纂　岳麓书社 2008 年 12 月出版

　　（嘉庆）《常德府志》四十八卷文征九卷首一卷丛谈三卷。[清]应先烈修，陈楷礼纂。应先烈，字未堂，江苏宜黄人，嘉庆十三年任常德知府。陈楷礼，字卷山，常德人，举人，宜章教谕，有《洞庭湖志》等。该志始修于嘉庆十八年，是乾隆五十八年毕沅监修、章学诚撰纂的二十四卷《常德府志》的增辑本，记事止于嘉庆十八年，约七十万字。全书分为纪、表、考、略、传五门。卷首附舆图多幅；纪分二目，载自汉至嘉庆有史可稽的古今大政要略；考分十目，为舆图、山川、建置、赋役、祠祀、风俗、学校、武备、物产、艺文，目皆详审山川，考察故实，备查有故典章文献，正讹补漏。如艺文考，记自屈原至嘉庆年间本郡之书目，按经史子集划分，并附金石目。该志人物传和表几占全书一半，按藩封、职官、选举、人物以表排列，附注沿革，循表查传，无传者亦因旧志所载事迹分注，卷帙浩繁。文征记诏谕、疏启、记、传文、碑志、杂著、赋、诗；丛谈分天地人物事，为稗言杂说，杂记、杂谈均附于志末。《续修四库全书提要》谓该志"分门别类，悉合史裁。全篇蒐采切实，极为宏富。叙事立论，亦皆简当，允推名作"。本书以嘉庆十八年刻《常德府志》为底本影印。

## 乾隆 **辰州府志** 甲 319—320

[清]席绍葆等修　谢鸣谦等纂　岳麓书社 2008 年 12 月出版

　　（乾隆）《辰州府志》五十卷首一卷。[清]席绍葆等修，谢鸣谦等纂。席绍葆，字宜民，江苏吴县人，乾隆二十八年辰州知府。谢鸣谦，字致恭，号愧屋，江西南丰县人，有《非我斋文集》等。该志为《辰州府志》六修本，刊于乾隆三十年，记事亦止于是年。

全书分考、表、传、纂四门二十四目，约五十万字。沿革考载自隋建州迄清及属境的地理沿革；星野考记邑中历代天文气象以及旱涝、冰雹、地震、蝗虫、大火等自然灾害；城池考记属境各城池的修筑沿革；津梁考记境内桥渡；平苗考记历代官府残酷镇压苗民的事件；风俗考记载苗瑶习俗语言。表、传两门记辰州人物掌故，详简得宜。纂专记艺文，收辰州历朝诗文杂识，卷帙浩繁，虽多为清代诗文，亦属难得。本书以乾隆三十年刻《辰州府志》为底本影印。

**146** 同治 **沅州府志** 甲 321—322

[清]张官五修 吴嗣仲续修 岳麓书社 2011 年 2 月出版

（同治）《沅州府志》，原为乾隆五十五年张官五主修本，同治十年吴嗣仲续修，同治十二年重刊。张官五，字任齐，浙江萧山人，乾隆五十二年沅州知府。吴嗣仲，字春谷，云南保山人，同治十一年沅州知府。乾隆张本四十卷首一卷，正文分三十二门，为星野、沿革、疆域、山川、城池、乡都、关隘、津梁、塘堰、公署、户口、田赋、蠲恤、积贮、学校、坛庙、风俗、物产、军制、驿递、职官、选举、名宦、人物、列女、记兵、古迹、寺观、仙释、祥异、艺文、拾遗。其义例精审，搜采宏富，详略亦较恰当。首列舆图，精密准确，为湘西各志舆图上乘。关隘、军制、记兵则多涉及与苗、侗、瑶之民族关系。专设驿递一门，保存大量邮传史料，为他志所罕见。吴嗣仲续修，于原作并无改动，仅补充了同治十二年以前八十三年的史料；其重点在职官、人物、列女、记兵、祥异、艺文。凡有续补，均附于相关门类之后。末附二卷，则为刊后补入的续文。本书即以同治十二年增补刻本《沅州府志》为底本影印。

## 嘉庆 **郴州总志**　甲 323—324

[清]朱偓等修　陈昭谋纂　岳麓书社2010年2月出版

（嘉庆）《郴州总志》四十三卷首一卷。[清]朱偓等修，陈昭谋纂。朱偓，字右佺，号曦园，四川兴文县人，进士，嘉庆二十二年任郴州知州，有《训民俚语》等。陈昭谋，字剑溪，郴州人，举人，曾官桂阳州学正，归讲东山书院，有《剑溪文集》等。是志记事止于嘉庆二十四年，同年书成开雕。正文分三十五门：舆图、星野、沿革、疆域、建置、田赋、学校、秩祀、兵防、物产、风俗、古迹、祥异、职官、选举、名宦、人物、节烈、艺文、寺观、仙释、杂志，约八十万字。该志篇幅宏大，内容繁富，体例完整，记载翔实，与旧志相比，其"补缺正伪之功，良非浅鲜"。此外，志中搜采专篇，如沿革志附何达宪的《古桂阳郡考》，山川志录齐召南的《水道提纲》，矿厂志录王肃的《申禁坑冶碑文》等，均具重要史料价值。有嘉庆二十五年刻本和光绪十九年活字本。本书即以嘉庆二十五年刻本为底本影印。

## 光绪 **靖州直隶州志**　乾隆 **永顺县志**　甲 325

[清]吴起凤等修　唐际虞等纂/黄德基修　关天申纂　岳麓书社2012年3月出版

（光绪）《靖州直隶州志》十二卷首一卷末一卷。[清]吴起凤等修，唐际虞等纂。吴起凤，字才九，江苏武进人，同治进士，官兵部主事，同治十三年靖州知州。唐际虞，字赞廷，靖州举人，领补用知县衔。该志始修于光绪元年，记事亦止于是年，光绪五年成书付梓。正文分舆图、地理、建置、祠祀、贡赋、学校、武备、秩官、选举、人物、艺文、事记、杂识等卷，约二十三万字。该志义例分明，言词简洁，于州邑史事，巨细无遗。其中《建置

·苗寨》详记属境苗寨情形；《武备》详记属境各地的兵制、汛防等，《人物》详记人物掌故，尤其事涉苗瑶少数民族起义等情，更为珍贵。本书以光绪五年刻《靖州直隶州志》为底本影印。

（乾隆）《永顺县志》四卷首一卷。[清]黄德基修，关天申纂。黄德基，江西宁都人，举人，乾隆五十五年永顺知县。关天申，湖北江陵人，举人，永顺府学教授。该志续修乾隆十年县志，正文分图象、地舆、建置、学校、秩官、祀典、赋役、风土、艺文、人物、选举等十一志，七十目，九万余字。卷中《土司沿革始末》详载"明嘉靖三十三年调永顺士兵协同保靖兵剿倭贼于苏、松"一事，尤为珍贵。本书以乾隆五十八年刻《永顺县志》为底本影印。

## 同治 直隶澧州志　甲 326

[清]何玉棻修　魏式曾纂　岳麓书社 2010 年 1 月出版

（同治）《直隶澧州志》二十六卷首四卷。[清]何玉棻修，魏式曾纂，黄维瓒增修。何玉棻，字艻恬，湖北汉川人，同治七年湖南岳常澧道兼理水利驿传事。魏式曾，字镜余，直隶临榆（今山海关）举人，同治四年至七年澧州知州。黄维瓒，字用侯，广西临桂（今桂林）举人，同治九年至十三年澧州知州。该志据同治八年何志增补续修，记事止于同治十三年。正文分星野志、舆地志（舆地、舆图、建置沿革、藩封、疆域、城池、公署、市镇、陵墓、山、川、湖、堤垸、津渡、景物、古迹、风俗）、食货志（户口、田赋、屯田、积储、蠲恤、盐法、物产）、学校志、武备志、职官志、选举志、祀典志、祠庙志、人物志、列女志、祥异志、艺文志、杂类志，约六十六万字。其中艺文占全志篇幅五分之一，录存历代名家诗文词赋甚多。全志体例简明，内容全面，考证详确，为澧州诸志之佳椠。本书以同治十三年增补刻本《直隶澧州志》为底本影印。

## 同治 桂阳直隶州志 甲327

[清]汪敦灏修 王闿运等纂 岳麓书社2011年7月出版

（同治）《桂阳直隶州志》二十七卷首一卷。[清]汪敦灏修，王闿运等纂。汪敦灏，江苏仁和人，同治元年任常德知府。王闿运，见甲192。该志肇修于同治四年，七年刻印成书。叙事至同治六年。全书分十志、一纪、一百四十二传、三十六表、六十六图，约四十三万字。在事纪、赋役、工志、官师、礼志中的祠祀，人物中的褒忠传等类目中记载太平天国史料，约有万字。侗瑶志及有关类目中较详细地搜辑了瑶族源流、历史、特征、信仰、风俗，以及朝廷对瑶民的残酷统治和瑶民起义等情况。货殖传叙述该地区历年的经济发展情况及资源。水道志以水为纲，山川古迹、神话传说、民情物产一并叙述，尤能实地勘测，绘图精详，叙述翔实。全书体例精当、内容翔实、取舍适宜、文辞典雅。近代学者李肖聃称王氏兹编为"敛雄才于方纪，纳万变于小篇"（《湘学略》）。本书以同治七年刻本《桂阳直隶州志》为底本影印。

## 道光 凤凰厅志 甲328

[清]黄应培修 孙钧铨 黄元复纂 岳麓书社2011年2月出版

（道光）《凤凰厅志》二十卷首一卷。[清]黄应培修，孙钧铨、黄元复纂。黄应培，号竹庵，浙江仁和（今杭州）举人，道光元年任凤凰同知。孙钧铨，号秋崖，湖南辰溪人，进士，当时执掌凤凰敬修书院。黄元复，号柳桥，浙江仁和监生。该志于道光三年开局，阅年成书。正文分星野、舆图、沿革、城池、疆里、山川、坛庙、田赋、典礼、学校、风俗、屯防、兵防、苗防、职官、名宦、乡宦、人物、列女、物产、艺文等二十一门，约二十三万字，为乾隆二十三年厅志续志。该志较旧志体例完备，翔实可信。其中沿革、城池、疆里、山川、田赋等门虽甚简略，但详略因事，损益得宜。风俗详述土家、苗二族风俗民情。屯防、兵防、苗防详记屯田练兵、积粮防苗等史事；尤其苗防门详载历代朝廷对苗民征讨剿抚和苗民的反抗与归顺，是其特色。本书以道光四年刻《凤凰厅志》为底本影印。

## 150 同治 长沙县志 甲 329—330

[清]刘采邦修 张延珂等纂 岳麓书社 2008 年 11 月出版

（同治）《长沙县志》三十六卷首一卷。[清]刘采邦修，张延珂等纂。刘采邦，江西泰和人，举人，同治六年任长沙知县。张延珂，长沙县人，增贡生，有《知务山房文集》。该志自同治六年肇修，十年刊竟。全书共三十门一百八十目，包含星野、沿革、疆域、山川、津梁、水利、公署、赋役、保息、积贮、学校、典礼、秩祀、兵防、风土、职官、名宦、政绩、选举、人物、忠义、耆寿、列女、流寓、古迹、寺观、仙释、祥异、艺文、拾遗等内容。该志为长沙八修县志，其体例虽大体沿承旧志，但增删取舍，自有特色。如于人物之外，摘取《褒忠录》中"咸丰以来……首立战功殉难者"，特立忠义一门；又因同善堂等义举频兴，增立保息一门。较之旧志，尤注重举要删繁，如学校门增从祀、学额、试卷；积贮门增储备仓、各都积谷；兵防门增乡城各团练，并详记历代兵事；祥异门记自然灾害并增捕蝗法、焙谷法等；于星野、沿革、风俗各门则芟繁涤芜，条理井然。此外，艺文门为防冗滥必取已成之书，选举门记虚衔则严限品级，封典必验诰轴部照等，均可见编纂取材之缜密，义例之严谨。本书以同治十年刻本《长沙县志》为底本影印。

## 光绪 善化县志　甲331

［清］吴兆熙　昌沅修　张先抡等纂　岳麓书社2011年1月出版

　　（光绪）《善化县志》三十四卷首一卷。［清］吴兆熙、冒沅修，张先抡等纂。吴兆熙，湖北江夏（今武昌）人，监生，光绪元年任善化知县。冒沅，江苏如皋人，监生，光绪三年任善化知县。张先抡，善化县人，贡生。该志始修于光绪二年，三年书成付梓。正文分二十八门，分别为星象、沿革、疆域、山川、水利、津梁、公署、赋役、积储、保息、学校、典礼、秩祀、兵防、风土、官师、名宦、政迹、选举、人物、忠义、耆寿、列女、古迹、祠庙、艺文、祥异、丛谈，约五十万字。善化县志乘创自明万历、崇祯、康熙、乾隆、嘉庆间又四次续修。明志今已无存，光绪志上承康乾嘉旧志，并对原有门类重加厘定，由合而分列者有山水、忠义、保息、名宦、政迹五门；由分而合者有户口并赋役，物产并风土，使条目更加清晰，义类亦免于分歧。光绪志也保留了前志许多内容，如以前诸志的序及乾隆、嘉庆志的凡例均全文见载，耆寿、列女、艺文则于旧志所辑之后另加续编。其体例最为完备，内容最为丰富。如记古迹二百六十余处，冢墓一百余座，祠庙三百七十余处，且间附前人咏歌，均较前志更为详尽。本书以光绪三年刻本《善化县志》为底本影印。

## 光绪 巴陵县志　甲332

［清］姚诗德等修　杜贵墀等纂　岳麓书社2008年8月出版

　　（光绪）《巴陵县志》六十三卷首一卷，附《洞庭君山岳阳楼诗文集》十八卷。[清]姚诗德、郑桂星修，杜贵墀等纂。姚诗德，广东番禺人。郑桂星，河南固始人。二人先后为巴陵知县。杜贵墀，字吉阶，号仲丹，巴陵人，举人，著有《桐华阁诗文集》等。该志记事迄光绪二十六年。正文分舆地、建置、政典、选举、人物、艺文、职官、杂识八门三十目，约八十万字。门类简括，体例谨严，每门分目，目中附以小类，又以《洞庭君山岳阳楼诗文集》附诸志末。所载史料极为丰富。舆地门载暑度表、图说、沿革、疆域、山川、胜迹、物产等目。物产目，详载农产、矿产、动植物等类。武备目按年记自三国至清代的兵防、兵事尤详。人物门载自宋至清著名人物及咸丰间死难人士传记。艺文门载书目而不录诗文，书目下各附提要和序跋等，颇具特色。《洞庭君山岳阳楼诗文集》载历代名人所作诗文辞赋，内容极其丰富。本书以光绪二十六年刻本《巴陵县志》为底本影印。

## 同治 湘乡县志　甲 333—334

[清]齐德五等修　黄楷盛等纂　岳麓书社 2011 年 2 月出版

（同治）《湘乡县志》二十三卷首一卷末一卷。[清]齐德五等修，黄楷盛纂。齐德五，字慎庵，山西介休人，进士，同治七年至十二年两度知湘乡县事。黄楷盛，字正齐，湘乡东皋书院山长。该志始修于同治八年，十三年付梓，记事止于是年。正文分十二志七十二门，约一百二十万字。篇幅宏大，内容丰富，为清代湖南方志所罕见。该志人物、选举两项占全书篇幅一半，略录旧志人物，详记咸丰元年至同治十年的湘军将帅士兵阵亡将士达数万人，录存湘军军功出身的总督以下大小官吏二百三十余人。实为"同治中兴"湘乡人物记功簿。该志体例完善，类目适当。兵防特立团练一门，以举湘军原始；选举志、人物志皆能依类以从，繁简得当；艺文志载书目而不录诗文，文省事增；列女志汇姓为表，简洁而无遗漏；惟于星野、古迹、名墓、风俗、物产统于地理，矿产、祥异属于兵防，沿袭旧志，未能纠正，诚为失当。但纵观全志，仍不失为方志上乘。本书以同治十三年刻《湘乡县志》为底本影印。

## 光绪 **新宁县志** 甲335

[清]张葆连修 刘坤一纂 岳麓书社2009年10月出版

（光绪）《新宁县志》二十六卷首一卷。[清]张葆连修，刘坤一纂。张葆连，字易山，山西汾阳人，清光绪十四年任新宁县知县。刘坤一，见甲241—242。该志刻于光绪十九年，记事至光绪十六年。分图、表、志、传四门二十二目。舆图卷内分别绘制总图二、县城图一、疆里图五、山川图五，并附四乡八岗关隘全图多幅，皆出自当时著名舆图学家邹世诒、朱昌详之手，使用了当时最先进的经纬度制图法。沿革表记自秦汉至清代该县隶属分合及变迁原委和区域变革等。人物志表列和传记结合，分类列表，循表寻传，一目了然。列传分人物、列女、名宦，详述生平事迹，其中关于湘军楚勇人物的史料尤具价值。其他如水利、物产、赋役、典礼、学校、风俗等志，载录该地经济、文教、风尚史料；艺文志载录本郡著述、诗文，亦颇可观。是志体例较为严谨，内容丰富，堪称为该地的地理人文史料库。本书以光绪十九年刻本《新宁县志》为底本影印。

## 光绪 **湘潭县志** 甲336

[清]陈嘉榆等修 王闿运等纂 岳麓书社2010年2月出版

（光绪）《湘潭县志》十二篇。[清]陈嘉榆等修，王闿运（见甲192）等纂。陈嘉榆，字心田，福建宁德人，光绪十二年任湘潭知县。该志实以道光、同治间罗汝怀、王荣兰《湘潭县志稿》为基础，光绪十三年由王闿运删削增补而成，十五年付梓成书。记事止于光绪十四年。正文分十二篇：疆域、建置、事纪、山水、官师、赋税、祀典、人物、五行、艺文、货殖、序，下分三十一目，十九图二十八表，约三十万字。王氏以图志名篇，将图、表、传三类，分隶各篇，独创清末方志新体例。文笔精湛，内容新颖，表图准确精密，考证翔实详尽。区域总分图和沿革诸图，开方计里，备载乡里小地名，极为精细。一改旧志星野之说，列中星、经纬、更漏各图表，以新法测定日出入时间，尤为罕见。其山水、人物、赋役、货殖诸篇更是精心之作。山水篇兼及交通物产、风景名胜、地名考证、民间传说等，且时涉人事，寄寓深远。艺文书目收录潭邑历代名家著述六百九十二家，一千二百六十五部，广博居湖湘方志之首。事纪篇上自汉高祖五年，下迄光绪十二年，横无佚史，竖不断线，虽为官书，却能直书存真。人物篇采集宋元以前先贤列传，均注明载籍，言简文省，事迹昭然。被梁启超评为方志名篇，称说："王壬秋之湘潭、桂阳……皆其最表表者。"有光绪十五年刻本及民国挖改原板本。本书以光绪十五年刻本为底本影印。

### 嘉庆 沅江县志　甲337

[清]唐古特修　骆孔僎　陶澍纂　岳麓书社2012年3月出版

　　（嘉庆）《沅江县志》三十卷。[清]唐古特修，骆孔僎、陶澍纂。唐古特，蒙古正黄旗生员，嘉庆十一年至十五年沅江知县。骆孔僎，字介宾，号补山，湖南宁远拔贡，乾隆五十九年至嘉庆十五年沅江教谕，擢教授。陶澍，见甲73—80。该志始修于嘉庆十二年；记事亦止于是年，十五年刊竟问世。正文分三十门，附十九目，约二十一万字。计有星野、舆图、沿革、疆域、山川、城池、公署、赋役、仓储、水利、学校、典礼、秩祀、礼器、塘汛、铺递、恤政、风俗、物产、古迹、坊表、祥异、职官、选举、人物、列女、流寓、方外、艺文、拾遗诸志，体例完备。卷目门类，井然有序，舆地图说，亦颇精审。各门小序，言简意赅。条例细目，精慎严谨。全书经陶澍审定，为湖湘方志中之佳构。本书以嘉庆十五年尊经阁刻本《沅江县志》为底本影印。

## 同治 平江县志　甲 338

[清]张培仁等修　李元度纂　岳麓书社 2011 年 6 月出版

（同治）《平江县志》五十五卷首二卷末一卷。[清]张培仁等修，李元度纂。张培仁，广西贺县人，道光丁未科进士，同治间曾任平江知县。李元度，见甲 237—238。该志始修于同治八年，记事亦止于是年；同治十三年付梓。全书四十余万字。卷首录诏谕，卷末缀杂志，正文分十四门九十五目，计有地理、建置、赋役、食货、学校、祀典、礼仪、职官、武备、选举、人物、五行、艺文诸门，门下详列细目。沿革、晷度列表明之，山川、关隘并入地理，官署、市集附于建置，祠庙、寺观归属祀典，以纲统目，以简御繁，一目了然。该志记湘军人物事迹特详，人物门忠节目载"传所列弁勇夫八千四百有奇，皆军兴以来，剿粤寇死事者也"；武备门特详团练之始末，记自咸丰二年七月"粤逆犯长沙，平江戒严"，四乡共办团局百四十七个，为全省之冠。是研究太平天国历史的重要史料。

《续修四库全书提要》对该志评价颇高，称李元度"学邃左迁，才兼三长"，志中"例言小序，及各门所缀结论，征引之宏博，取裁之矜慎，盱衡古今，折衷精当"，"以视郭嵩焘之《湘阴图志》、杜贵墀氏之《巴陵志》，又何多让焉"。

有同治十三年刻本、光绪十八年岳州府四县志重刻本存世。本书以同治十三年刻本《平江县志》为底本影印。

### 同治 衡阳县图志　甲339

[清]彭玉麟修　罗庆芗　殷家俊纂　岳麓书社2010年11月出版

（同治）《衡阳县图志》十二卷。[清]彭玉麟修，罗庆芗、殷家俊纂。彭玉麟，见甲186—187。罗庆芗，大兴监生，时为衡阳县知县。殷家俊，字竹伍，湖南湘阴县人，时为候选知县。该志始修于同治十年，记事迄于同治十一年。正文分十一门七目，约二十八万字。以篇为卷，分疆域、事纪、赋役、建置、官师、人物、山水、艺文诸篇。疆域门所有地图，均为有精确经纬度分的实用地图。事纪门记汉高祖五年至清同治十一年间衡邑各类大事，开创了衡邑县志大事记之先河。艺文门主要收录邑人著作目录。该志最重人物传记，分别见于官师、人物两门，篇幅占全志近半。凡衡阳历史上的重要人物，皆以"立德、立言、立功"为标准，搜罗殆尽。但前志曾有的关于风俗民情、名胜古迹（除坛庙外）的记录，该志皆付阙如；又如物产及民间经济的记录，该志货殖门也只有寥寥几页，诚为不足。有同治十一年刻本，本书即以此刻本为底本影印。

### 民国 宜章县志　民国 慈利县志　甲340

曹家铭修　邓典谟纂/田兴奎等修　吴恭亨纂　湖南人民出版社2009年7月出版

[民国]《宜章县志》三十卷首一卷附文征三卷。邓典谟等修

纂。邓典谟，字钦甫，号晓峰，清光绪二十八年举人，民国间曾任行政院书记官，因儿子邓中夏遇难而被解职，于1936年回乡组设志书局，任县志总纂。该志记事止于民国二十九年，于翌年印行。正文除卷七纪事、卷三十一志余、卷三十二序录外，其余均以志名从其卷，依次为：沿革、象纬、疆域、山、水、建置、风土、户口、食货、财政、交通、仓储、兵防、秩官、名宦、氏族、人物、列女、选举、仕进、学校、社会、政党、祠祀、宗教、方术、古迹、冢墓、艺文。另外，卷三十一志余，仅见于目录，正文则付阙如。《宜章文征》原已编甲、乙两集，因经费不足，只刊印了甲集中的一、二、三卷。本书以民国三十年活字本《宜章县志》为底本影印。

　　[民国]《慈利县志》二十卷首一卷。田兴奎等修，吴恭亨纂。田兴奎，湖南凤凰县人，曾留学日本，入同盟会，民国初任慈利县知事。南社成员，有《晚秋堂诗集》。吴恭亨，字悔晦，慈利县人，南社成员，以游幕、教读为业，有《悔晦堂丛书》等。该志始修于民国十二年，记事亦止于是年，翌年付梓刊行。正文分十四门六十目，共十八万多字。卷首有图表二十七幅，均用三色精心印制，为旧志所罕见。该志内容详今略古，详地略天、详人略物、详俗略政、详独略同、详表略文体。颇重地理，约占全书篇幅四分之一。记人物不问出身地位，只论社会贡献与影响之大小。方志学家瞿宣颖称其为民国志中"订例最善"者。本书以民国十二年铅印本《慈利县志》为底本影印。

## 民国 醴陵县志　甲 341

[清]陈鲲等修　刘谦纂　湖南人民出版社2009年4月出版

　　[民国]《醴陵县志》十卷。陈鲲等修，刘谦纂。陈鲲，字季

搏,湖南平江人,湖南大学毕业,民国三十二年、三十七年两任醴陵县长。刘谦,字约真,醴陵县人,湖南省文献委员会委员。该志始修于民国二十五年,值抗战停修。三十一年恢复修志,刘谦任主纂。三十六年底完稿,翌年铅印成书。记事止于民国三十六年。正文分图、志、记三大类,表、传则散见于各专志中,共设十六门七十目,约八十八万字。如地理、宗教、艺文、建置、大事、氏族、礼俗、教育、食货、赋役、交通、政治、人物诸项,皆设专志。该志体例严谨,类目新颖,记叙详略得当。其中如教育、交通、政治等志及议会、常务、金融、卫生、地质、邮电、电信等子目的设置,均有新意;内容上对水稻、陶瓷、鞭炮等特色产业的记叙,对方言的研究,对萍浏醴革命军起义、日寇侵醴始末等史事的记载,均有很高的史料价值。本书以民国三十七年长沙湘行印刷厂铅印本《醴陵县志》为底本影印。

## 民国 宁乡县志　甲 342—343

[清]周震鳞修　刘宗向纂　湖南人民出版社 2009 年 4 月出版

[民国]《宁乡县志》。周震鳞修,刘宗向纂。周震鳞,字道腴,两湖书院师范毕业,民国间任湖南省国民政府委员。刘宗向,字寅先,毕业于京师大学堂,任湖南高等师范校长等。该志于民国二十一年立局,至民国三十年始刊行。正文记事自宋太平兴国二年至清宣统三年,谓之《宁乡县志》;自民国元年至三十年六月止,则别为《宁乡县新志》。《宁乡县志》约一百二十万字,分上下两编:上编记形势,凡五目,载地图、星气、疆界、山脉、水道;下编记故事,分记、录、传、谱四大类,凡十四目财用。形势编新绘之五万分之一地图,铜版制作,精审可观;记山脉水道,穷原竟委,并随地附录风俗、名胜、古迹及名贤诗文。故事编详

述农民之水利、田功、肥料、虫害；物产则专记土特名产如沩山茶、灰汤鸭等；志历录汇宁乡历代志乘序例、目录等为一编。该志尤重人物，官师、先民、女士诸传，几占全书篇幅三分之一。《宁乡县新志》约十二万字，分为县年记、诸录、诸表、人物传四卷。县年记及诸录记事详实，凡民国以来之党务、选举、官政、赋税、财政、仓储、教育、实业、兵备以及自然灾害等，莫不备述。人物传虽仅记廖秉衡、朱剑凡、鲁涤平、叶开鑫等六十五人，然县党部委员表及选举、官吏、校长、学籍、人物、忠烈诸表，能弥补人物传记篇幅之局限。本书以民国三十年铅印本《宁乡县志》为底本影印。

## 程颂万诗词集  甲344

程颂万著  徐哲兮点校  湖南人民出版社 2009 年 10 月出版

程颂万，字子大，一字鹿川，号十发居士，湖南宁乡人。清末民初著名诗人，并擅长书法，篆、隶、楷均精。程氏屡试未第，而热心于时局新学，毕生致力于教育和实业。为张之洞、张百熙所倚重，曾充湖广抚署文案。著有《程典》《十发庵丛书九种》等。本书收其自编诗词三集：《鹿川诗集》《楚望阁诗集》《美人长寿盦词》，共三十二卷，计古今体诗一千五百六十一首，词三百六十阕。另收吕传元编抄之《三程词钞》，为程氏与其父霖寿、兄颂芬词作的合集，内收颂万词作一百二十阕。陈衍《近代诗钞》谓其"惊才绝艳，初刻《楚望阁诗集》，专为古乐府、六朝，以造温、李、昌谷，不越湖外体格，乱后续出《鹿川畋集》，则生新雅健，识非凡手所能貌袭矣"。

## 余肇康日记　甲345—346

余肇康著　湖南省博物馆编　湖南人民出版社2009年10月出版

余肇康，字尧衢，湖南长沙县人。清光绪十二年进士。曾任工部主事、山东按察使等。免职归湘后任湖南粤汉铁路总公司坐办总理，主持修筑长株段铁路。余肇康有长达近六十年的日记手稿，题名分为"克己斋记事珠"、"务时敏斋日记"和"病余随笔"。本书选辑影印了余免职回籍后，写于光绪三十三年六月初七日至宣统三年八月十九日的《务时敏斋日记》手稿，共一千一百八十六页。其中详细记述了余主持修筑长株段铁路期间，诸如拒借外债、工程进展、人员交往、公司议事等湘路筹办事项。当时的重大事件，如萍浏醴起义、长沙抢米风潮、辛亥武昌起义等，在日记中也有点滴记述。此外，日记中还记录了余与湘籍名人瞿鸿禨、王闿运、王先谦、谭延闿等的诗书往来，较多地保留了他们的诗词唱和作品。其丰富的内容对研究中国近代历史具有重要的文献价值。

## 瞿鸿禨集　甲347

瞿鸿禨著　谌东飚点校　湖南人民出版社2010年8月出版

瞿鸿禨，字子玖，号止庵，湖南善化（今长沙）人。他自1901年开始任清廷军机大臣，长达七年，是晚清政坛的重要人物。有《止庵诗文集》、《汉书笺识》等行世。

瞿的诗文，其后人编过四个集子：《瞿文慎公诗选遗墨》《瞿文慎公文存》《使豫使闽日记》以及《圣德纪略》《傃直纪略》《恩遇纪略》《旧闻纪略》四篇的结集（未另标集名）。此次整理，以上述集子为底本，以刊行时间为编排顺序，仍分为四个部分，依次为《瞿文慎公诗选》《清宫旧事纪略》（即上述四篇的结集，集名由点校者所加）《瞿文慎公文存》《使豫使闽日记》。全书收诗四百四十多首，文三十七篇，回忆录四篇，日记一册。其诗"导源汉魏，晚益肆力杜韩欧苏"。其文有回忆录、序跋、寿序、碑志、书信、日记等，皆富有文采，且多具史料价值；又有学术论文，涉及文字、音韵、训诂、诗论多种领域，无不理据照应，见解独到。

## 黄兴集 　甲 348—349

黄兴著　刘泱泱编　湖南人民出版社 2008 年 1 月出版

　　黄兴，字克强，湖南长沙人。近代民主革命家，中华民国的创建者之一。其著作包括论文、序跋、公牍、电稿、书信、演讲、谈话，以及诗词、联语、题词。1949 年以前结集出版的主要有《黄留守书牍》《黄克强先生演说词汇编》《伟人黄兴政见书》《黄克强先生荣哀录》等；1949 年后在台湾出版的有《黄克强先生书翰墨迹》《黄克强先生全集》等。1981 年中华书局出版的《黄兴集》，收录黄兴作品六百零一件；1983 年湖南人民出版社出版的《黄兴未刊电稿》，收录黄兴作品一百二十四件；1987 年《近代史资料》发表的《黄兴佚文一束》，收录黄兴作品三十三件；2002湖南人民出版社出版的《黄兴集外集》，汇集 1981 年《黄兴集》出版以来所发现的所有佚文，包括《黄兴未刊电稿》《黄兴佚文一束》等，共四百六十五篇。

　　本集以 1981 年版《黄兴集》和 2002 年版《黄兴集外集》为基础，剔除个别难于判定的篇件，补充新发现的佚文，共收黄兴作品一千零八十三篇（另随文牍函电附录他人有关作品七十三篇）。书末还附存黄兴与他人交谈、未能单独成篇的作品或他人转述介绍黄兴谈话内容的作品六篇。为黄兴著作最为齐全的结集，是研究中国近代史的珍贵历史文献。

## 宋教仁集　甲350—351

宋教仁著　郭汉民编　湖南人民出版社2008年6月出版

　　宋教仁，字遯初，号渔父，湖南桃源人，中国近代民主革命家。曾留学日本。担任过华兴会和同盟会的主要领导、临时政府农林总长、国民党代理理事长。对宋教仁的研究，是中国近代史研究的一个重要方面。1981年中华书局出版了陈旭麓主编的《宋教仁集》，收录《宋教仁日记》《间岛问题》《程家柽革命大事略》以及评论、函电、书评、讲演等各类文章二百三十余篇、诗歌九首、译文二篇。本集在中华书局版《宋教仁集》的基础上，补入其尚未收入的诗文、函电、启事、演说以及由其主持起草的文件，计补佚文二十七篇；还修订了前版已有注释一百六十余条，订正了前版中的错漏。所有佚文均注明出处，标明辑佚者。是目前研究宋教仁的最全面的资料汇集。

## 杨度集　甲352—353

杨度著　刘晴波编　湖南人民出版社2008年1月出版

　　杨度，字晳子，湖南湘潭人。光绪十九年举人，后两次留学日本。曾先后投身截然对立的政治派别：先是参与或赞助了公车上书、变法维新、洪宪帝制、张勋拥溥仪复辟等活动；后参加中国互济会同盟等进步团体，并于1929年秘密加入中国共产党。本书为杨度著作的结集，收录其论文、讲演、函电、公牍、诗词、联语、杂著（课卷、试卷、书序、公启、碑文）、日记等，并附录有杨度生平年表，共约九十万字。各篇编排，大体上以写作时间先后为序。杨氏诗文并茂，又治经史，在政治、经济、文化、教育、历史、佛学等方面均有造诣，是近代知名学者、政治活动家、宣传家，其著作具有很高的文史价值。

## 蔡锷集　甲354—355

蔡锷著　曾业英编　湖南人民出版社2008年7月出版

　　蔡锷，字松坡，湖南邵阳人。中华民国初年的杰出军事领袖，1911年响应辛亥革命，在昆明发动重九起义，1915年在云南发动反对袁世凯洪宪帝制的护国战争。《蔡锷集》是根据1984年7月上海人民出版社出版的《蔡松坡集》修订而成。收录蔡锷的读书札记、序跋、诗作、著述、军事计划、会议记录等，并选择若干有助于反映蔡锷生平、思想和业绩的他人的信札、文电、演词、通讯、报道、记述作为附录。全书约一百二十万字。书中所辑，大多为原始文献。有不同出处者，全部进行了校勘，以较为可靠者为主，参照其他，择善而从，补充、订正了以往各种记载中的阙失和误记。对缺换、错批、难辨文字，进行了确定和校正。是目前研究蔡锷的最全面的资料汇集。

## 谭人凤集　甲356

谭人凤著　石芳勤编　湖南人民出版社1985年8月初版，2008年1月重版

　　谭人凤，号石屏，湖南新化人。同盟会早期会员和重要骨干，积极参加了宝庆会党起事、萍浏醴起义、广州起义、武昌起义、"二次革命"及护国、护法运动，为民主共和贡献甚大。曾被袁世凯下令通缉，列为"湘省之乱"的"首魁"。谭人凤颇为激进的思想和政治主张，主要体现在他的文稿、演说、函电、日记和具有自传性质的《石叟牌词》之中。在他生前和谢世后的几十年中，

这些文字均未汇编成专集。本书为首次将其文字汇编成专集。全书近三百篇。各篇大体按时间顺序编排。原文未署时间者，经考订鉴别，加以注明。无法确定者，以当时报刊发表的时间为准。时间无可考者，按其内容，置于相应部分的月末、年末，或置于书后。有些原文无标题，均由编者拟定，并作了题解。对文内涉及的人物和事件，或酌加注释。还附录有《谭人凤生平大事记》等有关资料。谭人凤阅历丰富，知晓的重大事件很多，又能秉笔直书，其著作具有重要研究价值。

## 164 宁调元集　甲357

宁调元著　杨天石　曾景忠编　湖南人民出版社2008年1月出版

宁调元，字仙霞，号太一，湖南醴陵人。1905年留学日本，并加入同盟会。回国后创办杂志，鼓吹反清革命，遭清政府通缉，逃亡日本。萍浏醴起义爆发后，回国策应，在岳州被捕，入狱三年。出狱后先后在京沪主编《帝国日报》《民声日报》。"二次革命"参与讨袁起义，被捕遇害于武昌。著有《太一遗书》。本书分上下两篇。上篇为《太一遗书》，含《朗吟诗草》《明夷诗钞》《南幽百绝句》《太一诗存》《明夷词钞》《太一文存》《太一笺启》《庄子补释》《读汉书札记》《太一丛话》《南幽杂俎》《南幽笔记》。其诗激昂悲壮，风格沉郁，作品多写于狱中。下篇为编者辑录所得，多为发表于当时报刊政治短论，亦有少量对《太一遗书》的补遗和书信，还有《读〈说文〉札记》一篇，均按写作时间先后排列。另附录有《宁调元被捕案卷》。宁调元的著作反映了鲜明的民族民主革命思想，议论尖刻辛辣，诗词涉笔成趣，具有重要的文史价值。

# 杨昌济集　甲 358—359

杨昌济著　王兴国编注　湖南教育出版社 2008 年 11 月出版

　　杨昌济，又名怀中，字华生，湖南长沙人。伦理学家，教育家。曾留学日本、英国，后相继任教于湖南省立第一师范学校、北京大学。曾在《新青年》《东方杂志》发表论文，提倡民主与科学。《杨昌济集》基本上包括了他的全部著作，共分四个部分：论著、日记、译著和附录。论著主要收集了《论语类钞》《教育学讲义》《心理学讲义》《各种伦理主义之略述及概评》等。日记主要收集了《达化斋日记》。译著有《西洋伦理学史》《伦理学之根本问题》及其他译文十六篇。附录收集了有关杨昌济生平、逝世后的追悼活动及亲友回忆的资料四十件。杨昌济最早全面而系统地向国人介绍了西方的伦理学、哲学、教育学和心理学说，指出要结合国情，学习西方的精神科学，被誉为在"教育史中实别开一新纪元"。

# 李肖聃集　甲 360

李肖聃著　喻岳衡点校　岳麓书社 2008 年 12 月出版

　　李肖聃，原名犹龙，字肖聃，后以字行，别号西堂，笔名星庐、桐园等。湖南望城人。清末生员。1911 年日本早稻田大学毕业。1913 年任司法总长梁启超秘书，其后历任北京政法专门学校、长沙商业专门学校、湖南大学、北平国学院教授。1947 年，任湖南省文献委员会《艺文志》编纂。

　　李肖聃博学多才，著述颇丰。除了大量翻译著作之外，主要的著述有论文集《湘学略》《西堂闻见录》《中国文学史》《星庐笔记》等以及诗集《感旧》等，还为多家报刊撰文。其著作多达百余万字，尤以阐述乡土学术为主要业绩。章士钊称李氏文章

"振采欲飞",称其作品为"联史"。本书收录了《湘学略》《星庐文录》《桐园杂钞》《星庐日录》《星庐骈文》《星庐笔记》《省志初稿·艺文志》及所作诗歌、联语等。

## 平平言　桑蚕提要　甲 361

方大湜著　吴克明点校　湖南科技出版社 2010 年 12 月出版

方大湜,字菊人,湖南岳阳人。咸丰五年入胡林翼幕府,被荐任广济知县。后历任荆宜、武昌地方守令,官至山西布政使。所至整饬吏治,修堤汛,课蚕桑,事必亲为,民亲而信之。著有《平平言》及蚕桑、捕蝗、修堤、区田诸书,皆自道所得。本书收录《平平言》和《桑蚕提要》二种。《平平言》是作者三十余年为官从政的经验之谈,主要论述如何做一名好地方官,阐述地方官吏如何处理纠纷、审理诉讼案件等问题。论述中,援引了许多古代文献、历代名臣良吏佳言循行,以及一些典型案例和典章制度,结合个人经验,以作为官治民的参考。在清代众多的"官箴"之中,堪称佼佼者。《桑蚕提要》则是阐述我国古代种桑养蚕的科技著作,书中研究我国古代和近代种桑养蚕的历史,介绍种桑养蚕类型、内容、方法和注意事项,旨在引导农民种桑养蚕,以富民生,为古代农书中颇具实用价值的佳作。

## 易白沙集　甲 362

易白沙著　陈先初编　湖南人民出版社 2008 年 8 月出版

易白沙,本名坤,号越村,湖南长沙人。民主主义革命者。先后参加光复安徽起义、"二次革命",参与创办《甲寅》杂志,在《新青年》(前身《青年杂志》)上发表批判孔学文章,1921 年伺机行刺北洋军阀头目,未果,在广州蹈海自尽。本文集是第一部正式整理出版的易白沙论著结集。所录文字包括其发表于《甲寅》《新青年》和《东方杂志》的所有文章，以及其逝世后出版的单行本《帝王春秋》。书末还附录有章炳麟的《易白沙传》及易培基的《亡弟白沙事状》。此次整理，编校者对原文进行了校点断句，并对《帝王春秋》所摘录的史料的错漏，比照原始史料进行了校准。除整理者所加并标明"编者注"的校注外，书中注释均系原本所有。

易白沙著述虽不多，却以其思想的深刻而成为新文化运动大军中重要的一员。他的《孔子平议》一文被公认为新文化运动中批评孔子的第一声号角。《帝王春秋》揭露了君主专制的残暴和丑恶，被孙中山称为"唤起知识阶级诛锄独夫民贼，可谓严于斧钺矣"。

## 章士钊诗词集　程潜诗集　甲 363

章士钊著　陈书良编校／程潜著　胡如虹编校　湖南人民出版社 2009 年 1 月出版

章士钊，字行严，湖南长沙人。曾任清末上海《苏报》主笔，北洋政府司法总长、教育总长，新中国中央文史研究馆馆长。著有《中等国文典》《逻辑指要》《柳文指要》及《章士钊全集》等。本集收录其诗词八百五十四首。章氏一生际会风云，交游极广。体现在其诗词里，则见出风云舒卷、沧桑百景，具有珍贵的史料价值。他国学根底深厚，诗学老杜，沉郁精严，词学稼轩，气韵遒雄，均堪称斫轮老手。

程潜（1882—1968），字颂云，湖南醴陵人。同盟会会员。国民革命军一级上将。1949 年 8 月，任长沙绥靖公署主任兼湖南省政府主席，在长沙宣布起义。新中国成立后，曾任全国人大常委会副委员长、国防委员会副主席、湖南省省长等职。其诗作皆写于戎马倥偬之余，多以诗叙史，雄浑豪迈；且寓情于事，深沉含蓄。他诗学阮籍，多用五言，古朴苍劲。本集以民国三十一年渝州刻本《养复园诗集》为底本，并收录了其新中国成立后所写诗二十一首，共计二百四十六首，是目前最为完整的本子。

## 赵启霖集　甲 364

赵启霖著　湖南人民出版社 2012 年 6 月出版

赵启霖，字芷荪，号瀞园，湖南湘潭人。光绪进士，曾官监察御史，颇具维新思想，屡上书论改革官制、禁烟、练兵、办高等实业学堂，并将王夫之、顾炎武、黄宗羲从祀文庙。曾因上弹段芝贵及奕劻、载振，得罪权贵，反遭诬革职，由此名声远震。后任湖南高等学堂监督、四川提学使，以母老自请开缺回长沙，任湖南船山学社社长多年，著述终身。著有《瀞园集》六卷，约二十一万字。其中文四卷，含奏折、传略、记、书牍、序跋、赠序、墓志、祭文等；古近体诗两卷。《赵启霖集》以民国二十年二鲁轩刻本《瀞园集》为底本进行校点，并由其子赵家寰辑未入集之诗、文、联语为《拾遗》一卷，附于书末。又有湘潭萧璞补辑诗文五篇，也置于《拾遗》中。

## 谭延闿集　甲 365—366

谭延闿著　周秋光主编　湖南人民出版社 2013 年 1 月出版

谭延闿，字组庵，湖南茶陵人。光绪甲辰科进士。1909 年被举为湖南咨议局议长。辛亥以后历任湖南督军兼省长、国民政府委员、第二军军长、军政部长、国民政府主席、行政院院长等职。1930 年在行政院长任上逝世。谭一生留下的文字著述很多，有

《讱庵诗稿》《组庵诗集》《非翁诗稿》《慈卫室诗草》等；但一直没有综括其全部言论著述的文集行世。这部《谭延闿集》是目前一部较为完整的汇编谭氏言论、著述的文集。其中包括已经印行的各种谭氏书中属于谭氏言论著述内容的文字，各种公开发表在报刊、旧籍中的谭氏言论文字，以及各种尚未公开发表的档案与抄本中的谭氏言论文字。共分为公文、电文、信函、杂文、诗集五大类，每类再按时间先后排列。全书近八十万字，分两册。因种种原因，本书未能收录谭氏日记（约一百五十万字以上）以及已知某博物馆收藏的谭氏信函一百余封。

## 铜官感旧图题咏册　甲 367

[清]章寿麟等撰　袁慧光校点　岳麓书社 2012 年 7 月出版

　　咸丰四年春，曾国藩亲率湘军水师，与太平军先后战于岳阳、靖港，一败再败，且羞且惧，纵身投入湘江，为幕僚章寿麟救起。后太平天国覆亡，曾氏封侯拜相，总督两江，湘军文武，鸡犬升天，章寿麟仅一直"浮沉牧令"。光绪三年，曾氏早已故去，章寿麟亦告老返湘，经洞庭，入湘江，舟泊铜官（在靖港对岸）故地，触绪纷来，不能自已，遂画《铜官感旧图》，并请众多故旧题辞纪念。此图后来佚失，章氏之子章同、章华请林纾等人补绘，续请名流题辞，且将墨迹装成八册，题为《铜官感旧图题咏册》，于宣统二年石印刊行。内有感旧图七幅，题跋题识诗文两百余篇。题者两百余家，包括左宗棠、王闿运等。题辞皆借铜官旧事发挥，或慨叹世事弄人，或评判历史功过，加上名人手泽，兼具文史、书法价值。本书分两部分：前为"原件影印"，系以宣统二年石印为底本影印；后为"原文校读"，系将所有题辞加以标点，以简体字排印。每篇后均附标点者新撰"作者生平"，对题辞者作简要介绍。

## 齐白石诗文集　甲 368

齐璜著　严昌编　湖南人民出版社 2010 年 5 月出版

　　齐白石，名璜，字濒生，号白石。湖南湘潭人。早年曾为木工，后以卖画为生，擅画花鸟、虫鱼、山水、人物，被认为是"挽救了走向没落的中国画"（靳尚谊语）。其书工篆隶，篆刻自成一家。亦能诗文，著有《白石诗草》等。

　　本书收录了齐白石大部分诗作和部分文章，分"诗词选"、"文选"两部分，共三十二万字。诗词选包括《借山吟馆诗草》《白石诗草二集》。文选包括《齐璜生平略自述》《白石自状略》《白石老人自传》及墓志、纪念文章、序、记、留言、讲话、书信、日记、批语、润格告白等。白石于其诗颇自负，尝有"诗第一，印第二，字第三，画第四"之语。其诗师法自然，书写性灵，幽默诙谐，饶有真趣，在近代诗坛别具一格。其文亦别具风采，朴拙灵动，不脱稚气，意味无穷。

## 范源廉集　甲 369

范源廉著　湖南教育出版社 2010 年 1 月出版

　　范源廉，字静生，湖南湘阴人。曾留学日本东京高等师范学校。1905 年回国，任学部主事，并创办法律学校和殖边学堂。辛亥革命后，曾任教育总长、北京师范大学校长、中华教育文化基金委员会董事长、北京图书馆代理馆长等。他"素不喜作文章"，生前除单篇文章、演讲、函电刊行报章杂志外，没有结集的著作或专著单行出版。本集是其著作第一次结集出版。全书分三卷：卷一为"言论辑录"，收录范氏发表的文章、演讲、部分公函和报道，共一百六十四篇（内含同文异稿两篇）。卷二为"函电"，共三十六件（另附一函）。卷三为"未刊遗稿"，系抗战胜利后胡先骈委人整理的范源廉遗稿——《静生先生遗墨》，共收录各类未刊函文二百七十六件，内容涉及教育、科学、文化、体育、赈灾诸方面。写作时间大约起于 1924 年 9 月范源廉任中基会董事长，止于其去世。书末附录有范源廉签署批示、公文目录，以及各界悼念范氏的挽联挽词与追忆范氏的文章。

## 傅熊湘集　甲 370

傅熊湘著　颜建华编校　湖南人民出版社 2010 年 10 月出版

　　傅熊湘，名傅，字文渠，号钝安，湖南醴陵人。曾师事王先谦，后留学日本弘文学院。归国后创办报刊，兴办教育，并与柳亚子诸人结成南社。先后在《洞庭波》《竞业旬报》和江苏《大汉报》任职，并两次主持《长沙日报》，主编《醴陵旬报》《通俗报》。历任湖南省参议员、湖南通俗教育馆馆长、沅江县长等职。傅熊湘诗、文、词兼工，而尤以诗成就为高，吕思勉曾评之为"独留间气在湖湘"。其文诸体兼备，山水游记与人物传记最为人称道。学术研究则涉及经学、文学、新闻、图书目录诸多方面。著有《离骚章义》《新闻学讲义》《醴陵乡土志》等。其诗文由友人刘谦辑为《钝庵遗集》，计有《钝安诗》十二卷补遗两卷，《钝安词》一卷，《钝安文》三卷，《钝安胵录》三卷，《钝安杂著》一卷，《钝安先生年谱》一卷。本书即以 1932 年长沙鸿飞印刷局铅印本《钝庵遗集》为底本整理校注，并从《南社丛刻》《南社文选》《南社诗选》《醴陵文史》及傅氏手迹中辑补诗、文、词作为附录，置于《杂著》之后。整理者还重新编制了目录，并对《钝安胵录》中每段文字根据文义加上了标题。

## 陈渠珍遗著　甲 371

陈渠珍著　陈元吉编　湖南人民出版社 2008 年 11 月出版

　　陈渠珍,字玉鉴,湖南凤凰县人。是民国时期湘西的主政者,曾长期担任沅陵行署主任,为湖南和平解放作出过贡献。本书收入其专著两种(《艽野尘梦》《军人良心论》),日记五册,以及讲话、演词、书信、序纪、公文若干种。《艽野尘梦》记述作者在辛亥革命爆发前后在西藏从军的经历,反映当地当时的社会生活状况和人情风俗。《军人良心论》是作者为所属部队官兵编写的读本,阐述作者为政治军的思想;日记中有很多记述作者读书心得的内容。由陈签署的公文则反映他治理湘西的措施。编者将原件先分为六大类(专著、讲话演词、日记、书信、序纪、公文),每一类再按时间先后次序排列。本书对研究陈渠珍的生平、思想,研究辛亥革命前后西藏的社会风俗,研究民国时期湘西社会制度等都具有史料参考价值。

## 湖南文献汇编　甲 372

[民国]湖南文献委员会编　夏剑钦　劳柏林整理　湖南人民出版社 2008 年 2 月出版

　　湖南省文献委员会成立于 1946 年 8 月 1 日,任务是"除计划纂修省志导修县志外,凡关文献之征集保管整理宣扬以及政制礼俗人物特产与人民生活之调查"。主任仇鳌,委员有杨树达、李肖聃、黎锦熙等。于 1948 年 9 月与 1949 年 5 月分别出版了《湖南文献汇编》第一、第二辑。本书即为这两辑的合编。第一辑分论说类、记叙类、人物类、艺文类、杂纂类和附录六个部分。"论说类"有刘宗向等对纂修省志的议论和纂修办法等,"记叙类"有覃振对《辛亥革命起义的回忆》等,"人物类"有《禹之谟传》、

《杨毓麟事略》等。第二辑收文一百五十八篇，内容包括省志编纂计划，省志初稿大事记、艺文志、人物志、司法志，省志资料叙跋、传记、碑铭以及部分专著和附录等十个方面。其中省志编纂计划十七篇，均是由省志各分志的主编亲自撰写的计划草案或纲要。省志初稿艺文志，主要是杨树达、李肖聃对湘人先贤著作的著录和评介。省志初稿人物志载二十四人传记。全书具有重要的文献价值。

## 王船山先生南岳诗文事略 甲 373

[明]王夫之著　康和声辑　彭崇伟点校　湖南人民出版社 2009 年 1 月出版

王夫之，世称船山先生，见甲 48—63。康和声，字凤琴，号砚堂，湖南衡山县人。清光绪二十八年秀才。历任湖南省立第三女师校长、广西隆山县知事、全国国难救济总会秘书等职。1932年回南岳创办南岳图书馆。编纂有《衡山县志》《南岳名游集》等，著有《康和声诗文集》。

明朝灭亡后，王船山即隐居南岳莲花峰共十八年，之后迁到衡阳石船山下又三十年，仍以"南岳王夫之"自称，在其著述中留下大量有关南岳的诗文。康和声将此汇为一书，名为"王船山先生南岳诗文事略"，共收文二十八篇，诗三百九十四首，词五十六首，共四百七十八篇（首），按年编录，分为三卷。每年先总提当年船山行踪及著作要目，然后逐一列示作品，并加按语钩隐抉微，引申考订。按语涉及船山创作时间地点、社会背景、历史典故及各家评价等。本书也因此成为研究船山的极为珍贵的历史资料。

## 八指头陀诗文集　甲 374

释敬安著　梅季点校　岳麓书社 2007 年 12 月出版

　　释敬安，字寄禅，别号八指头陀。湖南湘潭人，俗姓黄，名读山。历任衡阳罗汉寺、南岳上封寺、大善寺、沩山密印寺、湘阴资圣寺、长沙上林寺、宁波天童寺住持。1912 年任中华佛教会首任会长。他是近代著名诗僧，诗风自然、清新，豪放、深沉。著有《嚼梅吟》《八指头陀诗集》《白梅诗》等。1919 年，同乡杨度将《八指头陀诗集》十卷与《八指头陀诗续集》八卷、《八指头陀文集》一卷合辑刊行。本书即以杨度校正本为基础，补辑散见于《嚼梅吟》《白梅诗》等集子及《八指头陀评传》中为杨度所未收录的诗文，仍按杨度校正时以年代先后编排的体例。附录《法语录选》及他人写的序、跋、传、状、记、遗事及悼诗，还附录了补辑者编写的《八指头陀年表》。全书收文不多，除碑文、序跋外，多是他给别人的书信，收诗则近两千首，是法师最完全的诗文合集。

## 李抱一文史杂著　甲 375

李抱一著　黄林编　湖南人民出版社 2009 年 1 月出版

　　李景侨，字抱一，湖南新化人。1912 年任《湖南公报》编辑，1915 年与贝元征等创办湖南《大公报》，为总编辑，直至 1936 年病逝。有《抱一遗著》。本书即以《抱一遗著》为底本，选择与湖南相关的篇章缀合而成。选文以类相从，各类名称为编者所加。共分六类：《湖湘报学史论》评述了从清光绪丁酉、戊戌年间创办的《湘学新报》至民国二十年始出的《通俗日报》，叙笔为主，兼有评论；《湖湘报刊文论》收时评十三篇，针砭时弊，颇有锋芒；《湖湘史地考据》考证了湖南全省近百个地名的由来，言之凿凿，令人折服；《方音方言研究》以汉字注音字母、国际音标等为工具，比照当时国语，研究新化方言，理据统一，立论牢固；《湖湘山水游记》收记游散文十一篇，皆由见生感，笔墨酣畅；《乡处杂记》内容驳杂，然笔之所至，皆有情致。本书保留了珍贵的湖南报史资料，对于湖南地名研究和方言研究，亦有重要的参考价值。

## 湘学丛编　近百年湖南学风　甲376

湖南督学使署编/钱基博著　岳麓书社 2012 年 11 月出版

《湘学丛编》，湖南督学使署编，光绪二十四年刻。《丛编》辑录了《湘学新报》（即《湘学报》，见甲 418—421）的相关文章，并加敷陈衍伸。编著者包括江标、唐才常、梁启超等维新人士。内容包括史学、掌故学、时务学、舆地学、算学、商学、交涉学等方面，以宣扬新学、开启民智、留心时务、鼓吹变法为主旨。变法失败后，书亦遭禁毁。

《近百年湖南学风》，钱基博著，初版于 1944 年湖南蓝田袖珍书店。钱基博，字子泉，江苏无锡人。平生主要从事教学著述，先后执教于清华大学、无锡国学专修学校、浙江大学等学校。博学多才，在文学和文学史、经史诸子和文献等领域均有研究，著有《经学通志》《现代中国文学史》等。本书为论述辛亥革命以前的湖南学术思想发展变迁的著作，用传记的形式，分群别类合传诸人，旨在彰显湖南学人独立自由之思想、坚强不磨之志节。书中所论列的十三位人物，虽然籍贯限于湖南，大多数（如曾国藩）却具有更为广泛的影响，并且这种影响一直延续到现在。

## 湖南地理志　甲 377

傅角今编著　湖南教育出版社 2008 年 12 月出版

　　傅角今，地理学家。湖南醴陵人。1924 年毕业于北京师范大学，任长沙一中、长郡中学地理教员。后留学德国莱比锡大学。回国后任复旦大学教授、内政部方域司司长。1949 年后，历任西北师范学院、兰州大学、西北大学教授。编著有《地理学导论》《世界石油地理》《湖南地理志》等。

　　《湖南地理志》初版于 1933 年。正文分五编，二十一章一百零一节。绪论编叙述乾、嘉、光三次修纂湖南通志始末，追溯湖南地理沿革，要而不繁；对当时行政区划、疆域及人口论述则较详。自然概况编概述全省地势全貌、山系水系的分布及与民生的关系，并附及全省地质、气象概况。政治概况编着重辑述省县政府组织、地方自治和教育概况。经济概况编重点记叙财政经济、农业、工业、商业、产业现况及各种矿藏分布，表列各县著名土特产，几占全书篇幅三分之一。县市志略编分别叙述湖南四大水系流域及行政区划的地理位置和概况。其体例结构与旧志迥异，沿革与现况并述，图表与照片结合，资料宏富，文字简明，既是地理专志，又是乡土地理教科书。本书以长沙湘益印刷公司 1933 年铅印本为底本整理重印。

## 湖南实业志　甲 378—379

朱羲农　朱保训编纂　湖南人民出版社 2008 年 1 月出版

　　《湖南实业志》原名"中国实业志·全国实业调查报告之四·湖南省"，于 1935 年 10 月铅印出版。1934 年民国政府实业部国际贸易局组织全国实业调查，该书就是根据湖南调查的结果编纂而成。主编朱羲农、朱保训。朱羲农，农学家，曾任中华农学会会员，与人合著有《战时对外贸易》。朱保训，金融学家，曾任厦门大学教授。书中比较详尽地记述了 1934 年前湖南实业的发展成就和发展水平。全书分为《绪论》《湖南经济之鸟瞰》《都会商埠及重要市镇》《农林畜牧》《渔业》《矿业》《工业》《特种商业》《金融机关》《交通》十编。书中记述全面而系统。如农业经济，系统记述了农田概况、农佃制度、农村经济、农家副业等。全书另一特点是客观真实。资料的调查采集者是各县县政府、公私团体和调查专员，采集到的数据均经过认真审核，坚持以数据说话，分析、结论均以数据为依据，客观真实地反映各实业的本来面貌。

## 毛泽东早期文稿　甲 380

毛泽东著　中共中央文献研究室　中共湖南省委《毛泽东早期文稿》编辑组编　湖南人民出版社 2008 年 11 月第 2 版

《文稿》编入了目前收到的毛泽东早期的全部文稿。自 1912 年 6 月至 1920 年 11 月，有文章、书信、诗词、读书批注、日志、纪事录、谈话、广告、报告、启事、文电、章程、课堂笔记等一百五十二篇。该书于 1990 年第一次出版，1995 年修订重印，这次是第二次修订，其修订内容包括：（一）对文稿的写作日期或发表日期进行进一步考证，作了个别订正；（二）对原未发现或未作处理的文字差错作了订正；（三）对注释中个别不准确的史实或评价进行改正；（四）只保留毛泽东像，删去其他图片。

《文稿》的编辑出版，对研究毛泽东早期生平和思想、研究毛泽东当时的师友的活动、研究辛亥革命前后至中共成立前夕湖南乃至全国社会生活状况等具有极为重要的文献参考价值。

## 田汉作品选　甲381

田汉著　湘潭大学出版社2009年5月出版

　　田汉，原名寿昌，湖南长沙人。1916年留学日本。1921年与郭沫若等组织创造社，倡导新文学。回国后先后创办《南国月刊》、"南国社"、新中国剧社等，为中国戏剧、电影事业作出了杰出贡献。他一生写过近七十部话剧，创作、改编传统戏曲三十多部，创作、拍摄电影二十部，写作歌词和新旧体诗歌近两千首，其中《义勇军进行曲》经聂耳谱曲后定为国歌。

　　本选集主要收录田汉1949年以前的作品，包括话剧五部：《咖啡店之一夜》《获虎之夜》《名优之死》《回春之曲》《秋声赋》；电影剧本一部：《风云儿女》；戏曲两部：《旅伴》《武则天》；理论批评和创作谈三篇：《致郭沫若的信》《新罗曼主义及其它》《我们的自己批判》。所选作品均采用原始版本或1949年前的定本，展示了田汉不同时期戏剧创作和其他文学创作及理论批评的成就和特色。

## 沈从文作品选　甲382

沈从文著　岳麓书社2008年12月出版

　　沈从文，原名岳焕，字崇文。湖南凤凰县人。现代著名作家、历史文物研究家。十四岁时投身行伍，浪迹湘川黔边地。1924年开始文学创作。曾任教于青岛大学（山东大学前身）、西南联大、北京大学。1949年后，在中国历史博物馆和历史研究所从事中国古代历史的研究。著有《边城》《中国古代服饰研究》等。

　　本书选辑了沈从文创作的部分小说、散文，包括《湘行书简》《湘行散记》《湘西》《从文自传》《边城》等。沈从文是自1917年新文学运动以来最优秀的作家之一，是具有特殊意义的乡村世界的主要表现者和反思者。本书收录的诸篇，是他创造的乡村文学世界的标志性作品，生动地描绘了湘西独特的文化环境，表现了在此背景下乡村生命的生存和发展。

## 丁玲作品选　甲383

丁玲著　湘潭大学出版社 2009 年 5 月出版

丁玲，原名蒋伟，字冰之。湖南临澧人。毕业于上海大学中文系。曾任《北斗》主编、《解放日报》文艺副刊主编、中国作家协会副主席、《文艺报》主编、《人民文学》主编等。1927 年开始发表作品，代表作《太阳照在桑干河上》曾获斯大林文艺奖金。沈从文评价她"因自己意识就着时代而前进，故尚无一个女作家有更超越的惊人的作品可以企及的"。

本书收入丁玲 1949 年前的代表性作品十八篇，分两辑编排。第一辑小说八篇：《莎菲女士的日记》《一九三〇年春上海》《水》《一颗未出膛的枪弹》《夜》《我在霞村的时候》《在医院中时》《太阳照在桑干河上》。第二辑散文十篇，有《五月》《彭德怀速写》《"三八节"有感》等。以不算多的篇幅，较全面地呈现了丁玲该时期小说、散文创作的精华。其中《我的自白》等带自传色彩的散文，则有助于了解丁玲的文学成就与生命追求。入选作品尽可能采用初刊本，以呈现 1949 年前丁玲写作的真实面貌。

## 张天翼作品选　甲384

张天翼著　湘潭大学出版社 2009 年 4 月出版

张天翼，原名元定，祖籍湖南湘乡县。现代小说家、童话家。曾以记者、小职员、教员等职业为生，积极从事革命文艺创作。在 1929 年至 1938 年间，创作了近百篇短篇小说、一篇中篇小说及数篇长篇小说，并创作了《大林和小林》等童话杰作。新中国成立后曾任中国作家协会书记处书记，主编《人民文学》，又有《宝葫芦的秘密》等儿童文学作品问世。他在别具一格的喜剧世界中展示了旧中国悲剧性社会相。鲁迅把他归入"最优秀的左翼作家队"之列。

本书选入了张天翼1949年前的部分作品，涉及中、短篇小说，童话，寓言，散文，文学评论等，以呈现1949年前他各个阶段的创作特色和成就。其中包括短篇小说《包氏父子》《华威先生》等十九篇、中篇小说《清明时节》、寓言童话《老虎问题》《大林和小林》（节选）等六篇、散文《我的幼年生活》等三篇及评论《什么是幽默》等两篇。

## 周立波作品选　甲385

周立波著　湘潭大学出版社2009年4月出版

周立波，原名绍仪，字凤翔。湖南益阳人。早年曾就读上海劳动大学，1928年开始写作，1934年参加左联。抗战爆发后，作为战地记者走遍华北前线。1939年到延安，任教于鲁迅艺术学院，后主编《解放日报》文艺副刊。1946年去东北参加土改工作。1949年以后曾任湖南省文联主席等职。他擅长描写农村生活，其乡土小说清新秀丽，别具一格，与乡土作家赵树理并称"南周北赵"。著有长篇小说《暴风骤雨》《山乡巨变》及许多短篇小说和散文，还译有《被开垦的处女地》《秘密的中国》等。《暴风骤雨》曾获斯大林文学奖金。

本书选辑了周立波1949年以前的部分作品，包括：长篇小说《暴风骤雨》；短篇小说《牛》《懒蛋牌子》；散文《农家的冬夜》《雨》；诗歌《南方与北方》《我们有一切》《因为困难》《我凝望着人生》《一个早晨的歌者的希望等》；文论《文学的永久性》《我们应该描写什么》《纪念鲁迅先生》等。

## 贺绿汀作品选　甲386

贺绿汀著　湖南教育出版社 2009 年 7 月出版

　　贺绿汀，湖南邵阳人。1931 年考入上海国立音乐专科学校。先后任武昌艺术专科学校教员、明星影片公司音乐科科长、延安中央管弦乐团团长、华北文工团团长、音乐学院院长等。创作了多部大合唱、合唱、独唱歌曲，电影音乐与秧歌剧音乐，以及钢琴曲、管弦乐曲等器乐曲，著有《贺绿汀音乐论文选集》。

　　本书选编贺绿汀 1949 年前创作的作品，分为文论、专著、声乐作品、器乐作品和音乐戏剧五个部分。文论主要为关于音乐创作、音乐评论和艺术理论方面的论文。专著收入其一生仅有的两部著作《小朋友音乐》《和声学初步》。声乐作品收入了他 1949 年前创作的全部合唱、对唱、齐唱、重唱、轮唱、独唱歌曲。器乐作品有《牧童短笛》《摇篮曲》《怀念》《幽思》等。交响乐作品有《晚会》《森吉德玛》等。音乐戏剧有《妹弟》《烧炭英雄张德胜》《徐海水除奸》。这些作品充分地体现了他"以西方音乐创作技法与中国民族民间音乐相结合"的音乐风格和杰出成就。

## 高等国文法　甲387

杨树达著　湖南教育出版社 2008 年 8 月出版

　　杨树达，字遇夫，号积微，湖南长沙人。1897 年入时务学堂。1905 年赴日本留学。回国后先后任教于湖南省立第一师范、北京高等师范、清华大学、湖南大学、湖南师范学院等校，从事古汉语语法、训诂学及文字学的教学和研究，均卓有建树，被推为

"今日赤县神州训诂学第一人"（陈寅恪语）。著有《古书疑义举例续补》《高等国文法》《积微居小学金石论丛》《汉书窥管》等书，并收入《杨树达文集》中。

《高等国文法》初版于1920年，是一本重要的古汉语语法著作。全书共分十章。第一章《总论》，分为绪言、言语之起源、言语之变迁、言语之类别及国语、国语之缘起及其发展、文法学之历史观、文法学之发生等七节。其余九章分别为名词、代名词、动词、形容词、副词、介词、连词、助词、叹词。书中详列各类词汇，配合例句，加以细密的分析，将文法与训诂有机地结合，揭示了中国语法重在词性多变之特色，构建起以划分词类为中心的独特的中国语法体系。全书材料丰富，引例严谨，训释精当，对语法规律描述细腻，尤其对虚词有精深的研究。

## 词诠　中国修辞学　甲388

杨树达著　湖南教育出版社2008年9月出版

《词诠》，1928年商务印书馆初版。是一部文言虚词词典，共收虚词四百六十九字。书中按语法词类来分析各个虚词的意义和用法，包括虚词的通常用法及特殊用法。其体例是每解一个虚词，先注音，次辨明其词类，再说明其意义和用法，然后列举书证。本书"上采刘（淇）王（引之），下及孙经世、马建中、童斐之书"，并广泛搜罗古代字书的说解和经传的故训，例句丰富，释义精当，颇便初学，是我国首部将现代语法学与传统训诂学有机结合、系统地研究文言虚词的专著。

《中国修辞学》，1933年世界书局初版。本书是在《古书疑义举例续补》的基础上，将修辞和校勘加以区分，使之各成专门之学的产物。全书共分释名、修辞、修辞举例、变化、改窜、嫌疑、参互、双关、曲指、夸张、存真、代用、合叙、连及、自释、错综、颠倒、省略等十八章，并附录《文病若干事》，列举古人文章中的语病二十六例。作者指出："若夫修辞之事，乃欲冀文辞之美，与治文法惟求达者殊科。族姓不同，则其所以求美之术各异。"故读中国书，不可不知中国特色的修辞。书中所列改易、增益、删削、颠倒、改窜、嫌疑、参互、存真、合叙、错综等项，皆为从中国古代典籍中总结出独具中国特色的修辞方式，为后来的修辞学著作提供了范例和重要参考。

## 积微居小学金石论丛（增订本） 甲389

杨树达著　湖南教育出版社 2008 年 10 月出版

　　《积微居小学金石论丛》（增订本）六卷，1955 年科学出版社出版。系作者取 1937 年商务印书馆出版《积微居小学金石论丛》五卷，与 1931 年商务出版的《积微居文录》三卷，"略加芟汰"，"合为一书，仍《论丛》之名"。卷首有增订本自序、章太炎先生来书、沈兼士序、余嘉锡序和初版自序。其余为：卷一，说字之属上凡四十三篇；卷二，说字之属下凡十七篇；卷三，音韵之属凡四篇；卷四，方言文法之属凡四篇；卷五，经子考证序跋之属凡五十九篇；卷六，考史金石之属凡十二篇。乃作者于 1936 年冬以前"研讨文史"，"时时自写其所见"的论文汇集。书中从文字、音韵、训诂三个角度出发，进行汉语语源研究，提出了其文字学研究中富有创意的基本论点：形声字声中有义，声母通假、字义同缘于受名之故同。依此三个原则去治训诂之学，提纲挈领，纲举目张，因而其研究独具特色，超越前贤，成一家之学。

## 积微居金文说（增订本） 甲390

杨树达著　湖南教育出版社 2008 年 7 月出版

　　《积微居金文说》（增订本）是一部解说疏通两周铜器铭文疑难字、词、句的专著，解说了三百一十四器的铭文。该书分为《积微居金文说》和《积微居金文余说》两部分。前者由科学出版社于 1952 年出版，所收论文从 1941 年 1 月 3 日至 1951 年 11 月 17 日。后者是 1951 年 12 月 1 日以后的续作，所收论文截止日期为 1955 年 3 月 9 日，作者生前未出版。1959 年科学出版社将两书合订出版，定名"积微居金文说"（增订本）。《积微居金文说·自序》言简意赅地叙述了作者考释金文方法的大略："每释一器，首求字形之无牾，终期文义之大安，初因字以求义，继复因义而定字。义有不合，则活用其字形，借助于文法，乞灵于声韵，以假读通之。"卷首还有《新识字之由来》一文，全面总结了作者在考释金文实践中总结出来的辨识金文的十四条规律。其余为七卷共二百八十七篇释字的单篇论文。《积微居金文余说》除《自序》外，有两卷九十四篇单篇论文。全编之首有于思泊所撰《序言》，末尾附有周铁铮所撰《积微居金文说校语》。作者原拟将陈寅恪 1942 年末为本书撰写的序言冠于编首，1952 年初版时科学出版社以"立场观点有问题"删去。此次出版，仍将陈序冠于全编之首。本书可作为研究青铜器铭文的工具书，也给考释其他古代文字提供了参考。1952 年初版时，陈寅恪曾评论说："此书为今年出版物中第一部佳作，虽不读亦可断言也。"

## 汉书窥管 甲391

杨树达著　湖南教育出版社 2007 年 11 月出版

　　《汉书窥管》（科学出版社 1955 年初版）是杨树达治《汉书》

的读书札记。他曾著《汉书补注补证》（商务印书馆 1925 年初版），由此被学界誉为"汉圣"。本书即在《汉书补注补证》基础上增订扩充而成。杨氏有鉴于历代注家往往昧于《汉书》的章句古义，纰缪相因，乃"倾毕生精力，时时泛滥文籍，凡与班书相涉，辄加纂述"，积三十年钝学累功终成此编。在体例上，本书依仿裴骃集解《史记》的方式，博采群书，折衷诸说，以品评班固《汉书》的得失。裴氏重在释音，而本书则重在释义，兼述古音，采用训诂与校勘并行的方法，以《汉书》疑难章句为纲，先逐录先儒成说于其下，再下以精确不磨之按语，对旧说旧注中凡"不瞭班书古义而误训"、"据前人妄窜而改不误之班书"、"不知班书省略"而误解之处，一一加以辨正。《汉书窥管》与清末王先谦的《汉书补注》，被公认并为《汉书》文献整理的两大名著，而杨著补正王著达六百余处。杨伯峻称："用这本书来补充《汉书补注》，可以说，研究《汉书》，已无剩疑。"

## 声韵学　甲 392

曾运乾著　湖南教育出版社 2012 年 9 月出版

　　曾运乾，字星笠，号枣园，湖南益阳人。自湖南优级师范学堂毕业后，历任东北大学、中山大学、湖南大学教授。他在考古、审音方面的造诣颇高。在音韵学方面的贡献主要表现在对"声纽"的研究上。《声韵学》是他于古声韵研究集大成之著作。湖南图书馆藏本封面署《声韵学》，目录署《声韵学讲义》，共五编，而正文却仅存第一编《语音学原理》、第二编《注音字母》与第三编《宋元明清之等韵学》。此次整理，前三编即以湖南图书馆藏本为底本，后两编《广韵学》《古纽及古韵》，则采用郭晋稀先生整理之中华书局 1996 年版《音韵学讲义》所收篇章。在《声韵学》五编之后，为补充曾氏于声韵学研究之内容，补录了四篇相关的作品，其中《读敖士英关于研究古音的一个商榷》与《声学五书叙》是中华书局本已增补的，《说文转注释例》与《论双声叠韵与文学》两篇是这次整理新增的。新增两篇尤以《说文转注释例》一文更显先生于"文字声韵训诂相通"之独到见解。

## 新著国语文法　甲393

黎锦熙著　湖南教育出版社2007年12月出版

　　黎锦熙，字劭西，湖南湘潭人。著名语言文字学家、教育家。曾任北京师范大学教授、校长，中国科学院学部委员。著有《新著国语文法》《比较文法》《国语运动史纲》《国语新文字论》等，主持编纂了《国语辞典》《汉语词典》等。

　　《新著国语文法》，1924年商务印书馆初版，是我国第一部系统完整、体现民族特色的现代汉语语法著述。1920年，作者为适应五四新文化运动提倡白话文的需要，在北京高等师范学校首创"国语文法"课，在教学实践中归纳了白话文和口语语法规则后写成此书。全书共分绪论、词类的区别和定义、单句的成分和图解法等二十章，各章的排列顺序正是当时所试拟的"学科（教学）体系"，内容则是当时初步研究所得的"学科体系"的拆开和分配。在书的开篇，作者第一次提出了"语法图解"，概述了"句本位"语法的优点，认为摹仿西文的词类本位的文法组织必须打破。书中总结归纳了"国语"（当时指称标准的汉民族白话文，后通称为普通话）组词造句的规律，并且形成了一套语法教学体系，为汉语语法教学和研究作出了卓越的贡献。

　　本书以1959年第二十四版《新著国语文法》为底本影印。

# 中国近百年政治史　甲394

李剑农著　湖南教育出版社 2008 年 10 月出版

　　李剑农，湖南隆回人。1910 年赴日本研读政治经济学，1911
弃学回国参加辛亥革命。1913 年留学英国，1916 年归国后以报刊
编辑为业，同时从事戊戌以来中国政治史的研究。1930 年出版了
《戊戌以后三十年中国政治史》，后扩充为《中国近百年政治史》，
在国内外学术界产生了重大影响。1930 年后任武汉大学教授。著
有《政治学概论》《中国经济史稿》等。

　　《中国近百年政治史》，1946 年蓝田启蒙书店初版（线装四
册）。本书所述，起自鸦片战争，止于北伐战争，将这近百年来中
国的政治变化分为三个段落：鸦片战争到甲午战争，是列强入侵、
新思想酝酿的时代；戊戌维新到辛亥革命，是革命势力发展、清
王朝覆灭的时代；民国成立到北伐战争，是革命势力与军阀势力
斗争的时代。因其取材精当，叙事准确，分析深透，评价公允，
而受到中外学者的高度重视。美国学者费正清评价本书是"中国
近代政治史的最清晰的唯一全面的评述，对于西方的研究学者来
说，作为一种可靠的纪事史和重要资料的简编具有重要的价值"。

# 中国教育史大纲　中国教育史　甲395

王凤喈著　湖南教育出版社 2008 年 11 月出版

　　王凤喈，湖南湘潭人。美国芝加哥大学教育学博士。曾任中
央大学、中央政治学校教授，湖南省教育厅长。1949 年去香港辅
仁书院任教。1950 年去台湾，任编译馆馆长、台湾师范大学教授。
著有《中国教育史》《西洋教育史纲要》等。

　　《中国教育史大纲》（1928 年上海商务印书馆初版）包括绪论
共十一章，内容涉及教育起源及其变迁、中国社会之分析，周代

及周代以前直至近代之教育，全面介绍了中国教育的发展历程。

《中国教育史》（1945年重庆国立编译馆初版）是在《中国教育史大纲》基础上重新编写而成的。全书分为四编十四章。第一编《绪论》，讲述了教育史的范围、中国社会文化之分析及中国教育史时期的划分。第二编《虞夏商周之教育——上古时期》，第三编《秦汉至清咸丰末年之教育——中古时期》，第四编《近代教育》，分三个时期讲述了各时期的教育制度（包括选士制度、科举制度等）和教育思想。

二书是中国较早的教育史研究专著，为中国教育史教材建设作出了较大的贡献。《中国教育史》1945年即入选"部定大学用书"，1957年在台湾三次修订，到1981年已印行至十八版，成为台湾地区最有影响的教育史教材之一。

## 近代中国留学史 教育通论 近代中国教育思想史 甲396

舒新城著 湖南教育出版社2010年12月出版

舒新城，字心怡，湖南溆浦人。出版家、教育家。曾任教于中国公学、成都高等师范等校，研究和推行道尔顿教学制度。后任中华书局编辑所所长，主编《辞海》。新中国成立后任《辞海》编委会主任。除此外，还编撰有《道尔顿制研究集》《中华百科辞典》等。

《近代中国留学史》（中华书局1927年初版）叙述从清朝同治九年到民国十五年（1870—1926）近六十年间有关留学的史事，从创议留学、设定制度章程到派遣学生赴欧美、东洋等国留学等；并对留学问题进行了反思，肯定了留学生对中国近代科学、文化、教育发展的贡献。本书是中国第一部研究留学问题的专著，奠定了中国留学史研究的基础。

《教育通论》（中华书局1927年初版）论述了教育的意义、起源及必要，阐述了教育与学校、学制、学生、教师、课程、教学之关系等问题，还专门论述了教育科学研究。作者"尤注意于中国教育现状及研究的方法"，在叙说各种教育活动时，反映了当时中国教育理论研究和教育实践的一般成果。着重阐发了尊重学生个性与注意社会生活的基础，在向西方学习的同时，结合中国国情，创造新教育的学术观点。

《近代中国教育思想史》（中华书局1929年初版）较为系统地阐述了近代中国教育思想的演变特点与规律，勾画出中国近代教育思潮发展的大致轮廓。作者将近代中国教育思想的发展分为模仿时期（清代）和自觉时期（民国），从背景、变迁、影响三个方面入手，对各种教育思想的来龙去脉进行了较为详细的考察和论证，并从历史和逻辑结合的角度，探讨了不同教育思潮之间的内在关联。本书对中国教育史研究产生了深刻影响。

## 中国社会史料丛钞　甲397

瞿宣颖著　湖南教育出版社2009年11月出版

瞿宣颖，字兑之。湖南长沙人。毕业于上海复旦大学。曾任北洋政府国务院秘书等职。后在南开大学、燕京大学、清华大学、辅仁大学任教。精研文史，尤精于掌故之学。著有《汉代风俗制度史前编》《北平史表长编》等。

《中国社会史料丛钞》甲集（1937年长沙商务印书馆初版）是瞿宣颖的代表作之一。收录了自远古至清代（个别类目延及民国时期）的社会风俗制度史料。全书分为衣饰、饮食、建筑、居处、器物、经济、民族、信仰、传说、婚姻、制度、丧纪、社会制度、娱乐、社交、交通、仪物、艺术、职业、语文、杂风俗制度，共二十门。每门之下又分若干类，最多的衣饰与建筑两门有五十五类，最少的居处门亦有五类，全书共计四百二十一类。某些类下再列若干小目。门和目是按内容性质来区分的，类则大体依时代先后排列。这样横分门类，纵述始终，纵横交错，形成了一个完整系统的记事网络。其取材范围甚为广泛，网罗史料也很丰富。选材除经、史、子、集和各种类书外，还有大量的方志史料。顾颉刚评价说："取材博而用力深，上自民族经济，下至衣食住行，及夫一物一事之形态，一时一地之风尚，莫不备焉，此可谓极搜集史料之能事矣。"

## 近代中国外交史资料辑要　甲398

蒋廷黻编　湖南教育出版社 2008 年 12 月出版

　　蒋廷黻，湖南邵阳人。中国历史学家，外交家。1923 年获美国哥伦比亚大学历史学博士学位。归国后历任南开大学、清华大学历史教授，参与创办《独立评论》。1935 年起，任国民政府高级外交官。著有《中国近代史》《最近三百年东北外患史》等，被誉为中国近代史研究的拓荒者。

　　《近代中国外交史资料辑要》分为上、中两卷（上卷 1931 年初版，中卷 1934 年初版，下卷未刊），收辑了鸦片战争至中日甲午战争之前的外交资料。共十三章：鸦片战争，伊里布耆英之抚绥政策，徐广缙叶名琛之强硬政策，修约战争，俄国友谊之代价，同治新政，立新约及修旧约，教案，边省与藩属，伊犁问题，越南问题，朝鲜问题，甲午之战。蒋廷黻认为，这段时期中国的外交"尚保存相当的自主"，应当注重中国方面的资料，因此以"择其信、择其要、择其新"为原则，几乎辑录了当时所有能够获得的中国文献。全书收文件近两千件，辑录范围包括《三朝筹办夷务始末》等清宫档案，《清季外交史料》等资料汇编，以及林则徐、李鸿章等相关人物的文集等。本书是以西方现代史学体例编纂的中国第一本外交史资料辑要，不仅择选了资料，还搭建了一个基本的研究框架，对中国近代外交史这一分支学科的建立，有着筚路蓝缕开创基业之功。

## 西洋史　甲399

陈衡哲著　湖南教育出版社 2009 年 11 月出版

陈衡哲，笔名莎菲，原籍湖南衡山，生在江苏武进。早年留学美国，攻读世界史。回国后，先后执教于北京大学、北京女子师范大学、东南大学、四川大学。著有白话短篇小说集《小雨点》《衡哲散文集》《文艺复兴小史》等。

《西洋史》是陈衡哲应商务印书馆之约编写的高中历史教科书，分上、下册于1925年、1926年陆续出版。包括上古史、中古史与近世史三个部分。具体内容有：埃及古文化、西亚古文化、希腊古文化、罗马古文化、封建时代、文艺复兴、法国革命、一八四八年后的欧洲等。其文风引人入胜，以人类历史纵横发展的眼光来观照世界历史的观念亦是难能可贵。胡适曾评价说："在叙述与解释的方面，她确实做了一番精心结构的工夫。这部书可以说是中国治西史的学者给中国读者精心著述的第一部《西洋史》。在这一方面，此书也是一部开山的著作。"这次重印还附录了《陈衡哲早年自传》和她的七篇历史论文《基督教在欧洲历史上的地位》等。

## 近代中国立法史  甲 400

杨幼炯著  湖南教育出版社 2010 年 12 月出版

杨幼炯，湖南常德人，毕业于上海复旦大学政治系，历任中央通讯社总编辑，中央大学、暨南大学等校教授，建国法商学院院长，1935 年起任立法院立法委员。著有《中国文化史》《各国政府与政治》《三民主义理论与制度》等。

《近代中国立法史》是杨幼炯受立法院院长孙科之命而编撰，1936 年商务印书馆初版。本书分九个阶段论述自光绪二十八年至民国二十四年间的立法史：1. 清季立宪运动；2. 民国初期之立法（1912 年 3 月南京临时约法）；3. 第一届国会之成立与解散（袁世凯统治时期）；4. 共和重光与国会复活（1916 年 5 月至 1917 年 7 月）；5. 西南护法运动（1917 年至 1920 年）；6. 省宪运动（1920 年至 1924 年）；7. 国会第二次恢复与曹锟贿选（1922 年至 1924 年）；8. 临时执政时期之立法（1924 年至 1926 年之段祺瑞临时政府）；9. 国民政府之立法事业（1924 年至 1935 年，包括广州、武汉国民政府与南京国民党政府）。对近代中国立法机构的建制沿革，对立法经过的起讫原委及法制的内容，都作了详细的交代，清晰地阐述了那一时期中国立法演进的全过程。

## 论道  逻辑  甲 401

金岳霖著  湖南教育出版社 2010 年 10 月出版

金岳霖，字龙荪，生于湖南长沙。1914 年毕业于清华学校，1920 年获美国哥伦比亚大学哲学博士学位，后在英、德、法等国留学和研究。1925 年回国，历任清华大学、北京大学教授，中科院哲学研究所研究员等职。著有《逻辑》《论道》《知识论》等。

《论道》于 1940 年由商务印书馆初版，是中国现代哲学中系统最完备、最富有创造性的本体论专著。金岳霖认为道是哲学概念中最高的境界，是式与能的统一。书中以道、式、能为基本范畴，通过逻辑的推演建构出独特的本体论。全书除绪论外分为八章，各章由二三十条名词或命题构成，再在每一名词或命题之下详细说明或证明其命题，各章各条之间逻辑严密、环环相扣，充分体现了金岳霖中西合璧的著述风格。

《逻辑》1936年商务印书馆初版，重在介绍西方的逻辑学。全书共分四个部分。第一部分，传统的演绎逻辑，对传统逻辑进行了非常精细的叙述，如直接推论中名词的内涵与外延；第二部分，对于传统逻辑的批评，逐一指出传统逻辑的不足，如命题形式的局限、推理形式与过程得不到充分的证明；第三部分，介绍了西方一种最新的逻辑系统，即罗素的数理逻辑系统；第四部分，关于逻辑系统之种种，阐述对逻辑学理论的种种看法，反映了金岳霖的逻辑学观点。

## 知识论　甲402

金岳霖著　湖南教育出版社2010年10月出版

金岳霖是第一个运用西方哲学的方法，融会中国哲学的精神，建立自己哲学体系的中国哲学家。他创建的哲学体系包括本体论和知识论。《论道》一书是他的本体论；《知识论》一书是他的知识论，即通常所说的认识论。他的知识论是以其本体论为基础的。这个哲学体系，不仅是近代的，也是民族的。

《知识论》定稿于1949年交付商务印书馆，但直至1983年才出版。全书分十七章，包括知识论底出发方式，所与或知识底材料，收容与应付底工具，认识，思想，摹状与规律等。书中对"什么是知识？"的问题给了一个系统、完整的答案。其中所讨论的知识是关于外物的知识、经验的知识。"所与"是自然中的项目，是知识的与料。他明确提出"所与"是客观的呈现，"所与"是外物或外物的一部分，"所与"是正觉内容和对象的合一，从而将知识论的出发题材"有官觉"和"有外物"这两个命题统一起来，奠定了知识论的实在主义基础。

## 中国社会史论　甲403

周谷城著　湖南教育出版社2009年12月出版

周谷城，湖南益阳人。1921年毕业于北京高等师范学院。1927年起先后任教于上海暨南大学附中、中国公学、中山大学和暨南大学。自1942年秋起，一直在复旦大学执教，任历史系主任、教务长等职。著有《中国通史》《世界通史》《史学与美学》等。

《中国社会史论》是作者20世纪30年代撰写的三本书的修订合本。这三本书是由上海新生命书局出版的《中国社会之结构》《中国社会之变化》《中国社会之现状》。1986年修订后由齐鲁书社出版，统称《中国社会史论》。全书分为三篇：上篇《社会结构篇》，中篇《社会变化篇》，下篇《社会现状篇》，共约六十万字。本书是作者在1927年大革命失败后对中国社会的观察和思考，运用了马克思的唯物史观与阶级分析方法，特别是阶级斗争理论，分析中国社会结构之变迁，特别是近代中国经济之变迁，剖析中国社会各阶级之特点，试图说明改造中国社会现状之途径，是我国早期社会结构史研究的代表作。

## 历史哲学教程　史料与史学　甲404

翦伯赞著　湖南教育出版社2009年11月出版

翦伯赞，维吾尔族，湖南省桃源县人。曾参与北伐战争，大革命失败后，开始用马克思主义观点研究中国社会和历史问题，是中国马克思主义历史学的奠基人之一。曾任北京大学教授、副校长、历史系主任。著有《中国史纲》《中国史论集》等。

《历史哲学教程》1938年由长沙新知书店初版，是以中国史实为主要事例阐述历史唯物主义的教科书。书中论述了历史唯物主义的主要命题，如历史发展的规律性、生产力与生产关系、经济基础与上层建筑、阶级与阶级斗争、国家与革命等，还论述了中国社会的基本问题，如中国社会形势的发展与历史的飞跃性等。是中国第一部系统、全面地宣传历史唯物主义的著作。

《史料与史学》1946年由上海国际文化服务社初版，是一本讲述中国古代史料学与历史学的著作。共收论文三篇：《略论中国文献学上的史料》《论司马迁的历史学》和《论刘知幾的历史学》。"文革"后张传玺根据翦伯赞遗愿编有增补本，增补了三篇论文，1985年由北京大学出版社出版。《湖湘文库》此次出版，仅从增补本中选收了1949年前写作的《略论搜集史料的方法》。

## 中国国际贸易史　中国国际贸易概论　甲405

武堉干著　湖南教育出版社2010年12月出版

武堉干，字佛航，湖南溆浦县人。1918年毕业于武昌商业专门学校。曾任商务印书馆会计，《东方杂志》编辑。1928年起，历任中央大学商学院（后改名上海商学院）、南京中央大学商学院、复旦大学、上海财经学院、北京对外贸易学院等院校教授。著有《鸦片战争史》《中国国际贸易概论》等。

《中国国际贸易史》1928年由上海商务印书馆初版。全书共分六章，将中国对外贸易分为启蒙期（汉初至隋末）、进展期（唐初至明中叶）、关闭期（明中叶至鸦片战争）、近代期（鸦片战争之後）四个发展阶段，并将每个时期的特点、对外贸易的主要国家与地区、中国国际贸易的主要交换商品、中国政府对外贸易的政策与制度等，都作了简明扼要的介绍，对自古以来中国对外交往及商品贸易进行了系统的描述。

《中国国际贸易概论》1930 年由上海商务印书馆初版。全书共分十章，对近代以来（主要是 1846—1927 年）中国对外贸易的重要趋势、主要进出口货物、对外贸易主要国家和地区、对外贸易主要商埠分布情况、对外贸易的交通运输、国际汇兑与金银贸易、关税政策与制度、国际贸易差额及补偿方式等问题，均进行了详细的介绍和研究，并总结了中国对外贸易不振的原因，提出了振兴对外贸易的策略。

# 中国近时外交史　欧战期间中日交涉史
甲 406

刘彦著　湖南教育出版社 2010 年 12 月出版

刘彦，字式南，湖南醴陵人。1907 年留学日本早稻田大学，并加入中国同盟会。1912 年 1 月当选临时参议院议员，后历任众议院议员、参议院外交委员会主席等职。此后在民国学院、北京法政大学、北平大学、清华大学、辅仁大学等大学任教达十余年。著有《帝国主义压迫中国史》《最近三十年中国外交史》等书。

《中国近时外交史》和《欧战期间中日交涉史》是刘彦的代表作。《中国近时外交史》初版于 1911 年，共十四章；次版成于 1914 年，增补民国成立后两章；三版成于 1921 年，增补民国三年至民国九年与日本无关系的外交事件五章。《欧战期间中日交涉史》是《中国近时外交史》的续编，共十二章。1927 年，他将两书修订合编为《帝国主义压迫中国史》，由上海太平洋书店出版发行。两书叙述了西方列强与日本侵略中国，以及中国政府和官员昧于国际法与外交策略手段，逐步丧失国家主权，沦为半封建半殖民地国家的历史。凡国家重大交涉事件，无不追溯其历史，详述其原委，使人知其中内在关系及发展变化。书中揭露了清政府之腐朽以及袁世凯北洋政府为个人和派系利益，不惜出卖国家利益、民族利益的丑恶行径。

## 经济学大纲　甲407

李达著　湖南教育出版社 2008 年 10 月出版

李达，字永锡，湖南永州人。曾留学日本第一高等学校（即东京帝国大学）。1920 年与陈独秀等人发起成立上海共产主义小组。后历任中共一大、二大和八大代表。1923 年脱党。先后任上海法政大学、北平大学法商学院、广西大学、中山大学、湖南大学等校教授，仍坚持研究与宣传马克思主义哲学、经济学。毛泽东曾称赞他是理论界的鲁迅。著有《经济学大纲》《社会学大纲》《社会进化史》等。

《经济学大纲》1936 年由北平法商学院印行，是中国人写的第一本马克思主义经济学专著。本书采取广义经济学的立场，强调研究中国经济特殊规律的重要性。先以三章的篇幅对原始社会、古代社会（即奴隶社会）、封建社会的经济形态作了系统扼要的探讨，然后以十三章的篇幅重点论述资本主义的经济形态。指出："中国现代的经济，还停滞在由封建经济到资本主义经济的过渡状态中，但是深深的烙上了国际帝国主义殖民地的火印。"中国人民应当怎样去图存呢？"这不仅是一个经济问题，而是整个中国自求生存、自求解放的问题。要解决这个问题，必须有正确的客观的理论做实践的指导。"全书以唯物辩证法的方法，把严谨的科学分析与通俗易懂的表达结合起来，具有鲜明的中国特色。并在每一章后附有习题，提纲挈领地为读者指明必须着重掌握的重点。

## 社会学大纲　甲408

李达著　湖南教育出版社2008年10月出版

《社会学大纲》1937年由上海笔耕堂书店（以李达妻子王啸鸥的名义在英租界注册的挂名书店）出版，是一部以辩证唯物主义与历史唯物主义为内容的专著。全书分五篇十二章，计四十多万字。其中第一篇为《辩证唯物法》，分别阐述了"当作人类认识史的综合看的唯物辩证法"、"当作哲学的科学看的唯物辩证法"、"唯物辩证法的诸法则"、"当作认识论和论理学看的唯物辩证法"。第二至第五篇，分别阐述了"当作科学看的历史唯物论"、"社会的经济构造"、"社会的政治建筑"、"社会的意识形态"。全书把逻辑的论证和历史的考察结合起来，对马克思主义哲学作了准确系统的论述，指出马克思主义哲学既是科学的世界观又是科学的方法论，对立统一规律是唯物辩证法的实质和核心。本书出版后产生了巨大的影响，毛泽东曾称赞这是"中国人自己写的第一本马克思主义的哲学教科书"，并于1938年在延安召开的党的六届六中全会上，号召党的高级干部阅读此书。

## 财政学　甲409

何廉　李锐著　湖南教育出版社2008年12月出版

何廉，字淬廉。湖南邵阳人。美国耶鲁大学博士。历任南开大学经济研究所所长、经济部次长等职。1948年任南开大学校长。1949年赴美国。李锐，字笔渔。湖南邵阳人。南开大学毕业后曾任何廉的助理，后历任南开大学教授、湖南省财政厅厅长。1948

年前后辞官，先后执教于贵州大学、四川财经学院和成都大学。

《财政学》是何廉、李锐在南开大学编写的教材，于 1935 年由国立编译馆出版、商务印书馆发行。本书系统地介绍了财政学所研究的各个领域，分为六部分：财政学与财政学说史、公共支出、公共收入、租税、公债、财务行政与立法。作者运用西方经济学理论阐释中国经济问题，侧重于对公共财政理论和财政制度的介绍与梳理，重视制度建设在经济运行中所发挥的基础性作用。书中关于近代中国财政分权、举借公债、预算制度和厘金等税收的介绍和分析，不乏真知灼见，对于经济史研究也是难得的参考资料。

## 唐代长安与西域文明　甲 410

向达著　湖南教育出版社 2010 年 10 月出版

向达，字觉明，湖南溆浦人，土家族。敦煌学家、中外交通史家、版本目录学家。曾任浙江大学、西南联合大学、北京大学教授，北大图书馆馆长。

《唐代长安与西域文明》是向达的论文集，共收录向达 1926 年至 1954 年间撰写的论文二十三篇，以篇幅最长的第一篇篇名为书名。全书分为四个部分：第一部分有关唐史的四篇：唐代长安与西域文明，唐代刊书考，唐代记载南诏诸书考略，南诏史略论；第二部分有关敦煌学的十篇：伦敦所藏敦煌卷子经眼目录，记伦敦所藏的敦煌俗文学，龟兹苏祇婆琵琶七调考原，论唐代佛曲，唐代俗讲考，西征小记，两关杂考，莫高、榆林二窟杂考，罗叔言《补唐书张议潮传》补正，记敦煌石室出晋天福十年写本《寿昌县地境》；第三部分关于美术史的三篇：摄山佛教石刻小纪，摄山佛教石刻补纪，明清之际中国美术所受西洋之影响；第四部分关于目录学的六篇：关于三宝太监下西洋的几种资料涉及，汉唐间西域及海南诸国地理书叙录，方玉润著述考，明清之际之宝卷文学与白莲教，记牛津所藏的中文书，记巴黎藏本王宗载《四夷馆考》。本书体现了向达先生在渊博的历史、考古、美术、宗教及目录学知识的基础上，加以勤勉的实地考察与广博的资料收集，以独具眼光的研究，在中西文化交流史和敦煌学等方面作出的卓越贡献。

## 中国戏剧史　中国剧场史　　甲 411

周贻白著　湖南教育出版社 2007 年 12 月出版

　　周贻白，湖南长沙人。自幼搭班学艺，1927 年参加田汉主持的南国剧社。1935 年开始戏曲史和戏曲理论的研究。1950 年起，执教于中央戏剧学院。著有《中国戏剧史》《中国剧场史》等。

　　《中国戏剧史》完稿于 1947 年（1953 年由中华书局出版），论述了我国戏剧的起源、形成和各个时期的发展，尤其是对中国戏曲声腔的三大源流——昆曲、弋阳腔、梆子腔进行了深入的研究与梳理。对中国戏剧历史上重要作家、作品，均有介绍和评价。还对中国戏剧的曲调与排场、文辞与声律、文辞与结构、剧种与声腔、排场与演出等，作了系统的论述。作者重视对舞台艺术与地方戏曲的考察，改变了过去研究方法上重文轻艺的偏颇。

　　《中国剧场史》（1936 年由商务印书馆出版）对中国剧场各个方面的源流及其演进作了全面的叙述，重点介绍了戏剧的剧场形式、剧团的组织和戏剧的出演。剧场的形式包括剧场、舞台、上下场门和后台；剧团的组织包括剧团、脚色、装扮、砌末和音乐；戏剧的出演包括唱词、说白、表情、武技和开场与散场。既简练地勾画出中国剧场演进的规律，又清晰地展示了中国演剧艺术的全貌。

## 杨氏琴学丛书 甲412

杨宗稷著 湖南教育出版社 2007 年 12 月出版

　　杨宗稷，字时百，自号"九嶷山人"，湖南宁远县人。清末民初琴学大家。民国成立后，在北京办九嶷琴社，自创"九嶷派"。杨氏不仅是演奏大家，对古琴、琴书、曲谱也很有研究，广收并整理古琴典籍及曲谱，编有《琴学丛书》。

　　《琴学丛书》于 1911 年开始木刻并陆续出版，直至 1931 年才完成，共四十三卷。计有《琴粹》四卷、《琴话》四卷、《琴谱》三卷、《琴学随笔》两卷、《琴余漫录》两卷、《琴镜》九卷、《琴镜补》两卷、《琴瑟合谱》三卷、《琴学问答》等一卷、《藏琴录》一卷、《琴瑟新谱》四卷、《琴镜续》一卷、《琴镜释疑》一卷（弟子虞和钦著）、《幽兰和声》一卷（时人李济著）、《声律通考详节》一卷。书中广泛介绍有关古琴的知识，如琴事、琴史、琴器、琴律等。阐述了作者的琴学观念，提出"以琴传声，如镜临物然"，并分析这种反映"不外象形、谐声、会意三端"。承认民间曲调对琴曲起到丰富发展的作用。认为一意追摹古调则"难为听者"。还选录各派琴谱三十二曲，谱旁注弦数指法、板眼工尺。对《幽兰》《广陵散》等久已绝响的传统名曲作了点拍的尝试。

　　本书以民国间刻本《琴学丛书》为底本影印。

## 史前期中国社会研究 殷周时代的中国社会 甲413

吕振羽著 湖南教育出版社 2009 年 11 月出版

　　吕振羽，湖南邵阳人。1926 年湖南大学电机工程专业毕业。1928 年至北平，任教于中国大学和朝阳大学。1936 年加入中国共产党。1949 年以后，历任大连大学校长、东北人民大学校长、中国科学院哲学社会科学部学部委员等职。著有《中国民族简史》《简明中国通史》等。

《史前期中国社会研究》（1934 年由北京人文出版社出版）以唯物史观为指导，利用考古资料，结合神话传说，系统地揭示了中国原始社会的发展规律，填补了疑古思潮造成的大段历史空白，论证了有巢氏、燧人氏和庖牺氏处于原始群团时代，尧、舜、禹相当母系氏族社会，至夏启进入父系社会，商汤实现了向奴隶制的转变。从而对殷代以前的历史，整理出一个完整的系统，为中国马克思主义史学开拓中国史前社会研究奠定了基础。

《殷周时代的中国社会》（1936 年由上海不二书店出版）上半部分探讨殷周的社会性质。认为当时社会已形成若干阶级和阶层，即贵族、下层自由民和平民、奴隶。殷代已是文明的父系阶级社会。下半部主要论证西周社会性质为初期封建社会。周的土地分封制，奠定了西周封建等级制度的阶级基础和社会基础。农奴是西周社会的直接生产者。"井田制"是初期封建时代的庄园制。吕振羽对西周社会性质的论证，推动了西周封建说学术体系的不断完善和发展。

## 四库提要辨证 甲 414—415

余嘉锡著 湖南教育出版社 2009 年 6 月出版

余嘉锡，字季豫，湖南常德人，当代著名目录学家，古典文献学家。1928 年起，先后任教于辅仁大学、北京大学、中国大学、民国大学、女子师范大学等校。1948 年当选为中央研究院院士。1949 年被聘为中国科学院语言研究所专门委员。著有《四库提要辨证》《世说新语笺疏》等。

《四库提要辨证》是一部订正清代官修的《四库全书总目提

要》讹误的学术专著。余嘉锡用五十余年的时间，对《提要》涉及的古籍进行考辨（原有七百余篇，余嘉锡去世前三个月，写定为四百九十篇）。对《提要》的错误加以纠正，对其疏漏加以补充。考证人物的姓名、字号、时代、籍贯及生平事迹等，必参考正史、别传及墓志碑铭；对于历史事实，必弄清其来龙去脉，比较各家的异同，将其放在广阔的背景之下，条分缕析，多方考证；对于书籍，必明确其体例，广泛引用历代官修、私修书目及历代正史中的艺文志、经籍志，或明辨其主旨，或考查其版本源流，综观全书，取材广博，考证精确，方法多样，新见迭出，实事求是，绝无空言。虽是专门针对《提要》而作，实则对我国古代的历史、文学、哲学、文献学及学术史的研究，均作出了重大贡献，被誉为"是一部从微观角度研究我国古籍的名著"。

## 南史校正　甲 416—417

马宗霍著　湖南教育出版社 2008 年 11 月出版

马宗霍，湖南衡阳县人。1915 年于湖南南路师范学堂毕业后留校任教，后历任暨南大学、金陵女子大学、上海中国公学、中央大学、湖南大学、湖南师范学院等校教授，中华书局编审。主持二十四史点校工作。毕生主攻文字学，潜心《说文解字》二十余年。除《说文解字》方面的著述外，尚有《音韵学通论》《文字学发凡》《中国经学史》等。

《南史校正》是马宗霍晚年的一部研究《南史》的著作，全书依《南史》而编目，分为八十卷。《南史》出自唐代李延寿之手，依宋齐梁陈诸正史删润而成，后世论其书为删其不当删而增其不当增，钱大昕、洪颐煊、赵翼、王鸣盛等人均对其进行过考校。马宗霍在诸人考校的基础上，以《宋》《齐》《梁》《陈》诸书为主证，以《晋》《隋》《后魏》《北齐》《周》诸书为旁证，以《太平御览》为广证，以《册府元龟》为参证，而以《资治通鉴》为会证，校《南史》之讹脱，证《南史》之龃龉，对《南史》增删情况的分析尤为用力。对比前人之作，有过之而无不及，诚为研究《南史》者之津梁。

## 湘学报　甲418—421

江标等督办　唐才常主笔　湖南师范大学出版社 2010 年 9 月出版

《湘学报》由湖南学政江标（见甲282）等人于 1897 年 4 月 22 日在湖南长沙创办。江标任督办，唐才常（见甲229）任主笔，蔡钟濬（湖南常德人，维新人士）任总理。先后任撰述的有蔡钟濬、陈为镒、杨毓麟、易鼐等二十余人。初名"湘学新报"，自第二十一册起改名。其主体为固定的六个栏目，即史学、掌故（后改为时务）、舆地、算学、商学和交涉。每旬一册，木版印刷，每期约三十页，近两万字，售价一百文，以长沙校经书院名义发行。1898 年 8 月 8 日终刊，共印行了四十五期。

《湘学报》主张维新与变革，以提倡新学，讲求实学，开民智、育人才、图富强为宗旨，以介绍新学术、新知识为主，注重学理研究，介绍资本主义国家的政治、经济、文化情况，传播自然科学知识。是湖南维新派开辟的第一个舆论宣传阵地，也是湖南近代新闻事业的滥觞。

本书以《湘学报》全部四十五期原刊影印，编辑时去掉了相同内容的文章，按文章的类别排列，同时增加了前言与目录。

# 船山学报　甲 422—428

船山学社主办　湖南师范大学出版社 2009 年 10 月出版

　　《船山学报》是湖南船山学社出版的学术刊物，以发表王船山未刊著作和研究船山学术思想的文章为主，由船山学社社长刘人熙（见甲 294）等人创办于 1915 年 8 月 20 日。至 1917 年 8 月出版了八期，因经费困难而停刊。刊物共设九个栏目，包括图画、师说、广师、通论、讲演、专论、文苑、说苑、附编。1932 年，船山学社改组，由赵启霖（见甲 364）任社长。《船山学报》亦于 1932 年 12 月复刊，至 1938 年 6 月又断续出版了十五期。复刊后的内容和栏目基本上承继了先前刊物的设置，但也有稍许的变化，包括图画、师说、讲演、转载、通论、专论、专著、文苑、说苑、公牍、札记、丛录、本社纪事等。《船山学报》汇集了大批博贯中西的学者和仁人志士，以弘扬王船山爱国主义思想为宗旨，砥砺国人承担社会重任、振兴中华民族，推动了当时的社会思想解放运动。

　　本书以 1915 年 8 月至 1938 年 6 月的《船山学报》原刊为底本影印，前八期编为第一卷，复刊后的十五期编为第二卷，并新增加了前言和新编目录。

# 湘江评论　新湖南　新时代　甲 429

湖南学生联合会/新湖南社/湖南自修大学编　湖南师范大学出版社 2009 年 12 月出版

　　《湘江评论》是湖南学生联合会于 1919 年 7 月 14 日创办的会刊，由毛泽东发起并主编。四开四版，周刊，共出版了四号与临时增刊第一号。1919 年 8 月中旬第五号未及发行便遭张敬尧查封。刊物以"宣传最新思潮"为宗旨，倡导民主和科学，富有批判精神。内容以评论见长，并提供国内外最新思想及形势的消息、报道，还就读者提出的时事问题展开讨论。文章采用白话写成，笔调生动活泼。是"五四"时期最出色的革命刊物之一。

《新湖南》是由湘雅医学学校学生自治会于 1919 年 4 月 2 日创办的周刊。原名"学生救国报"，由龙毓莹主编。1919 年 6 月 15 日，从第四期开始更名为"新湖南"。从第七期开始邀请毛泽东担任主编。毛泽东打破了先前《新湖南》"言论不涉政事"的局限，出至第九期就被查封。

《新时代》是中国共产党领导创办的湖南自修大学的校刊，1923 年 4 月 10 日在毛泽东的主持下创办，月刊。有毛泽东、李达、李维汉、罗学瓒等人撰文，对马克思主义进行了系统的宣传与介绍。第一号出版后，毛泽东离开长沙前往上海。1923 年 7 月 15 日出版第四号后，因赵恒惕取缔自修大学而被迫停刊。

本书影印收录了《湘江评论》全部四号与临时增刊一号、《新湖南》一号与《新时代》全部四号，增加了前言与目录。其中，《湘江评论》将原四开一版裁剪为四个页面，以便阅读。

## 体育周报　甲 430

黄醒主编　湖南师范大学出版社 2010 年 9 月出版

黄醒，字胜白，长沙人。长沙楚怡学校体操教员，新民学会会员。《体育周报》是他辞职后，联合湖南体育界人士陆鸿仪等人筹组创办。发刊于 1918 年 12 月 9 日，1920 年 3 月 15 日出版了第五十八期后停刊，同年 10 月 25 日出版了第五十九、六十期合刊后因经费拮据而终刊，共出刊六十一期（含特刊一期）。国内发售点有十七处，包括长沙、上海、杭州、成都、北京、吉林等地。刊物为十六开本，每周一期，每期六至十二页。

《体育周报》以"普及国民体育知识，促进各种体育事业"为宗旨。内容分言论、学说、研究、材料、调查、记事、讲演、音乐、小说、通信、汇报、杂俎等。着重讨论体育上的重要问题，体育事件报道很少。文字力求通俗易懂，早期未标点，后期加了新式标点。陈独秀、蔡元培等曾为其撰稿。《新青年》杂志也曾以"长沙社会面面观·新文化运动"为题，较为全面地肯定了《体育周报》。

本书为原刊影印合订本，共四十五期，尚缺第一至四期、第二十至二十六期、第五十二至五十六期。出版时增加了新编目录（不含通告、启事等）。

## 游学译编　甲 431—432

游学译编社编　湖南师范大学出版社 2008 年 11 月出版

《游学译编》1902 年 11 月 14 日在日本东京创刊，1903 年 11 月停刊，由湖南留日学生组成的游学译编社编辑，在国内发行，共出十二期。杨度、周家树、陈润霖、周宏业、曾鲲化、梁焕彝、杨毓麟、范锐、许兼、黄轸（黄兴）、张孝准等编译。杂志以"输入文明，增益民智"为宗旨，所设栏目有学术、教育、军事、实业、理财、内政、外交、历史、地理、时论、新闻、小说等。载文初以译述为主，后来兼刊编者论说，在译文前后用"译者识"或"译后"的形式发表感想与评论。刊物内容除介绍域外新知、世界大势外，还鼓吹发展实业，推行近代文明教育。1903 年拒俄事件后，其言论日益激烈，公开宣传反清，主张民族民主革命。《游学译编》就湖南问题发表议论较多，或论述湖湘文化的特点，或呼吁重视"新学"和派学生出国游学。但它并不囿于狭隘的地方观念，对《浙江潮》《湖北学生界》《江苏》等旨趣相同的他省留日学生刊物，也多加推崇；与这些刊物彼此呼应，吹响了中国知识界新觉醒的时代号角。

本书据《游学译编》全部十二期原刊影印，增加了新编前言以及目录。目录基本上按照刊物正文的标题编排，并补充了一些原刊目录未收的重要启事与文章。

### 实业杂志（光盘）　甲433

湖南实业杂志社主办　湖南师范大学出版社2011年出版

《实业杂志》由湖南实业杂志社主办，1912年6月创刊，1948年终刊，共出版246期，是民国年间湖南省出版发行最久的大型期刊。其办刊宗旨为"提倡实业，研究学理，急促实业发达"。主要栏目有《论说》《纂著》《调查报告》《实业消息》《商况》等，介绍省内外及世界各国经济发展的情况，内容包含工业、农业、商业、金融、矿业、交通业、林业等众多产业。《实业杂志》是发布实业信息及研究成果、推广实业技术及经营经验的良好平台，为近代湖南实业的发展起了积极的作用。

本电子图书系由湖南图书馆馆藏缩微胶卷扫描而来。由于散佚严重，该胶卷保存的《实业杂志》只有一百一十多期，其中还有几期残缺不齐。电子图书之外附有纸质印刷品一份，包括前言、总目录、影印的原刊目录以及电子书的使用说明。

### 湘报　长沙日报　湖南通俗日报（光盘）　甲434

唐才常/傅熊湘/何叔衡等主编　湖南电子音像出版社2010年12月出版

《湘报》创办于长沙，是湖南最早的日报。创刊于1898年3月7日，同年10月15日停刊，共出版一百七十七号。主要创办人熊希龄（见甲 251—258），总撰述唐才常（见甲 229），为民间士绅集资合办。设有《论说》《上谕电传》《本省新闻》《各省新闻》《各国新闻》《商务行情》《告白》等栏目。文字浅显，通俗易懂，在当时有较大的影响力，为戊戌变法期间维新派的舆论重镇。本数据光盘据《湘报》原版扫描，以流水号为序，按月编排。

《长沙日报》前身为《湖南官报》，1905 年 4 月 19 日更名。每日一张。除《宫门抄》《上谕》《奏议》《论说》外，还设《外省新闻》《本省新闻》等栏目，体例较为完备。辛亥革命后，傅熊湘任总编辑，改设新闻六版、副刊一版、广告五版，同时设《专论》《社论》及《大陆观》《湖南观》等短评专栏。因坚持反袁（世凯）立场，于 1913 年底被封，至 1916 年秋季始恢复。1917 年7 月又因报社被大火焚毁而停刊。1944 年 9 月 10 日，又有一份《长沙日报》创刊，直至 1949 年终刊。主持者为周之舞。近代湖南以"长沙日报"为名的报纸有多份，但以上述两报较具影响。本电子图书即据上述两报原版扫描，按"年—月—日"编排。

《湖南通俗日报》前身为《演说报》，1912 年创办于长沙，1921 年更名为"湖南通俗日报"，由湖南省立通俗教育馆主办。1938 年底长沙大火后停刊。1940 年 7 月 7 日在耒阳复刊。1942 年1 月迁往衡阳，年底停刊。报纸通篇采用白话文，栏目有《演说词》《通俗论说》《新闻》和《副刊》。新闻中本省新闻占有较大的篇幅。副刊既有省内各县社会情况的报道，还有科学知识、小说、歌谣、短评等。何叔衡、谢觉哉曾分别做过该报早期的主管和主编。本电子图书扫描收录了 1921 年 7 月至 1942 年 11 月出版的《湖南通俗日报》及其特刊、增刊、号外（有缺失），按"年—月—日"编排。

## 湖南大公报（光盘）　甲 435—437

刘人熙　李抱一等主办　湖南电子音像出版社 2010 年 12 月出版

　　湖南《大公报》1915 年 9 月 1 日创办于湖南长沙，1947 年底停刊。中途因政治、战乱等因素曾七次被查封或停刊，实际发行时间不足二十七年。创办人为刘人熙（见甲 294）、贝允昕（湖南浏阳人。曾任湖南都督府法治院院长、《湖南公报》社长等职）、李抱一（见甲 375）等。其创办伊始，即指陈时政，监督政府，传播新思想，输入新知识，在五四新文化运动前后，对湖南的影响最大。1927 年 3 月因"政府查封"停刊。1929 年 5 月 21 日复刊后，开始转向为政府代言。1947 年秋，因财政困难等原因而自动停刊。该报为对开日报。创刊初期每日三大张、十二版，有《社论》《国外新闻》《国内新闻》《本省新闻》《时评》《艺海》等栏目。后来，报纸栏目和版面有过多次调整。1937 年 9 月 7 日后，缩减到每日一张，仅两版或四版。

　　"五四"时期，毛泽东曾在该报发表过二十余篇文章。当时，该报还连载了上海《共产党》月刊的一些重要文章，如《俄国共产党的历史》《列宁的历史》《劳农制度研究》等，在青年中产生了广泛的影响。

　　本电子图书据《湖南大公报》原版扫描，按"年—月—日"编排。所有特刊、纪念刊也一并按时间顺序收列其中。

## 国民日报（光盘）　甲 438—439

黄庭荫等主编　湖南电子音像出版社 2010 年 12 月出版

　　《国民日报》是民国时期湖南省政府机关报，创办于 1928 年 3 月，原名"湖南国民日报"，1938 年 2 月更名。报纸开设了《社论》《国际新闻》《国内新闻》《本省新闻》《党务新闻》《各县新闻》等栏目。大量党务新闻的报道是该报的一大特色。作为官方报纸，报社负责人随湖南省主席的更换曾数易其人，主要政治导向也与国民政府及省政当局保持一致。其办报宗旨虽因主政者的不同而不尽相同，但反帝爱国的立场却始终如一。何键主政湖南时期，该报一方面宣传以三民主义统一中国，另一方面提醒国人警惕日本等国的侵略阴谋。九一八事变后，该报迅速推出"反日"专刊。抗战爆发后，该报提出刷新地方政治、实行全民抗战，对共产党领导的抗日运动给予了较为客观的评价。此外，该报的副刊也很有特色，有《国民公园》《朝暾》《长沙戏剧界》《影与剧》《好孩子》《家》《世说》《楚风》《集纳》《长沙版》等众多栏目，具有较高的文化品位。报纸为对开大报，日出两至三张不等，抗战爆发后改为日出一张。报馆设在长沙，抗战时期曾临时迁往湖南耒阳等地。1949 年 8 月，报馆被新成立的中共湖南省委机关报《新湖南报》接收。本电子图书扫描收录了 1928 年 3 月至 1949 年 8 月发行的《国民日报》及其副刊、特刊、号外、增刊，按"年—月—日"编排。

## 大刚报　湘乡民报（光盘）　甲440

毛健吾/文瑞麟等主办　湖南电子音像出版社 2010 年 12 月出版

　　《大刚报》于 1937 年 11 月 9 日在河南郑州创办，为国民党中央宣传部与河南省政府合办；曾先后迁信阳、武汉、衡阳、柳州、贵阳等地，撤离信阳时改为民办，社长为毛健吾。抗战胜利后迁到南京，并出版武汉版《大刚报》（1952 年更名"新武汉报"，为中共武汉市委机关报）。《大刚报》早期报纸多已散失。今存民营版开幅前后不同，有对开、四开、八开，均为四个版面。第一版为广告，第二版为国内新闻、社评，第三版为国际新闻，第四版为副刊《阵地》兼广告。该报纸致力于抗战宣传，广泛报道全国军民英勇抗敌的事迹，对国民党军政当局多有揭露。《社评》栏中"星期论文"大都出自知名人士之手，影响很大。1943 年底还出版了八开的航空版，由美国空军运往敌后散发。f 本电子图书收录了 1938 年 12 月至 1946 年 2 月的该报及特刊、增刊、副刊（有缺页），按"年—月—日"编排。

《湘乡民报》创办于 1928 年 11 月 12 日，是国民党湘乡县党部机关报，主办者为文瑞麟等。1944 年 6 月随县党政机关迁到娄底，油印出版。1945 年 9 月迁回湘乡原址。1949 年下半年停刊。该报为日报，每日四版，迁至娄底期间曾改为两日刊，缩减为两版。有《中外新闻》《本省新闻》《本县新闻》《党务新闻》《区乡通讯》等栏目，以及《医药旬刊》《湘声周刊》等副刊。湖南和平解放前夕，该报为共产党地下组织掌握。本电子图书扫描收录了 1931 年 2 月至 1949 年 7 月发行的该报，按"年—月—日"编排。

## 力报（光盘） 甲 441

严怪愚等主编　湖南电子音像出版社 2010 年 12 月出版

《力报》1936 年 9 月 15 日创刊于长沙，后来曾迁至邵阳、衡阳、沅陵，甚至桂林、贵阳等地。因此，该报分别称长沙《力报》、邵阳《力报》、衡阳《力报》等。

长沙《力报》，社长雷锡龄，总编辑康德，副刊兼采访主任严怪愚。报纸为对开八版，设有《社评》《国内新闻》《国际新闻》《省内新闻》《副刊》《广告》等栏目。编排讲究，印制精美，在当时的湖南报界均属上乘。1938 年 11 月迁往邵阳。

邵阳《力报》起初班底不变，后由康德任总经理，严怪愚任总编辑。报纸较以前更为激进。为对开四版，增设《国内战事动态》《新闻记者》等栏目，以对社会新闻的报道敢言而著称。1940年5月13日被查封。

衡阳《力报》创刊于1940年7月1日，由雷锡龄、戴哲明等人创办。1944年8月衡阳失陷前，曾出零陵版，还曾一度迁往贵阳。1946年1月迁回衡阳，直至1949年11月终止。其办报宗旨、风格乃至栏目设置方面，都与长沙《力报》一脉相承。

沅陵《力报》创刊于1943年6月10日，由朱德龄、严怪愚等人创办。1945年底迁回长沙，直至1948年11月19日终止。该报在风格上继承了长沙、邵阳《力报》的敢言传统。

本电子图书扫描收录了上述《力报》及其副刊、增刊、特刊。其中，长沙《力报》收录时间为1936年9月至1938年11月；邵阳《力报》收录时间为1938年12月至1940年5月；衡阳《力报》收录时间为1940年7月至1949年11月（含零陵版）；沅陵《力报》收录时间为1943年6月至1948年11月。均按"年—月—日"编排。

## 湖南政报　观察日报（光盘）　甲442

湖南省政府秘书处/黎澍主编　湖南电子音像出版社2010年12月出版

《湖南政报》是民国时期湖南省行政当局公布法令（包括本省令、呈批、公电、公文及中央命令、公电等）的官报，创办于1912年10月27日，停刊时间不详。最初每三天一册，每月十册，公开发售。后来周期不再固定，每册篇幅也不一致。该报保留了大量珍贵史料，具有重要的文献价值。本数据光盘扫描收录了1912年10月至1925年12月发行的该报（不完整），按出版时间顺序编排。

《观察日报》1938年1月创办于长沙。11月13日长沙"文夕大火"后一度休刊，报社迁往邵阳，同年12月5日复刊。1939年4月17日停刊。该报名义上为银行家唐文彝创办，实际上是由总编辑黎澍等共产党人主持，成为中共湖南省工委的机关报。每期四开四版，刊登新闻、政论及多种副刊栏目，如《观察台》《老百姓》《青年阵地》《小朋友周刊》《战时文艺》《战时教育》等。迁到邵阳后，许多副刊不复存在，代之以反映省内抗日救亡活动的《地方通讯》。因其政治立场鲜明，终被国民党邵阳当局勒令停刊。本电子图书扫描收录了仅存十五个月的该报，按"年—月—日"编排。

乙　编

# 湖南通史　乙 1—3

伍新福　刘泱泱　宋斐夫主编　湖南人民出版社 2008 年 11 月出版

　　本书分古代、近代、现代三卷，上起旧石器时代湖南地区人类最初的生活遗迹，下迄 1949 年湖南和平解放、中华人民共和国成立前夕。全书三卷均按通史体例，从经济、政治、军事、文化、教育、民族、宗教和社会生活诸多方面，系统、全面地阐述和再现湖南地方发展的历史。

　　古代卷叙述从远古、先楚至清代中期之湖南，分为十章。作者通过广泛查阅和搜集各种文献资料，充分参考和运用近几十年来湖南境内的文物考古发掘和研究成果，将文献记载与考古发掘资料和实地调查材料有机结合，第一次将湖南古代历史系统化，梳理出基本的发展脉络和发展阶段，同时对湖南古代的诸多重要问题以及相关的人与事，进行了较深层次的探讨。

　　近代卷则主要叙述自 1840 年鸦片战争至 1919 年五四运动前夕这一时段的湖南历史，突出湖南在中国近代史上占有重要地位的几件大事，如湘军的兴起与湖南人才群体的勃兴、"全国最富朝气"的湖南维新运动、开"内地革命先声"并成为"首应之省"的湖南辛亥革命运动等。

　　现代卷从多方面阐述了湖南现代历史发展的全貌，突出了这一时期湖南人民反军阀统治的斗争、中国共产党湖南地方组织领导人民进行的反帝反封建斗争、抗日战争中湖南正面战场的艰苦斗争以及各个历史时期湖南经济、文教事业的兴衰起伏和人民社会生活的嬗变。

　　本书自 1994 年首版以来，颇为学界重视。此次修订再版增加了约二十万字。主要是根据近二十年来学科发展和湖南历史文化研究所取得的新成果，特别是文物考古方面的重大发现和抗日战

215

争史料等方面，在内容和资料上作了增补。

## 湖南通鉴  乙4—5

湖南省地方志编纂委员会编　湖南人民出版社2008年1月出版

本书以辞条形式记述湖南上起初民生活的原始时代，下迄1949年中华人民共和国成立前夕的历史。其记述内容，包括湖南社会生产和经济发展状况，地理沿革与行政体制沿革，居民、民族和人口变迁，历代政权更替嬗变和政局治乱兴衰，各族人民的奋斗史和革命历程，文学艺术、教育卫生和科学技术的发展与成就，以及社会生活与天灾人祸等等。总之，发生在湖南或与湖南有关的重要历史事件、主要人物及其事功，在书中均有相应的记载。

全书体例既借鉴传统的编年体裁，又兼采纪事本末体。总体上坚持"略远详近"的原则，按朝代与时间顺序编排。每一个朝代段，先设"概述"提纲挈领，概述该朝代段历史发展的基本线索和特点、主要内容和突出史实。下设条目分别记述有关事件与人物。对人物生平事功的记述，一般以事系人，在叙述某一史实过程中交待和阐述相关人物，通过人物言行说明史实。对于重要的湘籍历史人物的记述，则采用传记形式，以卒年为序单独立条。

本书条目达三千余，内容的覆盖面较一般通史和专门史涉及面更为广泛，其资料性和存史功效也更为明显。

## 湖南历史图典  乙6—8

田伏隆主编　湖南美术出版社2012年5月出版

本书首次以历史图片加文字说明的形式系统反映湖南数千年的历史概貌。全书通过两千余幅照片、图表及其相应的说明文字，较全面地反映湖湘大地自原始社会至 1949 年湖南和平解放各个历史时期政治、经济、军事、文化、教育、科技、民族、宗教、社会生活、人物等方面的基本内容。

本书体例为总分式，分总述和十三章。每章概述之下再分节引出照片、图表及其说明文字。每节的图片、文字内容，一般按政治、军事、经济、文化、教育、科技、社会生活、民族宗教的顺序编排。本书收录了不少过去可能忽视、遗漏的图片和资料。

## 长沙通史 乙 9—11

谭仲池主编 湖南教育出版社 2013 年 6 月出版

本书分为古代、近代、现代三卷，上溯于距今二十万年至十万年前的旧石器时代，下断于 1949 年长沙和平解放。

古代卷记述旧石器时代至 1840 年鸦片战争爆发。其中史前的旧石器时代和新石器时代依据现有的考古资料和古代典籍中记载的神话传说进行简略的叙述。从夏商周开始，分章记述从奴隶社会至封建社会长沙的历史演进过程。

近代卷记述从鸦片战争爆发至 1919 年五四运动共八十年的长沙历史。鸦片战争使中国社会性质发生了重大的变化，开始演变为半殖民地半封建社会，同时也开始了中国传统社会向现代社会转型的历史进程。近代卷围绕这种演变对长沙社会的影响，以及长沙城市现代化的历史进程进行了比较详细的记述。

现代卷记述从 1919 年五四运动至 1949 年长沙和平解放共三十年的长沙历史。五四运动使中国由旧民主主义革命转化为新民主主义革命。长沙是新民主主义革命的策源地之一。在这一时期，长沙经历了军阀割据和混战，见证了国共两党的合作和分裂，也遭受和抗击了日本帝国主义侵略。与此同时，长沙社会的现代化变迁也在继续。这些都构成了现代卷的主要内容。

从地域上，《长沙通史》的各卷记事基本上以现在长沙市及所辖县市为范围，即包括长沙市区（含原望城县，已撤县改区）、长沙县、宁乡县、浏阳市。同时，对历史上曾经是长沙行政区划管辖范围，但现在已经不再属于长沙行政区划内的地区发生的而对长沙历史发展有着重要影响的历史事件也酌情记述。记述中注意从整体上把握长沙历史演进过程，即把长沙历史的发展看作一个包括经济、政治、文化、社会等各种要素构成的社会整体的有机发展过程。为方便读者，各卷均前有绪言总述，后附录大事年表。

## 湖南社会史　乙 12—13

周秋光　张少利　许德雅　王猛著　湖南人民出版社 2013 年 7 月出版

本书上起距今数十万年前的旧石器时代，下迄中华人民共和国成立前。全书分古代（远古—1840）、晚清（1840—1912）、民国（1912—1949）三卷，每卷都包括社会构成、社会生活、社会功能三个方面的内容。

全书通过对有史以来湖南的社会构成、社会生活、社会功能的探索分析，全面系统地叙述了湖南社会的发展历程，探究了湖南社会的运行规律，总结了湖南社会的个性特征。本书特点是按照社会史知识结构体系纵向论述从远古至民国湖南社会史的演变轨迹，突显其发展脉络。并且观照古代、晚清、民国不同时期社会构成、社会生活、社会功能的现状，分析人们的生存环境，观察人们的生活方式，比较相应的社会制度，且兼顾繁华都市与偏远地区，汉族与少数民族。本书梳理了湖南社会发展各个方面的典型性特征，让今天的湖南人对自己的省情有更深刻的认识和了解。

## 湖南人口变迁史 乙14

王勇著 湖南人民出版社 2009 年 3 月出版

本书是对湖南人口变迁的历史进行系统研究的第一部专著。全书共五章，依次对湖南从先秦至民国的人口规模、人口变动、人口分布演变、人口迁移、民族构成与变迁等进行精心考订和数据分析，系统论述了湖南历史上移民、战争、自然灾害、人口政策、土地制度、赋役制度、人地关系等因素对人口增减的影响。书中所得出的各个结论是经过严密论证的，除运用大量的历史文献资料（包括家谱、方志）外，还专门列出九十八个表格，对各个时期的湖南人口变动情况作出比较准确的定量分析。

## 湖南政区沿革 乙15

周宏伟著 湖南师范大学出版社 2009 年 12 月出版

本书以湖南政区沿革为研究对象，对中华人民共和国建立以前的湖南政区沿革情况作了全方位的考察。全书由上、下篇共十七章构成。

上篇为《湖南政区变迁过程》，共十一章，自先楚、秦汉至民国，依时代顺序论述不同时期今湖南省域范围的各级政区变迁情况。其中第十章阐明了"湖南省"（布政使司）的建立时间，第十一章叙述了民国年间湖南省正式成立的情况。

下篇为《湖南市县建置沿革》，共六章，分湘东北、湘东、湘南、湘中南、湘西、湘西北六大部分，逐一考察并叙述目前湖南省内各县、市、区的政区建置演变过程。

# 中国共产党湖南历史（1920—1949） 乙16

中共湖南省委党史研究室著 湖南人民出版社 2008 年 10 月出版

　　本书是一部全面、系统反映新民主主义革命时期中共湖南地方组织创建、发展、壮大及其艰苦卓绝斗争过程的历史专著。它以王中杰主编、湖南出版社 1991 年 7 月版《湖南人民革命史》为基础，充分吸收近十几年来党史学界新的研究成果。

　　全书分为五编十七章，以时间为序记叙历史，以发展时期分编，以重要历史事实分章。第一编记述中国共产党湖南地方组织的创建和早期的斗争，包括党创建前仁人志士寻找救国救民道路的艰苦探索以及早期湖南工人阶级的自发斗争。第二编记述湖南党组织在土地革命时期的建设和斗争。以上两编主要反映国共合作、北伐战争和根据地建设中的湖南党组织活动。第三编记述湖南党组织在土地革命战争时期，发动全省武装起义，创建工农红军和农村根据地以及开展反"围剿"斗争的艰苦过程。第四编记述湖南党组织在抗日战争时期的建设和斗争，包括建立民族统一战线、抗日救亡、恢复和发展党的组织等。第五编记述湖南党组织在解放战争时期的发展和斗争，包括领导学生爱国运动，开展农村游击武装斗争，劝导程潜、陈明仁和平起义等。书末总结中国共产党湖南地方组织在新民主主义革命时期的斗争历史，提出了五条基本经验。

# 湖南经济通史 乙17—19

王晓天　刘云波　王国宇主编 湖南人民出版社 2013 年 7 月出版

　　本书按通行的历史分期，分古代、近代、现代三卷，对湖南各个历史时期的经济发展状况、经济政策等进行了概述，对经济运行规律进行了探讨。

古代卷分为九章。在介绍经济状况前，对各个朝代的行政建制、人口、民族等作了概述；又因古代社会以农业为主，故古代卷侧重介绍湖南农业经济的发展。认为湖南虽在旧石器时代末和新石器时代之初已率先发明人工栽培水稻，但秦汉时期仍被视为蛮荒之地。三国至魏晋南北朝时期，由于北方长期战乱，大批流民南迁，促进了湖南经济的发展。隋唐五代以后，随着我国经济重心的逐渐南移，湖南经济发展的速度开始加快。两宋时，湖南地区已逐渐成为全国重要的粮食产地。及至明清，湖南农业尤其以水稻种植闻名天下，明代中叶即有"湖广熟，天下足"之说。与此同时，湖南各个朝代的采矿、手工业和交通、运输、商业等也在相应发展。

近代卷共分八章。分别叙述鸦片战争前湖南经济形态的缓慢演变、鸦片战争至太平天国时期与洋务运动时期的湖南经济、甲午战争后湖南近代工业的兴起、辛亥革命前后湖南经济的深刻变化以及第一次世界大战时期的湖南经济，并设第八章专题论述近代湖南农业经济。

现代卷亦分八章。第一、二章论述1919年至1927年的湖南经济，第三、四章论述南京国民政府前期的湖南经济，第五章为湖南新民主主义经济的萌芽，第六、七章分别论述抗战前期与抗战后期的湖南经济，第八章论述国民党统治崩溃时期的湖南经济。

## 湖南农业史　乙20

符少辉　刘纯阳主编　湖南人民出版社2012年3月出版

本书是第一部研究湖南农业生产起源、发展及其历史进程的通史。起于远古，止于1949年中华人民共和国建立前夕。

全书按先秦、秦汉、魏晋南北朝、隋唐五代、宋代、元代、明代、前清、晚清、民国时期等时代顺序分为十章，各章内容主要集中在农业人口、农业工具与技术、土地利用与农田水利、主要农作物的生产以及农业政策、农业税赋等方面进行阐述。本书主旨，力求展现湖南农业发展的历史脉络，突出"湖南熟，天下足"的历史辉煌，总结湖南农业发展的历史规律。

## 湖南科学技术史 乙21—22

谷兴荣等编著 湖南科学技术出版社2009年1月出版

本书采用以史为主、史论结合的方法，运用编、章、节、目的阐述形式，记述和讨论了从原始部落时期到1949年中华人民共和国建立前，湖南科学技术的发展历程和规律特征。全书分三编三十二章，有图片约三百幅。其内容包括：

1. 湖南传统科学技术的产生与形成时期，阐述从原始部落到春秋战国时期，湖南在自然观、科学观、天文、地理、材料、机械、建筑、纺织、农业、医学等方面的发现与发明。

2. 湖南传统科学技术的继承性发展时期，阐述从秦汉到明清的科技发展，包括自然观、科学观、计量分析技术、天文、地理、交通、纺织、农业、医学、水利等领域的成就，并专章阐述了这一时期生产技术的产业化、商品化。

3. 西方科技传入后湖南科学技术的变革性发展时期，阐述了从洋务运动前后至1949年的科学技术发展成就。

全书对历代发生在湖南或与湖南有关的重要科技历史事件、主要人物及其成就均作了应有的记述和分析。阐述了湖南科技发展的历史文化背景、科技引进与推广、科技思想、科技经济、科技管理等方面的发展历史。

## 湖南教育史　乙23—24

冯象钦　刘欣森总编　张楚廷　张传燧等主编　岳麓书社2008年11月出版

本书是一部记述湖南教育事业发展历程的编年体史书，以时间顺序为纵向线索，以历史事件为横断面，以不遗美、不隐过的史学精神和实事求是的治学态度编纂。其时间跨度从远古湖南有教育现象开始，至1949年终。

全书分两册，每册先设导论。第一册为古代卷，共六章，论述先秦至清代湖南教育的起源、发展阶段及各个时期湖南教育的主要特征和影响。第二册为近代卷，分十章，论述1840年至1949年湖南教育的转型以及湖南近代教育形成与发展的历史。书中通过重大的历史事件、权威的文献记载和真实的历史记忆，全面系统地反映了湖南教育的历史风貌，理清了湖南教育的发展脉络，总结了各个历史时期的经验和教训，在思想开拓、史料挖掘、学术探索、经验总结等方面均有所突破。

本书编写遵循客观性、时代性和地方性三个原则，力求"纵不断线，横不缺项，大事突出，要事不漏，琐事不录"，把地域特色融入各个时期有代表性的教育史实和人物之中。

## 湖南近现代工业史　乙25

郭钦编著　湖南人民出版社2013年1月出版

本书旨在反映湖南1840年至1949年一百一十年间工业方面比较系统而完整的情况。

全书分为七章。第一章论述近代早期湖南经济形态与传统工业的变化，涉及近代早期湖南的手工业、采掘业和洋务企业。第二章叙述近代湖南工业的发生和初期状况，包括维新变法、晚清新政与湖南投资设厂的兴起，以及近代矿业、交通业、邮政电信、机电、轻纺等工业的起步或发展状况。第三章叙述民国初期湖南工业的初步发展，包括其经济政治背景、矿冶业发展的短暂"黄金"时期、新式运输交通工业的缓慢发展等。第四章讲述20世纪20年代湖南工业的曲折发展。第五章论述20世纪30年代湖南工业的进步，主要是1927年南京政府成立后，湖南政局相对稳定，省政府先后推出一些发展实业的措施，使工矿业等逐步得到恢复和发展。第六章是抗战时期工业的调整，主要讲述战时经济体制的建立与迁湘工业的发展状况以及抗战后期湖南工业遭受的破坏。第七章为抗战胜利后工业的变化，包括战后工业复兴计划，工矿业、交通运输业的短暂复兴，但随着湖南日益卷入内战漩涡，国民党加强战时经济统制和战争征用，造成通货极度膨胀，物价飞涨，工业生产困难重重，民族工业迅速走向萎缩、破产。

## 湖南地震史（修订版）　乙26

湖南省地震局编著　湖南科学技术出版社2013年7月出版

本书系统地记载了自公元3世纪至2012年湖南地震的相关资料和数据，并对这些资料和数据进行综合分析和研究；是在1982年版《湖南地震史》的基础上修订而成。20世纪80年代初，《湖南地震史》编写组从近三百种湖南地方志、报章杂志以及其他史料文献中，辑录出一千一百多条湖南地震相关资料，通过甄别、合并和整理，确定了两百多项地震事件，反映了自公元557年至1972年湖南地震发生、发展的情况。本次修订，增加了《公元1972年以后湖南地震》《湖南地震类型与活动特征》《有仪器记录以来4级以上地震》《有仪器记录以来2级以上地震目录》《湖南有争议的历史地震研究》等五章。本次修订既保留了1982年版地震专家的工作成果，又详细介绍了湖南省自20世纪70年代以来地震观测研究的最新成果和大量观测资料，对湖南台网各个时期的观测能力、地震参数定位精度、地震资料的可靠性都进行了专门的论述。

## 湖南文学史　乙27

陈书良主编　湖南教育出版社 2008 年 11 月出版

本书为《湖南文学史》之古近代部分，共五编二十一章。主要介绍先秦至辛亥革命前后的湖南文学的演绎流变，评骘湖南历代具有代表性的作家作品，探讨湖南文学的发展规律和走向。

本书认为古近代湖南文学的产生和发展，大致经历了三个时期。第一个时期，从两千多年前战国时的南楚到明代，为古代湘楚文学时期，其文学代表人物有屈原、阴铿、李群玉、胡曾、周敦颐、王以宁、乐雷发、冯子振、欧阳玄、李东阳等。第二个时期，从清代到中日甲午战争，为湖湘经世文学时期，其文学代表人物有王夫之、魏源、曾国藩、何绍基、郭嵩焘、邓辅纶、王闿运等。第三个时期，从中日甲午战争到辛亥革命前后，为资产阶级文学时期，其文学代表人物有谭嗣同、陈天华、宁调元、易顺鼎等。

本书于 1998 年初版，此次修订再版扩充了内容，着重补述了乡土文献和地下史料的文学价值，并加入了湘人著述表和一些历史图片。

## 湖南美术史　乙28

李蒲星著　湖南美术出版社 2010 年 12 月出版

本书共三篇十章。其研究对象主要是湖南省境内的美术遗存，既包括地下发掘出土的美术文物，也包括地上世代相传留存至今的美术文物。

　　首篇题为"上古的辉煌"，主要介绍商周青铜器和楚汉帛画、漆绘。作者据现有的资料分析，湖南出土的青铜器中拥有大型的富于湖南地域特征的器皿，足以说明大部分应是湖南本土铸造，而楚汉帛画和漆绘则分别在中国绘画史和工艺美术史中占有相当重要的地位。

　　第二篇为"中古的精华"，分四章重点阐述有着出色成就的唐代长沙窑釉下彩、唐宋时期湖南的雕塑与绘画、髡残与元明清时期的湖南绘画以及明清以来湖南民间艺术如木版年画、雕刻与民居建筑等。

　　第三篇题为"近现代的勃兴与繁荣"，分四章介绍传统中国画集大成者齐白石，国粹派画家陈少梅、萧俊贤、陈师曾，融合西法的高希舜、肖传玖，以及其他近现代湖南本土画家。

## 湖南书法史　乙29

何满宗　王焕林著　湖南美术出版社 2010 年 1 月出版

　　本书共分八章，系统展现和勾勒了湖南书法三千多年绮丽的历史画卷。第一、二章介绍先秦与秦汉书法，重点展示禹王刻石、商周铭文、楚国金文和里耶秦简、长沙马王堆帛书及两汉简牍、玺印、镜铭的书法艺术。第三、四章分别介绍魏晋南北朝与隋唐五代的书法，重点展示长沙走马楼吴简、谷朗碑、苏仙岭晋简与唐代欧阳询父子、怀素、李邕等书法大家的存世作品，以及浯溪摩崖、长沙窑瓷器、溪州铜柱与其他唐代碑刻，以体现唐代湖湘书法艺术的辉煌。第五、六章介绍宋元与明清书法，重点展示米芾、黄庭坚、朱熹、张栻、周敦颐、冯子振、欧阳玄等存留于湖湘的书法及潭帖、戏鱼堂帖、法帖等书法珍品。明清书法则由学者文臣、湘军将帅、仕人志士之书法而兼及其书法著述。第七章介绍民国书法，重点展示民国政要、名士和齐白石、毛泽东的书法艺术。第八章介绍湖湘名胜古迹书法，重点展示浯溪、南岳、岳麓书院、岳阳楼、柳子庙和永州朝阳岩、淡山岩等地的题刻书法艺术。

作者总体分析各章中的简帛文字、书法名家、金石铭刻三大板块，认为浪漫豪放是构成湖湘书风的主旋律，而湘楚大地奇丽的地理环境是孕育湖湘书风的温床，深厚的文化积淀是滋养湖湘书风的沃土。

## 湖南近现代法律制度　乙30—31

周正云　周炜编著　湖南人民出版社2012年10月出版

本书所称湖南近现代法律制度，是指湖南省在近现代各个时期的立法和司法中，或直接适用当时国家法律，或结合本省实际制定地方法律、法规及章程，或参用判例、习俗所形成的法律制度。这些法律制度涉及宪法、议会、行政或自治、职官、民政、学校、财税、经济（或曰实业）、交通、贸易、民事、刑事、司法等各个方面。

全书分两册四编，分别按晚清、民国前期、湖南省自治和南京政府四个时期进行叙述。第一册第一编叙述晚清时期的湖南法律制度，下分九章；第二编叙述民国前期的湖南法律制度，下分十章。第二册第三编叙述湖南省自治法律制度，下分八章；第四编叙述国民政府时期的湖南法律制度，下分十一章。本书对各个时期的湖南法律制度只作叙述，一般不作评论。

## 湖南书院史稿　乙32

邓洪波著　湖南教育出版社2013年7月出版

　　本书是一部全面反映湖南书院状况的重要史稿。全书分为三编。上编为《湖南书院发展史略》，阐述湖南自唐而清一千二百余年书院产生、发展及其演变的过程，注重时空分布、阶段性特征和书院对学术文化的贡献。中编为《湖南书院名录》，实为湖湘大地各府州县五百二十二个书院的小史，意在呈现湖南书院的多姿多彩，关注每个书院的特色。下编为《湖南书院规程辑录》，所辑录者实为研究书院制度演变、内部运作和描写书院的原始材料。

## 岳麓书院史　乙33

朱汉民　邓洪波著　湖南教育出版社2013年7月出版

　　本书分为五章，系统阐述岳麓书院自北宋创建以来的兴盛、重建、变革及其千年弦歌、学统传承的历史。

　　第一章《称名天下》，从麓山文化渊源、书院创立、规制形成，到宋真宗召见山长，系统讲述岳麓书院在北宋成为全国四大书院之一的历史。第二章《湖湘学派的基地》，主要论述南宋张栻主教岳麓书院以来，用理学教育观奠定理学基地，继承发扬胡宏开创的湖湘学派，扩展规模，逐渐形成"岳麓诸儒"之理学群体，再经"朱张会讲"而进一步振兴岳麓书院的历史。第三章《维系斯文与再造辉煌》，讲述岳麓书院的元代重建、明代沉寂与恢复以及王守仁、湛若水之学崛起对岳麓书院学风的影响，并介绍了明代岳麓书院山长与生徒。第四章《兴盛与变革》，论述清代岳麓书院作为湖南一省最高学府的特点、规制演变与学规及其经学传播、楚材斯盛、改革与转型的状况。第五章《千年弦歌》，论述岳麓书院三度成立湖南大学筹备处、从湖南高等学堂到湖南大学的改制过程，并在书末附录《岳麓书院历史年表》。

## 湖南刻书史略　乙34

寻霖　刘志盛著　岳麓书社2013年1月出版

　　本书系统论述了湖南自宋代至民国时期的刻书历史，包括前言和正文五章。前言是对湖南刻书史的综合性研究，其中包括湖南刻书与外省刻书的比较研究。第一章为中国古代雕版印刷术的发明，简述了中国古代雕版印刷术的发明以及湖南刻书活动的发生。第二章为宋代湖南刻书，第三章为元代湖南刻书，第四章为明代湖南刻书，第五章为清代及民国间湖南刻书。其间又大抵分为公私刻书、书坊刻书、地方志刻书、族谱刻书、书院刻书、寺观刻书等专题。每一专题之下，先作综合性论述，然后再详列所刻之书。本书于清代湖南刻书研究尤详，下列十七个专题，包括清初湖南禁毁书、湖南官府官员刻书、湖南官书局刻书、湖南书院学宫刻书、湖南寺院道观刻书、湖南善书刻书、湖南书坊刻书、湖南私家刻书、湖南地方志刻书、湖南族谱印书、湖南的缮工与刻工、湖南刻书工价、湖南木活字印书、清末西方印刷术的传入、民国间湖南刻书、民国间湖南木活字印书、民国间湖南方志印书等，足见清代及民国间湖南刻书业之发达。其中"清代湖南私家刻书"专题之下，罗列湖南私家刻书多达三十四家。

## 近代湖南报刊史略　乙35

黄林著　湖南师范大学出版社2013年7月出版

　　本书是一部全面论述近代湖南报刊发展状况的学术专著。全书分为六章。第一章是近代湖南报刊发展概述，将报业与期刊业分别叙述。第二章为近代湖南报刊举要，选取十二种报纸和六种期刊进行具体解剖分析，以从近代湖南重要报刊窥见近代湖南报刊发展的全貌。第三、四、五章分别对近代湖南报刊人物、报刊团体及报刊经营监管进行全面介绍，兼从编辑、印刷、发行等环节反映近代湖南报刊业的状况。第六章为近代湖南报刊的社会影响，从报刊对近代湖南政治的改良、在近代湖南教育发展中的作用、对湖南新文化运动的影响三方面展开，并对近代湖南报刊的社会影响进行检讨。书的结语，认为近代湖南报刊虽起步较晚，但表现不同凡响。近代中国自戊戌变法以来各个重要历史时期的重大社会改革运动，都有湖南报业的积极参与。在戊戌变法运动、五四新文化运动和抗日战争三个时期，湖南甚至成为全国的舆论重镇，《湘报》《湘江评论》《力报》《大刚报》等报纸，在当时都十分活跃，影响及于全国。

## 湖南民族关系史　乙36

伍新福著　湖南人民出版社 2010 年 3 月出版

　　本书是一部对湖南从远古至 1949 年中华人民共和国建立前各民族的历史发展和民族关系进行系统梳理和深入探讨的专著。

　　全书分六章，标题依次为"湖南远古人类和先秦时代族群"、"秦汉至南北朝时期湖南民族与民族关系"、"隋唐五代两宋时期湖南民族和民族关系"、"元明时期湖南民族和民族关系"、"清代湖南民族和民族关系"、"民国时期湖南民族和民族关系"。对湖南境内汉民族的形成和发展变迁，土家、苗、侗、瑶等土著民族的源流变迁和发展，各民族之间的交往交流和相互关系，湖南各民族对湖南和中国的历史发展、中华文明的形成发展所作出的历史性贡献，湖南历史上所发生的有关民族问题的重大事件，历代中央王朝和政府处理湖南民族问题的政治军事举措及各类政策措施等方面进行了论述。

## 湖南灾荒史　乙37

杨鹏程等著　湖南人民出版社2008年11月出版

　　本书是第一部系统研究湖南灾荒历史的专著。旨在探讨湖南地区从秦汉至1949年灾害发生的规律、自然原因与社会原因及其造成的影响，同时论述历朝历代减灾、防灾、救灾措施的成败得失。

　　全书先设绪论，再分章节。绪论概述湖南省的历史沿革和地形地貌、气候、水文等自然条件，以说明湖南饱受水旱灾害侵扰的自然原因。下分五章，以时间顺序分别为古代（秦汉至1644年）、清朝前期、清朝后期、民国前期、民国后期。每章又分为水灾、旱灾、其他灾害、灾荒发生的原因、减灾防灾、赈灾救灾六节。本书从历史学的角度对湖南地区灾害的规律进行分析研究，既论"灾"，也论"荒"，分析灾与荒的关系，以及社会调控的成败得失。

## 湖南慈善史　乙38

周秋光　张少利　许德雅等著　湖南人民出版社2010年9月出版

　　本书是一部从上古至民国，对湖南慈善事业千年历程进行系统研究的地方慈善通史。分为四篇，即：古代篇，晚清篇，民国上篇，民国下篇。各篇均从制度和实践层面展开梳理、分析并加以概括，其内容分为三部分：第一部分重点探讨该时期湖南慈善救济制度演变的历史脉络，涵括其社会背景、慈善思想、慈善体制，从制度层面厘清湖南慈善救济事业的基本体系；第二部分从实践层面概述该时期湖南慈善事业的全貌，内容涉及赈灾救荒、恤贫济困、慈善教育等；第三部分就该时期湖南慈善事业的特征、社会功能、历史地位等进行分析总结，提出作者的看法观点。其中如在古代篇中，认为"湖南慈善事业的思想源头，一为中国主流文化儒、佛、道的影响，一为湖湘文化的熏染，后者对两宋、明清、民国时期湖南慈善事业的发展影响较大"等。

## 湖南城市史　乙39

郑佳明　陈宏主编　湖南人民出版社 2013 年 5 月出版

本书绪论对城市与城市史相关理论有所思考与阐述，如关于城市的本质，城市的特性，城市的结构，城市如何满足市民的精神需求、社会组织需求，以及湖南城市的特色等问题。

正文共分八章，叙述湖南城市发展从远古到 1949 年为止的三个历史阶段。一是城市萌芽和形成时期，从远古到秦汉。二是农业文明时期，城市成熟定型，缓慢发展，时间漫长，包括从魏晋南北朝、隋唐五代到宋元明和清代前中期。三是近代化过程中湖南城市的嬗变与曲折发展，从鸦片战争到 1949 年。其内容主要是对各个历史时期湖南城市的起源、发展、变迁的过程进行比较系统的阐述，对湖南城市与当时的经济、政治、文化、社会生活的关系进行分析和论述，对各个主要城市自身的功能、设施、管理机构等情况进行介绍。

本书既在学理上阐明了城市的本质特性及其科学内涵，又研究阐述了湖南城市产生发展的历史过程，揭示了湖南区域城市体系演进发展的规律性特征。

# 湘学史  乙40—41

方克立  陈代湘（执行）主编  湖南人民出版社 2008 年 1 月出版

湘学是湖湘文化的精神内核，是极富湖湘地域特色的学术思想。本书即是一部阐述和研究湘学沿革、流派及其地位、影响的学术专著。

全书两册，分十八章。内容包括：前言和第一章从总体上阐述湘学的内涵、湘学的形成过程、湘学的地域文化基础、湘学的思想渊源及其主要特色。第二章至第九章阐述从周敦颐至王船山及清代中期湖湘各个学派的学术观点、地位与影响。第十章至第十六章阐述进入近代后湘学的变革，既介绍站在时代前列，对中国社会产生重大影响的魏源、曾国藩、左宗棠、谭嗣同、黄兴等著名人物的思想，也概述王闿运、王先谦、叶德辉等保守人物的学术观点。第十七、十八章则分别介绍湖湘佛教和道教的思想。

本书的最大特点是阐述与评价相结合。既对各个历史时期湘学的主要流派及其代表人物、主要学术观点、各个流派的学术渊源等，进行比较详尽的梳理，从而清晰地描述湘学产生、发展、变化的历史；同时也对湘学各个学术流派的异同、影响进行比较和分析，对其历史地位进行评价，并从思想史的角度探讨湘学进入近代得到极大发展的原因。

# 湖南近代百年史事日志  乙42

田伏隆主编  湖南人民出版社 2009 年 11 月出版

本书是一部以日志形式对湖南近代历史进行梳理记述的工具书。所述内容为自 1840 年 2 月至 1949 年 12 月百余年间所发生的大事、要事和重要人物在历史上的作为。其选编原则：一是地理范围，主要为湖南省区域内的大事，但对于具有背景意义的全国性重大事件亦酌情选录；二是内容范围，包括政治、经济、军事、文化、科技、教育、民族、宗教、社会生活、人物等诸方面；三是客观记录，不加评论。在编排体例上，采用编年体，按年、月、日顺序逐日记载。通过记述，展示湖南近代百余年历史事实自身的发展状况和它们之间的交错关系，揭示其历史发展的脉络，从而方便读者了解湖南近代历史发展的过程。

本书于1993年初版时题为"湖南近150年史事日志（1840—1990）"，此次修订改版将时间下限调整为1949年，增加有关经济、文化、科技、教育、社会生活等方面的内容。

## 湖南抗战日志　乙43

钟启河　刘松茂编著　国防科技大学出版社2008年12月出版

湖南是抗日战争的重要战场。本书系根据抗战当年的档案、报刊、当事人的日记、回忆录等史料，按年、月、日顺序编成的要目式史志。其内容客观地记述湖南各地在抗日战争时期所发生的军事、政治、经济、文化、教育、社会生活各方面的重要历史事件。抗战时期湖南人在全国各地从事有关抗日的军事、政治、经济、文化、教育、社会等方面的活动，本书也择要予以记述。

全书另有附录资料十六份，内容涉及湖南省在抗战时期的行政督察区及辖区、历年征募兵员人数统计、中共党员分布情况以及在八路军、新四军、华南抗日纵队担任正旅以上军职的湘人名录、营级以上殉职的湘籍将领名录。此外，还附录了《湖南抗日战争诗词楹联选刊》等。

# 湖南戏曲志（简编） 乙44

湖南省文化厅编　湖南文艺出版社 2013 年 5 月出版

本书分为综述、剧种、剧目、音乐、表演、舞台美术、机构、演出场所、演出习俗、文物古迹、报刊专著、历史资料、轶闻传说、谚语口诀行话、资料拾遗、人物小传共十六个部分。

综述部分以楚文化为湖南戏曲源头，而纵述宋、元、明、清至民国时期的湖南戏曲活动，实为湖南自宋以来的戏曲发展简史。剧种部分介绍湖南八个地方大戏和十一个地方小戏，外加京剧，共二十个剧种的戏曲剧种形态。剧目和音乐部分因《湖湘文库》另有专书，本书仅存目。表演部分主要介绍各剧种的脚色行当、特有身段谱和特技，以反映湖南地方戏在演出艺术上形成的不同艺术特色。舞台美术包括湖南戏剧的脸谱、傩堂戏面具、髯口、戏衣、盔帽、装扮、砌末、检场、灯光、布景等。机构部分介绍科班与学校、戏班与剧团、票友社、围鼓堂及业余剧团、老郎庙、戏装作坊工厂等。演出场所介绍湖南各地史志所载有名的戏台、戏楼、戏园、剧院等五十九家，并附 1900 年至 1949 年湖南省戏园（院）一览表。演出习俗叙述湖南地方戏伴随节日、庙会、还愿酬神或生辰吉庆、婚丧嫁娶等民间民俗活动而进行的戏剧演出。文物古迹记载与湖南戏曲有关的文物、碑刻、壁画、簿册史料等。报刊专著、历史资料至资料拾遗五个部分均为有关湖南戏曲的文字记载。人物小传则为湖南明清以来已故戏曲人物一百四十五人的传记。

本书是在 1990 年版《中国戏曲志·湖南卷》的基础上修订、合并、删节而成的简编本。

## 湖南中医源流　乙45

*曾勇　曾晓编著　湖南科学技术出版社2008年3月出版*

　　本书共分四篇。第一篇为渊源篇。以马王堆汉墓出土的医书为主，从经络、诊断、治疗、药物、方剂、养生等方面探讨医学基础理论的渊源；其次论述炎帝与《神农本草经》，探讨中药的渊源，以及长沙太守张仲景与《伤寒杂病论》，探讨中医临床医学的渊源。全篇内容丰富，以其相当高的科学价值，反映了我国先秦至汉代的医学水平。第二篇为学术篇。选历代湘籍著名医家十八家，对其学术思想、学术渊源、学术理论、学术流派、临床经验进行探讨，以了解湖南医学发展，并取其精华，供科研、教学、临床参考。第三篇为人物篇。凡对中医药学有贡献、有特长的历代湘籍人士或地方知名医家，均予收录，对历代官吏、文人、僧侣、道士中旁通医术且有贡献者，亦酌情选入，二者共五百余家。第四篇为医籍篇。介绍湖湘历代医药学著作，包括书名、卷数、撰刊年代、存佚、出处及部分著作的内容提要、序言或跋语。自宋代起，凡作家四百余人，著述五百三十六部。这些著作大多为抄本、孤本、善本，且医经、伤寒、金匮、温病、诊法、方剂、本草、针灸、内科、外科、儿科、眼科、喉科、医案、医话、养生、杂录、饮食卫生各科著述悉具。

## 湘籍开国人物传略　乙46—47

*中共湖南省委党史研究室编著　陈克鑫　夏远生主编　湖南人民出版社2009年5月出版*

　　本书是关于中国共产党、中华人民共和国、中国人民解放军的湘籍开国人物的传略，共计一百一十三人，包括领袖三人，中央人民政府委员六人，政务院政务委员三人，部长、省委书记、省长七人，将帅七十三人，英烈十六人，中央委员五人。

全书以传略形式编写，每个人物单独成篇。每篇大致分述三个方面：一、简介传主的籍贯、生平和投身革命的经过；二、较为详细地记述传主在新民主主义革命时期对党和人民军队的创立、发展及其对中华人民共和国的建立和巩固所作出的卓越贡献和历史功勋；三、对传主1956年以后的经历进行职务简介。其中有四位非中共人士，则主要记述他们对中国革命和建设所作的历史贡献。

## 湖南辛亥革命人物传略　乙48

郭汉民主编　湖南人民出版社2011年11月出版

本书从众多湘籍辛亥革命人物中遴选二十六位，分别立传，作为本书的主体。这二十六位人物中，有统筹革命全局的领袖人物黄兴、宋教仁、刘揆一、谭人凤、蔡锷，有革命先驱唐才常、毕永年、沈荩、秦力山，有革命宣传家陈天华、章士钊、杨毓麟、宁调元，有策划武昌首义的蒋翊武、刘复基，有首先响应武昌起义并胜利光复长沙的湖南都督焦达峰、陈作新，有革命先烈刘道一、姚宏业、禹之谟、马福益、杨德麟，有唯宋教仁马首是瞻的同窗战友覃振，有一向支持革命的著名湘绅龙璋，还有曾经犯过错误的革命党人李燮和、胡瑛等。在这二十六人的传略之后，另选一百五十四人，分别写作小传，题为"其他湖南辛亥革命人物简介"，作为本书附录，以更全面地反映辛亥革命时期湖南仁人志士对于革命的贡献。

## 周敦颐研究著作述要　乙49

周建刚著　湖南大学出版社 2009 年 8 月出版

周敦颐是我国古代著名的思想家和哲学家，他所开创的"濂学"居于宋代"濂"、"洛"、"关"、"闽"四大学派之首，对整个宋明理学的形成有着决定性的意义，因而自宋以来研究者甚众。本书即是周敦颐研究著作的概括述要。

全书共分七章。第一章介绍周敦颐生平概况，其中着重考证了周敦颐师事润州鹤林寺僧寿涯的传说以及二程与周敦颐的师承关系。第二章周敦颐著作考辨，分为"周敦颐著作的流传和编定情况"和"周敦颐著作考"两个部分。第三章周敦颐研究概述，对宋代以来的周敦颐研究史进行了大致的描述，并分为三个时期概述其研究特征。第四章为周敦颐研究古代文献述要，分别介绍宋、元明和清三个时期有关学者对周敦颐的不同评述，叙述宋元两朝胡铨、朱熹、张栻、魏了翁、真德秀、欧阳玄等人为各地周氏祠堂、濂溪书院所撰的记文主旨。第五章为周敦颐研究专著述要，分别介绍当代出版的有关周敦颐研究的六部专著，叙述其主要观点和内容。第六章为史学著作中周敦颐研究篇章述要，选取各类有影响的思想史、学术史专著二十种，对其中有关周敦颐研究的篇章进行介绍。第七章为周敦颐研究论文述要，将有关周敦颐研究的论文七十篇进行分类述要，基本反映了近代以来学术界在周敦颐研究中的动向和热点问题。书末附录《周敦颐研究著作索引》，分古代文献索引、专著索引和论文索引三种。

## 王船山研究著作述要　乙50

朱迪光著　湖南大学出版社 2010 年 1 月出版

王船山先生是我国明清之际的卓越思想家，其学术思想博大精深，故研究其人其著作者甚多，本书分为九章进行述要。

第一章介绍王船山的生平及其著述，比较注重其家世与家学影响。第二章概述王船山研究情况，主要从王船山学术研究各个时期的研究特点与王船山学术研究分类两个方面进行介绍。第三章《清代王船山研究论文、著作述要》，其中"论文述要"分清中叶与清晚期二节介绍。第四章分别介绍民国时期的王船山研究论文与著作情况。第五章介绍中华人民共和国建立后十七年的船山研究论文和"文化大革命"十年船山研究的论文。第六章、第七章分别是 20 世纪 80 年代、90 年代王船山研究论文与著作述要，介绍研究论文均从综合、哲学、认识论、辩证法、理学、易学、伦理、美学、政治、经济、文学、教育、史学等方面分类概述。第八章是《21 世纪初年王船山研究论文、著作述要》，第九章为《香港、台湾地区王船山研究著作述要》。书末附录王船山研究的《论文索引》与《著作索引》。

## 魏源研究著作述要　乙51

夏剑钦　熊焰著　湖南大学出版社 2009 年 9 月出版

本书根据魏源研究的状况和特点，以六章和一个附录构成。第一章为魏源生平简介，系统介绍魏源的生平事迹和著述情况。第二章为魏源研究概述，分纵横两个方面进行。纵向分四个时段概述学界研究魏源的情况，横向则针对魏源研究中有争议的若干问题展开述评。第三章为《同时代人论魏源》，介绍和摘录晚清人物对魏源有评论意义的言论，包括对魏源的"总论"和对其重要著作的"分论"两个部分。第四章为魏源研究专著述要，介绍晚清至 2008 年有关魏源研究的专著三十种，包括论著、传记和年谱，重点叙述其主要内容和学术观点。第五章为史学等有关著作中的魏源研究篇章述要，系从现当代学人的三十二部史论、史传著作中选取其研究魏源的章节，摘要介绍其论述文字与学术观点。第六章为魏源研究论文简介，系从魏源研究的诸多论文中，选取学术影响较大、价值较高或有较强创新性的论文七十九篇，介绍其学术观点和所产生的影响。为方便读者检阅，这七十九篇论文又按《综合研究》和有关学科分为七个部分。

附录部分为《著论索引》，是对 2008 年止所有研究魏源著作、论文的全面搜索，分《魏源研究专著索引》、《魏源研究论文索引》、《有关著作中的魏源研究篇章索引》三大类。

## 左宗棠研究著作述要　乙52

梁小进著　湖南大学出版社 2012 年 10 月出版

至 2011 年底，共出版关于左宗棠的研究专著四十三部、资料集六部、论文集三部、论文八百二十一篇。本书主体即择其重要和具有代表性的专著和论文，进行简要的叙述。

全书共分为十章。第一章《左宗棠生平简介》，简要叙述左宗棠一生的事功和思想。第二章《左宗棠著作的出版与流传》，介绍左宗棠的著作，包括奏稿、书牍、批札、诗文、联语等自清末以来的刊刻出版与流传情况。第三章《左宗棠研究概述》，叙述自清末以来对左宗棠的记述、评价与研究概况。第四、五、六章《左宗棠研究专著述要》，介绍左宗棠研究各类专著的主要内容和观点。第七、八、九章《左宗棠研究论文述要》，则从不同的内容与角度，对有关论文予以介绍和叙述。第十章分别介绍我国台湾、香港地区与国外关于左宗棠研究的概况。最后附录《左宗棠研究著作索引》，包括 1897 年至 2011 年所出版的左宗棠研究专著和发表的论文。

## 郭嵩焘研究著作述要　乙53

王兴国著　湖南大学出版社 2009 年 6 月出版

　　本书是对郭嵩焘研究的历史和现状一次总体的回顾和概述。全书共分八章。第一章为郭嵩焘生平简介，同时介绍他的著作情况。第二章概述郭嵩焘研究情况，作者进行了分期，着重介绍改革开放以来大陆"郭嵩焘研究热"的种种表现，同时介绍了郭氏思想研究中存在的某些学术观点的分歧。第三章至第五章为郭嵩焘研究专著述要，既介绍了十种通史著作中有关郭氏研究的专门章节，更着重介绍了七种专门或主要研究郭嵩焘的专著，如郭嵩焘的年谱、大传、评传与《走向世界的挫折——郭嵩焘与道咸同光时代》等书。第六章至第八章为郭嵩焘研究论文述要，对一百一十多篇重要论文的主要内容和观点分别进行了介绍，分为总论、生平大事、政治思想、洋务思想、外交思想、文化、经济、科技、教育、哲学经学和史学思想等九个部分。最后为附录《郭嵩焘研究著作索引》。

## 曾国藩研究著作述要　乙54

刘志靖　王继平著　湖南大学出版社 2013 年 7 月出版

　　本书是对已有曾国藩研究成果的客观叙述。

　　全书分为七章。第一章主要介绍曾国藩的生平，包括家世源流、早年求学、京官生涯、创建湘军、镇压太平天国等，兼及介绍曾国藩著作的整理与出版。第二章概述曾国藩研究情况，将一百多年来曾国藩研究的发展状况及其所取得的主要成果分五个阶段进行回顾和评述，但限于资料，仅主要评述大陆本土学者的研究成果，对海外与港台地区学者的研究成果未予述评。第三章为民国时期曾国藩研究专著述要。第四章介绍中华人民共和国成立以来曾国藩研究的专著，包括曾国藩传记、幕府研究、思想文化研究及其他学术性专著等四个部分。第五章至第七章为曾国藩研究论文述要（上中下），依次介绍曾国藩的学术思想、政治思想、经济思想、军事思想、洋务思想、文学思想、幕府、家教思想及家庭伦理、文化思想以及对曾国藩总体评价等方面的研究论文。介绍中重在对研究成果进行展示，一般未作评价。

## 黄兴研究著作述要　乙55

萧致治著　湖南大学出版社 2010 年 6 月出版

242

　　黄兴是辛亥革命开创中国民主共和时代的元勋，与孙中山并称"开国二杰"。本书旨在综合介绍近百年来国内外的黄兴研究概况，并作出扼要评说。

　　全书共分五个部分，即四章与附录。第一章《生平简介》，叙述黄兴的生平与事功。第二章《研究概况》，分近百年来国内外黄兴研究概况的分期综述和研究成果透视、未来研究展望三个部分。第三章《著作述要》，共介绍有关黄兴研究的专著二十五部，包括专题研究、评传、传记和年谱等。第四章《重要论文简介》，介绍具有一定代表性的论文一百三十七篇，分生平探讨、综合评论、黄兴与孙中山关系、武装反清斗争与军事思想、政党与政治主张等九个方面的内容。这两章的特点，是作者比较注重对专著和论文重要内容的摘录，既丰富了本书内容，又方便读者学习与引用。最后是著作论文索引，按内容与时序分列成七个方面，亦方便读者查检。

## 谭嗣同研究著作述要　乙56

贾维著　湖南大学出版社 2010 年 7 月出版

　　本书是一部全面回顾百年来谭嗣同研究历史的专著。全书共分八章。第一章《谭嗣同简介》，概述谭嗣同的生平活动、思想著述和历史地位。第二章《谭嗣同研究概述》，阐述谭嗣同研究的四个发展阶段及其特点。第三章《清末民初的谭嗣同研究》，介绍辛亥革命与五四运动时期对谭嗣同研究所取得的成果。第四章《民国时期的谭嗣同研究》，分别从学术史、哲学史、思想史、近代史四个方面叙述。第五章《建国以后的谭嗣同研究》，论述中华人民共和国成立之后谭嗣同研究的发展及其有关学术争论，并简要介绍"文革"时期的研究状况。第六章《新时期的谭嗣同研究（上）》，介绍新时期谭嗣同研究在资料、传记、思想、学术及历史研究等方面所取得的新进展。第七章《新时期的谭嗣同研究（下）》，介绍新时期有关谭嗣同研究的重要论文以及谭氏与湖湘文化、师友关系等。第八章《台港及海外学者的研究》，叙述中国台湾、香港五十年来的研究成果以及苏联、日本、欧美学者对谭嗣同的研究。末尾附录《谭嗣同研究著论索引》。

## 李东阳与茶陵派　乙57

周寅宾著　湖南师范大学出版社 2008 年 1 月出版

　　李东阳是明代著名的政治家和文学家。他领导全国文坛四十多年，并形成了风行全国的文学流派——茶陵派。本书即是一部阐述李东阳生平文学成就及其与茶陵派有关的专著。

　　全书分四章。第一章全面介绍李东阳的籍贯、家世与生平事迹，着重阐述其作为明代弘治年间之贤相的政绩。他在正德年间的政治表现，历史上有争议，本书详述有关史料与史论，并作出实事求是的评价。第二章阐述李东阳的诗歌成就。分节论述其所著诗话、诗集，且按诗歌题材对他的政事诗、风景诗、题画诗、赠答诗作分类研究，以论证其诗为"明代一大宗"的历史地位。第三章阐述李东阳的散文成就。先论述其散文与明代前期文化思潮的关系，再按散文体裁对其论说文、序文、赠序、题跋文及三种记叙文进行分类研究，以论证他作为明代"文章正宗"的历史地位。第四章评述李东阳领导的茶陵派。先综述茶陵派的形成发展历程，再对茶陵派的二十多位成员与支持者的生平与诗文成就作简要评介。

## 陶澍的经世思想与实践　乙58

薛其林著　湖南大学出版社 2012 年 12 月出版

　　本书分为五章，分别论述陶澍的生平与时代背景，陶澍经世思想的源流、内容，陶澍的经世实践，陶澍经世思想的影响、地位与特色。陶澍上承王夫之经世思想，下启林则徐、魏源务实变革思想。其经世思想不仅体现在学术上，还体现在巡抚江南、总督两江的实践中，在改良漕政、倡行海运、整顿盐政、整理财政、整饬吏治、赈济灾荒、兴修水利、培育人才等事功上，都取得卓越的成绩。因而陶澍是一位中国由古代走向近代、由封闭走向开放的里程碑式的人物，是晚清杰出的政治家与改革家。

## 胡林翼军事思想研究　乙59

薛学共　吴晓斌著　湖南大学出版社 2013 年 3 月出版

　　胡林翼是晚清"中兴三名臣"之一，湘军重要将领。本书是系统深入研究胡林翼军事思想的首次尝试。

　　全书分为十章。第一章绪论，对胡林翼逝世以来的研究概况，分晚清、民国和新中国成立之后三个时期进行综述。第二章叙述胡林翼所处的时代及其家世与生平，突出时势造英雄，是那个需要巨人的时代，造就出了一个"一人而任天下人，一省而救天下省"的"天下巡抚"胡林翼。第三章论述胡林翼经世务实的军事哲学思想，包括其军事伦理思想与军事辩证法思想。第四章论述胡林翼"以强兵而立国"的建军思想，认为组建军队必须从选将、募兵入手，而以选将为第一要务。第五章论述胡林翼严明仁爱的治军思想，并突出了胡林翼的严爱兼施、率兵有术。第六章论述胡林翼统筹全局的战略思想，对其深谋远虑，逐渐形成"以上制下"、"保鄂图皖平吴"，最终战胜太平天国的战略规划的制定与实施，分七个小节展开。第七章论述胡林翼以主待客、奇正结合的战术思想。第八章论述其"用兵不如用民"的团练思想。第九章论述其"筹饷以供军需"的军事经济思想。第十章结语，论述胡林翼军事思想的影响与意义，认为胡林翼军事思想促进了中国军事理论的近代转型，是近代湖湘文化的重要组成部分。

## 曾纪泽的外交活动与思想研究　乙60

黄小用著　湖南大学出版社 2013 年 7 月出版

曾纪泽是晚清著名外交家，曾任驻英法俄公使，被誉为晚清驻外使领第一人，本书重点论述他的外交活动与外交思想。

全书分为五章。第一章介绍曾纪泽的家世家训和他出使前学习西方语言与国际法的情况。第二章论述曾纪泽的外交生涯，分四节分别叙述曾纪泽的中俄伊犁谈判、中法越南交涉、中英鸦片加税免厘交涉、中朝中缅交涉等重要外交事件。第三章论述曾纪泽的外交思想，分为主权至上、实力外交、平等外交、诚信外交、和戎外交、公法外交、设领护侨、灵活机智的外交方式等八个方面。第四章是对曾纪泽外交活动与外交思想的评价，认为曾纪泽主持和参与多次中外交涉、谈判，身临危难，无一失体，不矜不伐，为国家挽回了诸多利益。特别是在收回新疆事件中，为改订"崇约"，深入虎穴，将已投之食索回，保障了国家领土的统一，大长了民族之气。其外交思想体现了浓烈的爱国主义精神，丰富了湖湘文化的内涵。第五章为曾纪泽外交思想与同时代人物外交思想的比较。认为曾纪泽在近代驻外使领中，是一个承前启后的人物。既继承了前任郭嵩焘开眼看世界的趋新精神，又规避了郭嵩焘书生意气的非理性言行；相比他的后任薛福成则在政治上更显得成熟稳重；跟晚清重臣李鸿章相比，则在处理中外交涉问题上少了李氏某些政客的个人与帮派意识，而主权意识、爱国意识更强。

## 谭嗣同唐才常与维新运动　乙 61

陈宇翔著　湖南大学出版社 2012 年 4 月出版

本书以谭嗣同、唐才常共同献身维新事业为主线，记叙并评述"浏阳双杰"的事迹和贡献。

全书分为五章。第一章分别叙述谭、唐两人的青少年时代及其"二十年刎颈交"。第二章叙述谭嗣同、唐才常与湖南新政，重点阐述两人在湖南推行维新变法中兴办或参与兴办"浏阳算学社"、《湘学报》、《湘报》、时务学堂、南学会活动的贡献及其影响。第三章专述谭嗣同从应诏入京到慷慨就义的百日维新事业及其不朽精神。第四章述唐才常为完成谭嗣同未竟事业而前仆后继，领导和发动自立军起义，并为之慷慨赴死的壮举全过程。第五章分别论述谭嗣同、唐才常的维新思想，兼论两人之间义薄云天的情谊和思想上的志同道合。

# 王闿运的生平与文学创作　乙62

周柳燕著　湖南大学出版社 2010 年 12 月出版

　　本书以王闿运的文学创作为中心，梳理他的人生历程，展现他的个性特征，阐述他的学术性格，探讨他的创作理念和文学成就，并在特定的时代和地域背景中考察其与近代时局变迁、学术思潮和湖湘学风之间的联系，挖掘近代文学和湖湘文化的发展特点与趋势。

　　全书共分十四章。第一章述湖南近代时局、学风流变与诗文流派等，第二章述王闿运的家世、童年与青少年时期，第三章述其科场失意后归隐衡山十余载的著述成就，第四章述王氏的三次入幕生涯，第五章写王氏一生的情感生活，第六章述其青、中、老三个时期的壮游旷览，第七章述"执掌书院"，第八章述"交游酬酢"，第九章述"诗书继世"，第十章论述王闿运的文学理论，第十一章论其"湖湘派"的诗歌创作，第十二章论王闿运的词作，第十三章论其散文与辞赋，第十四章则论其文学创作对湖湘文化的影响。

# 王先谦的经学成就与经学思想　乙63

龚抗云著　湖南大学出版社 2013 年 7 月出版

　　王先谦一生学问广博，著作等身，于经、史、诸子和诗文创作等方面均有建树，而经学在他的学术成就中占有较为重要的地位。他的《尚书孔传参正》《诗三家义集疏》是清代汉学有关《尚书》《诗经》研究的两部集大成之作。本书着重从这两部著作入手，一方面对清代汉学有关《尚书》《诗经》研究的基本情况作整体把握和比较研究，进行较为全面、系统的考察，另一方面则对王先谦的这两部经学著作作深入解读和探讨，在揭示其成就和价值的同时，也剖析其局限与不足。

全书分为十二章。第一章为绪论，概述晚清的社会、学术背景以及有关王先谦学术思想的研究现状。第二章至第七章分别探讨王先谦《尚书孔传参正》一书的编纂体例及其对前人学术成果的汇辑，该书对今古文学术源流的梳理和考辨，对今古文文字和义说的汇辑和考证，对伪《书》、伪孔传的补证之功，对《禹贡》篇的水地考证，以及他在明古今、辨真伪之外的其他一些重要经解和考据成就。第八章至第十一章则研究王先谦《诗三家义集疏》的成就和不足，主要是分析清代《诗》学的发展脉络及其时代特征，以揭示王先谦在《诗》学方面的主要成就与不足。第十二章则主要分析研究王先谦的经学观及其治学风格、特征与态度。

## 皮锡瑞的经学成就与经学思想　乙64

吴仰湘著　湖南大学出版社 2013 年 7 月出版

皮锡瑞一生精研群经，尤擅《尚书》，兼治郑学，宗主今文，取前儒时贤之长，自成一家之学。

全书《绪论》之后共设十章。《绪论》主要述说皮锡瑞经学的研究概况，将作者所见研究皮锡瑞经学的中文论著分四个方面进行述评。第一章专述皮锡瑞的人生经历，认为皮氏是晚清历史巨变下中层士绅的典型。第二章至第九章，分别对皮氏的《尚书》学、《春秋》学、郑学、礼学的重要著述进行专题评析，评析中由于发掘利用了《师伏堂经说》《师伏堂经学杂稿》《师伏堂日记》等未刊稿本中的资料，故有利于改变以往研究仅据《经学历史》《经学通论》和《今文尚书考证》等数书来评判皮氏经学的局面。第十章综论皮锡瑞的经学思想，是纵观皮氏有关研经旨趣、经学取向、治经方法、经学立场的言论及主张之后的科学总结。书后还附录有皮锡瑞著述版本、研究论著目录和年谱简编。

## 叶德辉生平及学术思想研究　乙65

张晶萍著　湖南师范大学出版社2008年12月出版

　　本书是一部全面考察叶德辉生平重大活动、系统探讨其学术思想的专著。全书分为六章。第一章通过追溯晚清湖湘文化与湖湘汉学的特点，寻找叶德辉思想的渊源；特别是通过对叶氏求学、应考、出仕、告假回乡等过程中所交往的人物、所受影响的探讨，分析叶德辉与近代湖湘汉学的关系。第二章考察叶德辉在戊戌新旧之争中的活动，探讨叶氏成为守旧派人物的原因，并分析其思想与康梁激进维新派思想的根本分歧之所在。第三章，梳理叶德辉在清末新政时期的活动，探究叶氏抵制新学新政的思想根源，揭示其经学思想及其传承经学教育的努力。第四章，结合近代社会变迁，考察叶德辉如何由参与省政退守到闭户弦歌，以及他在此过程中的心态、思想。第五章，分析叶德辉的藏书理念与出版理念，阐发其藏书、出版活动与其思想的内在关联性，并评价了叶德辉藏书、出版对于保存中华文化遗产的意义。第六章结合叶德辉晚年的活动与心路历程，对叶德辉之死作出了文化层面上的阐释。

## 宋教仁思想研究　乙66

迟云飞著　湖南师范大学出版社2010年12月出版

　　宋教仁是辛亥革命时期最有影响的革命家之一，华兴会、同盟会的重要领袖，民国初年国民党的主要组织者。本书是对宋教仁的思想及其精神世界首次进行系统深入的探讨。

　　全书分为十二章。第一、二章，论述宋教仁的早年生活和思想发展，以及近代湖湘文化对他的影响。第三至五章，论述宋教仁的民族主义观念、革命方略和民主宪政思想。第六至八章，论述宋教仁对社会思潮、伦理学、哲学与阳明学的研习以及对日本的观察、思考与评论，以多角度探讨其学术旨趣。第九章专题探讨宋教仁以《间岛问题》为中心的边疆史研究，并分析其研究特点和价值。第十章解读宋教仁的日记，以反映其性格、爱好与情趣，窥视一个革命者的心史。第十一、十二章，则把宋教仁与孙中山以及同龄的湘籍政治人物杨度、蔡锷进行比较研究，以见其共同的追求与不同的政治理念、治国方案。

## 蔡锷思想研究　乙67

邓江祁著　湖南师范大学出版社 2008 年 11 月出版

蔡锷是中国近代史上著名的军事家和政治家。他虽然在世仅有短暂的三十四年，但却做了在中国近代史上具有重大影响的两件大事：一是在辛亥革命时期，发动和领导了云南的反清武装起义，结束了清政府在云南的封建统治，建立了辛亥云南军都督府；二是在袁世凯复辟帝制时期，发动和领导了云南反袁护国战争，为"再造民国"建立了不朽的功勋。

本书是全面系统研究蔡锷思想的学术专著。全书在引论"蔡锷研究综述"的基础上，再分七章论述其维新变法思想、民主革命思想、国权思想、政党思想、宪政思想、军事思想和经济思想。在系统深入分析研究蔡锷思想七个方面的基础上，作者在《结语》中又归纳出蔡锷思想具有"高扬爱国主义的伟大旗帜"、"兼采中西、为我所用"、"所言所行中渗透着浓郁的军人气质"和"脚踏实地、求真务实"等特点。认为爱国主义和民主革命思想是蔡锷在清末民初成就两大伟业最为重要的因素。

## 刘揆一与辛亥革命　乙68

饶怀民著　岳麓书社 2010 年 11 月出版

刘揆一是中国近代著名的资产阶级民主革命家，他的一生与整个中国民主革命相始终。本书以传记形式叙述刘揆一的生平、事功与思想。

全书分为八章。第一、二章，叙述刘揆一的家世源流和青少年时代。第三章叙述他协助筹组华兴会和参与领导长沙起义。第四章叙述刘揆一两次东渡日本的流亡生活与痛苦求索。第五章叙述刘揆一参与策动萍浏醴起义及其国难家仇，随后加入同盟会。第六章叙述刘揆一主持东京本部同盟会，其间包括他调解孙、黄"国旗图案之争"、两次平息倒孙风潮和粉碎一起暗杀孙中山的阴谋等事功。第七章述其督师武汉与组织湘军援鄂。第八章叙述刘揆一入阁袁世凯把持的国民政府，出任工商总长，推行经济改革，仅八个月即愤然辞职，投身反袁斗争。后有《结束语》，叙述刘揆一在新民主主义革命时期继续做过的一些有益于人民的工作，以体现其革命者的完整一生。

本书原于 1992 年 3 月由岳麓书社出版，此次重版前由作者作了适当修订和补充。

## 蔡和森思想研究　乙69

李永春著　湘潭大学出版社 2011 年 12 月出版

蔡和森是中国共产党早期卓越领导人之一，杰出的无产阶级革命家和著名的马克思主义理论家、宣传家。本书即为第一部全面系统研究蔡和森思想的专著。

全书分为十章，分别论述蔡和森的建党思想、社会主义思想、政治思想、宣传思想、哲学思想、经济思想、史学思想、工人运动思想、农民运动思想和青年运动思想。十章论述之后，还有结语论说蔡和森思想的历史地位和影响，归纳出值得我们继承和发扬的蔡和森革命精神。本书对蔡和森思想的各个方面都作了学术回顾，然后分别探讨其思想形成原因、发展阶段、主要观点、影响与特点及其局限性，以探析蔡和森思想的发展演变历程，揭示其思想的实际影响，力图给蔡和森以科学的历史评价。

## 湘籍近现代文化名人·翻译家卷　乙70

张旭著　湖南师范大学出版社2011年11月出版

　　本书遴选湘籍翻译家十人，分别对他们的翻译活动与成就展开系统研究与介绍。这十名翻译家包括：社会学与历史学翻译家赵必振，政治理论翻译家李季，红色经典翻译家萧三，哲学与史学翻译家杨东莼，哲学和印度学经典翻译家徐梵澄，教育学与伦理学翻译家杨昌济，教育理论翻译家傅任敢，新格律体诗歌翻译家朱湘，英美文学翻译家钱歌川，法日俄文学翻译家黎烈文。

　　除了介绍翻译家的译介成果外，还分析这些翻译家成功的内在动因、心路历程、品行素质和外部环境、社会需求等，以展示各自的翻译观，讨论他们的翻译选题和翻译过程，分析他们的翻译策略与当时社会环境的相互关系，以求让读者从先贤的翻译事迹中得到启迪。与此同时，作者还力求融会现代西方翻译思想，重点彰显湖湘文化精神和近现代湘籍翻译家的文化贡献，以确立这些翻译家作为文化创造者的身份和地位。

　　湘籍近现代文化名人中还有一些翻译成就卓著的人物，如周谷城、向达、杨人楩、李达、成仿吾、周扬等，因另设传略，而未纳入本书。

## 湘籍近现代文化名人·文学家卷 乙71

李阳春编著 湖南大学出版社 2010 年 1 月出版

　　本书先设《概论》，总论湖南文学的人文渊源和湖南近现代文学的地位、特征及其风格流派。然后从众多的近现代湖南籍文学家中，遴选创作成就突出、文学地位独特且在中国近现代文学史上有重大影响的十七家，分别叙述其生平事迹、创作经历与创作成就等。这十七家为：汉魏诗风的中坚邓辅纶，中晚唐诗派的领袖易顺鼎，"身在佛门，心萦家国"的诗僧释敬安，现代武侠小说的鼻祖向恺然，"革命党之大文豪"陈天华，主创南社的"监狱诗人"宁调元，女性文学的拓荒者陈衡哲，打出"幽灵塔"的女性戏剧家白薇，"创造社"的理论先驱成仿吾，"蓬勃着楚人的敏感与热情"的黎锦明，独授少将军衔的"女兵"作家谢冰莹，"青年女性的叛逆的绝叫者"丁玲，饱蘸血泪话"丰收"的乡土作家叶紫，著名文艺运动的理论家和领导者周扬，湖南现代文学"茶子花"的创始人周立波，杰出的"山民艺术家"沈从文，"喜剧奇才"童话作家张天翼。

　　湘籍近现代文化名人中，还有一些文学成就十分显赫的人物，如魏源、曾国藩、王闿运、王先谦、欧阳予倩、田汉等，因另设专传，而未纳入本书。

## 湘籍近现代文化名人·史学家卷 乙72

莫志斌主编 湖南师范大学出版社 2010 年 12 月出版

　　本书《前言》纵论湖湘传统史学的流变、历史考证学的丰厚创获和马克思主义史学的发展且名家辈出。下设十篇分别为湖湘近现代史学家周谷城、吕振羽、翦伯赞、李剑农、向达、蒋廷黻、杨人楩、谢华、余嘉锡、陈衡哲立传。认为周谷城是纵论古今、评说中外、追求真理、蜚声海内外的史学大师，其独著之《中国通史》《世界通史》，至今仍在史学界广为传诵；吕振羽是"集革命家与学者于一身"的史学家，所著十多部史学专著和一百余篇论文共五百多万字的史学研究成果，为中国现代史学发展作出了巨大贡献，被史学界公认为是与郭沫若、翦伯赞、范文澜、侯外庐齐名的马克思主义史学"五大家"之一；翦伯赞是马克思主义史学巨匠（"五大家"之一），其论文三百余篇与专著、论集十余种，共四百余万字，为我国现代史学的发展作出了杰出的贡献；李剑农则是中国近代史和中国古代经济史的研究专家；向达是融通中西的一代史家，敦煌学研究的重要开拓者；蒋廷黻是具有强烈民族意识的爱国史家，中国近代史和近代中国对外关系史研究的开拓者；杨人楩则是我国法国革命史和非洲史研究的开拓者；谢华是忠诚的革命战士和著名的方志史专家；余嘉锡院士是目录学家、语言文字学家，兼通四部的一代学人；陈衡哲是我国世界史研究的先驱兼著名文学家。

## 湘籍近现代文化名人·语言文字学家卷　乙73

曾常红编著　湖南师范大学出版社 2011 年 12 月出版

　　本书《前言》纵论晚清以来百多年间湘籍近现代语言文字学家的概况，然后从中遴选八位成就尤为突出者进行全面系统评介。这八位分别为：对党和国家颇有贡献的文字学家符定一，湘中第一经师曾运乾，积微致著、能耐务实的院士杨树达，语文现代化运动的先驱黎锦熙，朴学奇才马宗霍，为人民而写的"小册子"主义者曹伯韩，游走在古文献世界的学者杨伯峻，博通之才的国学大师张舜徽。作者在评介中，采用以传为主、寓评于传和评传结合的体例，对每位语言文字学家的生平事迹和主要著作，都作较为详细的叙述和客观中肯的评价。在述评过程中，作者除了介绍语言文字学家的学术成果外，还分析其成功的内在动因、心路历程、品行素质和外部环境、社会需求等，以展示他们的人生观、价值观和研究风格，分析他们的研究与当时社会环境的相互关系，以求让读者从先贤的研究著述事迹中得到启迪。

## 湘籍近现代文化名人·戏剧家卷　乙74

邹世毅主编　湖南师范大学出版社 2012 年 1 月出版

　　本书述评的湖南籍人物，为 1840 年至 1949 年间在中国戏剧电影领域业绩卓著的艺术家，包括近现代戏剧，电影的编、导、表演，理论研究和教育活动诸方面的杰出人物十一位。他们是：以幕僚戏癖终其生的戏曲作家、理论家杨恩寿，引领现代戏剧艺术的著名戏剧家欧阳予倩，精通民俗学的戏曲史家黄芝冈，新戏剧运动的杰出先驱和卓越领导人田汉，兼善史论与创作的戏剧家周贻白，开创"绍派"表演艺术的湘剧家吴绍芝，创新湘剧新戏的湘剧表演艺术家徐绍清，开创现代戏剧史论新领域的戏剧家张庚，"话剧皇帝"和著名电影艺术家金山，首个享誉国际的电影演员和戏剧家王人美，最受观众欢迎的"最佳演员"白杨。

　　作者在述评中，以述为主，述评结合，着重介绍每位戏剧家的主要生平事迹、重要活动、重要著作、业绩及其影响。

## 湘籍近现代文化名人·音乐家卷　美术家卷　乙75

音乐家卷，郭声健　陈瑾主编/美术家卷，李蒲星编著　湖南师范大学出版社 2011 年 11 月出版

　　音乐家卷遴选湘籍音乐家八人分别立传，他们是：中国古琴

九嶷派创始人杨宗稷，中国流行音乐之父黎锦晖，小山村走出的音乐大师贺绿汀，执着艺术的"百灵鸟"黄友葵，革命音乐的先驱者吕骥，中国小提琴艺术的先行者王人艺，扎根延安的革命音乐家向隅，"音乐家摇篮"的缔造者黄源澧。各传均从每位音乐家的生平和主要从艺经历出发，重点阐述其在各个时期的音乐活动与成就，以彰显其艺术贡献与湖湘文化精神，确立其在各自音乐领域的影响与地位。

美术家卷遴选湘籍美术家七人分别立传，他们是："融合碑帖"的著名书法家兼画家曾熙，世界文化名人、文人画集大成者齐白石，山水画家传统守护者萧俊贤，中西融合先行者画家高希舜，将军画家张一尊，北派传承第一人陈少梅，现代雕塑前行者肖传玖。作者在介绍美术家生平事迹的同时，对其艺术上的成就进行了评述。

## 湘籍近现代文化名人·哲学家卷　乙76

陈先初著　湖南大学出版社 2011 年 11 月出版

本书旨在反映近现代史上著名湘籍哲学人物的学术经历及哲学成就。首先以概述形式对湖湘文化的源流和近代史上西方哲学思潮的传入情形进行梳理，以明了近现代湘人哲学发展的历史依据和转型参照；同时简要说明湘籍哲人各具特色的哲学思想及其特点，以展示近现代湘人哲学从传统向近现代转型的整体风貌。继而选取近现代史上分属传统型、中西兼容型和近代西方型的六位湘籍代表性人物，即魏源、谭嗣同、杨昌济、李达、李石岑和金岳霖，分篇对他们的学术经历和思想成就尤其是哲学成就进行详细介绍和简要评论，以凸显其在近现代中国哲学史上的地位与作用。本书将传主生平活动、主要事功与其治学过程、思想及学术贡献结合起来，循着传主的人生轨迹对其所取得的专门成就作较为详细的揭示。

湘籍哲人并不止于本书所列有代表性的六位，其他人物的哲学思想在概述中作了简要评介。

## 湖南女杰传略　乙77

王国宇主编　湖南人民出版社2009年12月出版

本书分概述、传略和附录三个部分。

概述部分按时段概述湖南历史上的杰出女性。即：宋明至清代的湖南女诗人，清末湖南的妇女解放运动先行者与女报人群体，五四新文化运动中的湖南女作家、女演艺家、女学者和女工艺家群体，五四运动之后投身革命洪流的湖南女革命家、女英烈群体。

传略部分选南宋以来至1949年在历史上影响较大且有一定文献材料的杰出女性七十三人分别立传，叙述其生平事迹、主要成就或独特精神。所选人物以现代女性为主。

附录部分则对自先秦以来至1949年湖南历代有记载有一定影响的二百一十五名女性进行简介。编写顺序均按历史时期的先后为序。

## 湖南抗战阵亡将士事略　乙78

钟启河　周锦涛主编　湘潭大学出版社2011年1月出版

本书正文分两大部分，一为抗日战争湖南战场阵亡将士及殉职人员事略，二为抗日战争全国各战场湘籍阵亡将士及殉职人员事略。

第一部分收日军首次轰炸湖南、三次长沙会战、洞庭湖北岸保卫战、常德会战、长衡会战、粤汉路南段保卫战、湘西会战、湖南沦陷各县的抗日游击战和湖南战场转入反攻阶段等各时段阵亡将士及殉职人员一百零二人。第二部分分中共领导的敌后战场湘籍阵亡将士及殉职人员和国民党正面战场湘籍阵亡将士及殉职人员两部分，前者共收二十四人，后者共收七十人。对于记载欠详的湘籍阵亡将士及殉职人员和全国各战场湘籍空军殉职人员，则采用附表的形式记其名录。附录部分还介绍湖南地区和全国其他地区抗日烈士墓陵、墓园、墓葬等情况。

记述对象主要为军队团级以上（含团级）、文职县级以上（含县级）以及著名社会人士的抗战阵亡和殉职人员，其他人士则因历史材料缺乏而少有记载。记述内容为烈士的出生年月、籍贯、生平事迹、作战阵亡或殉职经过、死后追悼抚恤、表彰、墓葬等情况。

## 湖南历代科学家传略　乙79

许康 许峥编著　湖南大学出版社 2012 年 4 月出版

本书所选科学家即科学技术专家。凡入传者，或有理论或实践上的创新，或为知识综合型的学者，或兼任科技组织工作的专家学者。全书分两部，第一部《汉代至清代人物》，为蔡伦、丁易东至清末黄传祁、曾广钧等二十三人立传，主要记述其科技方面的业绩和著述成就。第二部《中华民国及跨代人物》，则分四类四编分别立传：第一编《工学》五十七人，下另有三十人简传；第二编《农学》二十八人；第三编《理学》六十四人，下有二十二人简传；第四编《医学》四十五人，下有十人简传。第二部四类合计二百五十六人。所有列传的湘籍近现代科技专家，皆有其所在学科领域的历练和拥有行业推崇的资质。其中 20 世纪上半期湘籍现代科学家，大致以 1885 年至 1915 年出生者为主体，1915 年以后出生者，1949 年前在本学科已有较大建树者，亦收入立传，且对其 1949 年后续成就有所交代。

本书附有人名索引。

## 湖南近现代外交人物传略　乙 80

李育民主编　湖南人民出版社 2012 年 7 月出版

本书介绍和评述了晚清和民国期间共二十一位湖南籍外交人物的事迹。这些人物分为三类，即职业外交官、非职业外交人物和外交理论家。职业外交官，是指担任过外交职务，或为驻外公使、外交大臣的外交人物，如晚清时期的郭嵩焘、曾纪泽、瞿鸿礼、王之春、曾广铨，民国时期的陈介、唐有壬、王芃生、蒋廷黻、何凤山、李铁峥，以及辛亥革命后担任外交官的胡瑛。非职业外交人物，是指从事过各种形式的外交活动的，又分为两类：一类是晚清时期的重臣与地方官，如曾国藩、左宗棠、刘坤一、袁树勋；一类是革命党人，在从事革命活动的同时，又以不同的方式投身于外交活动，如黄兴、宋教仁。外交理论家，包括外交思想家和外交史专家，前者如魏源、周鲠生，后者如刘彦。这二十一人的编排顺序则以生平时间先后为序。

全书在分别简介上述外交人物生平的基础上，重点阐述他们的外交思想、外交作为和成就，并在分析当时转型期社会的复杂背景下，彰显这些湘籍外交人物为维护国家权益和建设近代外交所作出的赫赫业绩，及其对中国的外交格局所产生的重要作用和深远影响。

## 湖湘历代名中医传略　乙81

易法银　阳春林　朱传湘编著　湖南科学技术出版社2009年8月出版

　　本书分为上中下三篇。上篇收湖湘著名中医家六十八位，这些中医家在1949年前有著作传世。所收人物起于北宋，止于1949年。虽然有些中医家在1949年后仍然健在，但必以1949年前有著作传世为标准。每位中医家的传略由生平简介、医著简介、学术思想及临床经验三部分组成。中篇从有关史志文献中辑录民国前湖湘名中医家传略，得五百九十八位，依朝代分篇排列，分为《先秦湖湘名医》《汉代湖湘名医》《晋代湖湘名医》《唐代湖湘名医》《宋代湖湘名医》《元代湖湘名医》《明代湖湘名医》《清代湖湘名医》《民国湖湘名医》九篇。同一篇中之中医家按姓氏笔画排列。下篇收与湖湘中医家密切相关的四篇专题文献：《马王堆医书》《医圣张仲景》《炎帝神农氏》《药王孙思邈》。这四篇文献充分体现湖湘医学源远流长及湖湘中医家深厚的医学底蕴。书后附人名索引，便利读者查阅。

## 历代寓湘人物传略　乙82

王晓天主编　王国宇副主编　湖南人民出版社2008年11月出版

　　本书分概述、传略和附录三部分。概述主要从政治经济、文学艺术和教育、学风等三方面阐述历代寓湘人物对湖南历史文化的重大作用和影响。传略部分选取从远古至民国的历代寓湘杰出人物八十四人分别立传，传记所述并非传主一生经历、事功、思想的全面总结，而是突出其寓湘期间的事功、思想及其对湖南历史文化的贡献和影响。附录部分简介寓湘人物一百七十九人，作为传略的补充，以更全面地反映历代寓湘人物。

　　本书选定寓湘人物的大致原则是：凡历史上在湖南境内生活、

工作一段时间，并对湖南的政治、经济、军事、思想、文化、教育等方面作出一定贡献或产生较大影响的外地人士均可收录；古代有影响的督抚、郡太守、知州府和个别政绩突出的知县亦在收录之列，古代帝王或分封湖南的诸侯王和地方割据者除特殊情况外，一般不予收录。所选人物的编排顺序则从远古至民国按各历史时期和人物出生时间的先后。

## 湖南近现代实业人物传略　乙83

朱有志　郭钦主编　中南大学出版社 2011 年 4 月出版

本书主要遴选 1840—1949 年中国近现代史上有代表性和影响力的湘籍实业界人物分别立传，以期通过回顾传主们的实业活动，展示出他们在工业、矿业、商业、金融业、交通运输以及手工业等实业中的经营决策、生产管理、产品销售、技术创新等方面的丰富经验，反映他们革新创造、求实进取的精神以及高超的管理才能、经营艺术，总结其成功的经验和失败的教训。传略内容主要选择传主从事实业活动的事迹历史地、具体地予以记述，对于其他方面的事情则从略而述。

全书共撰述实业人物六十五人。其中有中日甲午战后，湖南倡办新政，创设湖南矿业、电报、轮船和制造公司，由官办、商办企业培养出来的第一批近代工业、实业人才，如商业巨擘朱昌琳，矿业先驱廖树蘅，"锑业大王"梁焕奎，长沙交通业巨头龙璋等。到 20 世纪初，又有在上海创办恒丰纱厂的衡山人聂缉椝、聂云台父子，为"实业救国"开创中国化学工业的范旭东、李烛尘等。某些实业家的生平跨越 1949 年，其创办实业的主要经济活动在 1949 年以前的，也选入本书。书后的附录一，简介曾国藩、左宗棠、刘坤一、黄兴、谭延闿、熊希龄等政治人物的实业活动，附录二则简介八十四位重要却又难以写成完整传记的湘籍实业人物，以尽量展现湖南实业人物的全面性。

## 湖南历代文化世家·道州何氏卷　乙84

曾昭薰著　湖南人民出版社 2010 年 8 月出版

在清代中晚期至民国初的一百二十余年间，湖南道州何氏从何凌汉开始，中经何绍基兄弟，直到何维朴，共涌现出七位书画大家，成为著名的文化世家。本书《前言》即从三个方面概括了这一文化世家留存于世的文化遗产：清廉正直的吏治思想和行为、变革创新的书法理论与实践、尚宋但不薄唐的诗学追求与成就。

正文共分六章。第一章《源远流长的书香门第》，比较系统地分析和阐述了何氏文化世家形成的过程与原因。第二章《开启书法世家的奠基人何凌汉》和第三至五章《开一代书艺新风的何绍基》，对何氏书法，尤其是何绍基书法艺术的特点、传承、成就和影响进行了深入研究和阐述，对何氏诗歌创作的特点和绘画成就进行了探讨与归纳。第六章《各有建树的何氏俊彦》，则对何绍业、何绍祺、何绍京、何庆涵、何维朴等人的书艺特点与成就分别进行了叙述，以进一步彰显道州何氏这一门四代的书法成就及其为中华书法文化留下的丰厚遗产。全书重点在探究何绍基的书法变革创新之路，阐述其在书学观念、书风体貌、书艺技法等方面的创新，以及他对确立和完善碑派书法审美原则的贡献。

后有《结语》，集中对道州何氏文化世家的形成、书法成就和国内外后续影响进行归纳。

# 湖南历代文化世家·湘乡曾氏卷  乙85

胡卫平等著　湖南人民出版社 2012 年 1 月出版

　　湘乡曾氏是湖湘文化世家的典型代表，构成这个文化世家的主体是一个延绵八代至今的庞大的人才群体。

　　本书共分八章，系统介绍曾国藩家族在文化上的渊源、事功及其传承关系，主要叙述曾国藩这个湘军代表人物及其家族成员的文化活动以及这些活动所产生的影响。第一章《耕读传世，军功起家》，叙述曾氏家族的家世和曾国藩兄弟军功在其中的作用。第二章《孝友家风，英才满门》，叙述曾氏家族耕读孝友的家风及其历代人才。第三章《学本程朱，兼收并蓄》，主要阐述曾国藩所信仰的程朱理学。第四章《教育济世，誉满华夏》，叙述曾氏历代办学的事功活动，体现其对教育的高度重视。第五章《三十万卷，藏书传家》，叙述曾国藩及其兄弟的图书收藏活动。第六章《著作宏富，与时俱进》，介绍曾国藩兄弟和家庭成员的著述。第七章《四代刻书，嘉惠士林》，叙述曾国藩和家庭成员的图书刊刻出版活动及其成就。第八章《曾氏书学，代有传人》，叙述曾国藩的书法交游、书法艺术及其家族成员的书法国画创作。全书重点在于介绍曾氏家族的文化活动及其对当时社会与文化发展所产生的影响和贡献。

# 湖南历代文化世家·新化邹氏卷  乙86

杨亦农著　湖南人民出版社 2012 年 7 月出版

　　新化邹氏始于清嘉庆年间邹文苏、吴珊夫妇的舆学启蒙，到最后一位传人邹兴垓，历经七代，两百余年，先后产生数十位舆地学者，形成了蜚声中外的舆地世家。本书以邹氏后裔邹永敷所著《邹氏地学源流记》一文的提示为基本线索，展开对邹氏舆地世家之源起、发展、兴盛、流转直至衰微全过程的叙述，并着重介绍各个时期代表人物的活动经历和学术贡献。

全书共分七章。第一章述邹氏舆地学的"发端之时"，主要叙述吴珊的教子方法和邹氏家族的舆学启蒙。第二章叙述邹氏舆地学的"昌明之时"，主要叙述中国近代舆地学的奠基者邹汉勋的诸多建树及其五位兄弟的学业成就。第三章邹氏舆地学的"极盛之时"，在叙述第三代传人邹世诒、邹世琦、邹世可，第四代传人邹代契、邹代藩、邹代过和第五代传人邹永煊、邹永良、邹永修之后，重点叙述"继往开来的近代舆地学大师"邹代钧的地理学成就。第四章邹氏舆地学的"流传之时"，先叙述第六代传人邹兴钜在艰难中支撑家学，后叙述新中国地图事业奠基人邹新垓的开拓创新。在前四章的基础上专辟第五章重点介绍亚新地学社与武昌舆地学会，以进一步彰显邹氏舆地学的巨大成就。第六章叙述邹氏世家在其他文化领域的贡献。第七章概述邹氏家族的学术传统和爱国情怀。书末附录《邹氏世家著述录》和《邹氏地学源流记》以资读者参考。

## 湖南历代文化世家·湘潭黎氏卷　乙87

彭文忠著　湖南人民出版社 2010 年 7 月出版

本书共分九章。第一、二章介绍湘潭黎氏的家世和产生第三代"黎氏八骏"的家学渊源、社会环境和变革精神，重点述其祖黎世绶与父黎松安的忠厚传家、诗书继世家风。第三章专述蜚声中外的语言文字学家、现代汉语语法教学体系的创立者黎锦熙。第四章介绍"中国流行音乐之父"和中国新音乐的奠基者黎锦晖。第五章介绍著名矿冶学家黎锦耀、平民教育家黎锦纾和桥梁专家黎锦炯。第六章介绍"蓬勃着楚人的敏感和热情"的"湘中作家"

黎锦明。第七章介绍中国20世纪40年代流行乐坛"歌王"黎锦光。第八章叙述美籍华裔作家黎锦扬的戏剧人生。第九章归纳黎氏六代知识分子和后裔人才辈出的概况，并论述文化世家的产生及其精神的现代传承。

## 湖南历代文化世家·四十家卷　乙88

王勇　唐俐著　湖南人民出版社2010年6月出版

　　本书选湖南历代文化发展史上具有两代及两代以上相传并有相当成就和影响的家族四十家立传，以期反映湖南文化世家的整体面貌。世家传主一般只写到1949年，个别世家在1949年后有突出事迹与人物的，也只作简要介绍。湘乡曾氏、浏阳欧阳氏、道州何氏、湘潭黎氏、新化邹氏，因另单独成书，不在本书选录之列。

　　本书所选四十家，其世家人物或以纵为主，或以横为主。纵的如郴县何氏，有"三代进士、五代科甲"的美名；安仁欧阳氏，人送牌坊"七代荣恩"。横的如湘潭杨氏，杨度、杨钧、杨庄三兄妹被称为杨氏一门三才子；善化贺氏，贺长龄、贺熙龄、贺桂龄等兄弟同为嘉庆、道光间进士，不仅在中国近代政治史上负有盛名，而且在文化教育史上有卓越贡献。而更多的是纵横交错，如邵阳车氏，自车大任、车大敬兄弟以下七代，人才鼎盛，能以文字成家的有三十五人，著作不下千卷；湘潭张氏，自康熙年间张文炳，延至道光张声玠一代，绵延两百余年，其间科第蝉联、文人辈出，先后出现文学家三十多人，刊行作品集四十余部。

　　本书各世家排列以姓氏笔画为序。计有：衡阳王氏，长沙王氏，邵阳车氏，巴陵方氏，新化邓氏，湘阴左氏，攸县龙氏，善化皮氏，茶陵李氏，湘阴李氏，武陵杨氏，湘潭杨氏，郴县何氏，湘乡张氏，湘潭张氏，湘潭陈氏，郴县陈氏，衡阳陈氏，汝城范氏，安仁欧阳氏，湘乡易氏，汉寿易氏，湘潭罗氏，道州周氏，湘潭周氏，益阳胡氏，善化贺氏，衡山聂氏，湘潭郭氏，湘阴郭氏，善化唐氏，祁阳陶氏，安化陶氏，宁乡黄氏，善化黄氏，湘潭彪氏，宁乡程氏，浏阳谭氏，茶陵谭氏，邵阳魏氏。

## 湖南历代文化世家·浏阳欧阳氏卷 乙89

戴维 张湘涛等著 湖南人民出版社 2010 年 11 月出版

浏阳欧阳家族有多支，本书所论仅限宋末欧阳安时、欧阳新、欧阳逢泰祖孙父子迁浏后繁衍的这一支脉。

全书分为六章。第一章探讨浏阳欧阳氏的家世渊源，论说其迁浏始祖自南宋以来至元代欧阳玄之父欧阳龙生的繁衍世系，及其主要人物的生平事迹。第二章纵论元代显宦名儒欧阳玄"三任成均，两为祭酒，六入翰林，三拜承旨，凡朝廷高文典册多出其手"的生平事功及其文风与文学思想。第三章论述欧阳玄十九世孙、晚清维新先驱欧阳中鹄的生平事迹、学术思想及其对谭嗣同、唐才常等弟子的深刻影响。第四、五章论述欧阳中鹄之孙——戏剧大师、中国话剧创始人欧阳予倩的生平事迹、创作成就及其对中国戏剧界的深远影响。第六章叙述欧阳予倩之子"话剧化石"欧阳山尊的生平事迹和艺术成就。

全书从南宋至今浏阳欧阳氏的漫长家族史中，选取欧阳玄、欧阳中鹄、欧阳予倩、欧阳山尊四位代表人物作重点介绍，旨在表现这一文化世家文化传承的生生不息。

## 湖南楚墓与楚文化　乙90

高至喜著　岳麓书社 2012 年 8 月出版

　　本书是一部全面研究和介绍湖南楚墓与楚文化的考古类著作。全书分六章。第一章介绍湖南楚墓的发现与研究概况，对民国以来湖南楚墓的发掘考古与研究成果进行系统梳理，概要述说。第二章，从湖南地区已发掘的五千余座楚墓，分析论说湖南楚墓的等级和楚人的生活、丧葬、信巫好祀等习俗。第三章，从湖南出土楚墓的葬制、随葬器物等方面的特征，以及与各地墓葬的比较研究，分析论说湖南楚墓的区域特征。第四章，从楚人先进的冶铁业、青铜铸造业、髹漆业、玻璃制造业、商业和文化艺术等，分析论说楚人开发湖南的成就。第五章，利用古文献记载和出土文物，综合论说南楚文化与中原、巴、蜀、濮、越等周边文化的关系。第六章，综合湖南出土秦墓和早期汉墓中的楚文化因素，论说南楚文化对秦、汉文化的影响。

## 汉代长沙国考古发现与研究　乙91

何旭红著　岳麓书社 2013 年 8 月出版

　　以长沙为国名的诸侯王国始自西汉。汉高祖封吴芮为长沙王，嗣四代后因"无后"而国除。后来汉景帝封庶子刘发为长沙王，嗣八代至东汉光武帝时废封。

　　本书以长沙国辖郡、疆域、职官、城市等四个专题进行研究。根据《汉书·诸侯王表》的记载，考证了《汉书·地理志》所载汉水、九嶷山等两处自然地理之间的郡级政区的历史沿革，从而得出了吴氏长沙国、刘氏长沙国的辖郡情形，其中吴氏长沙国的辖郡也得到了沅陵侯吴阳墓所出简文、马王堆三号汉墓所出《地形图》的部分印证。通过分析湖北省江陵出土的张家山汉简、荆州出土的松柏汉简等考古资料，重新梳理历史文献，适当地补充和调整了长沙国的部分疆域。在梳理汉中央职官和其他诸侯国职官的基础上，结合出土或传世的玺印封泥、简版、历史文献等资料分析了长沙国"长吏"以上部分职官。依行政属性或功能差别区分目前发现的可能属于西汉时期长沙国的城址为都城、郡城、县城、长沙王园邑城等四种类型，并厘清了学术上关于城址演变或功能变化的部分认识。

鉴于目前所发现的长沙国遗物，绝大多数为考古发掘获得，其类别多、数量大，难于确定其是否于长沙国境内生产，因此本书重在概述遗迹。遗迹分为城址、墓葬、井窖三种形态。书中共收录了二十处城址、二十三处长沙王陵墓遗迹、四处列侯墓葬和部分重要的中小型墓葬。

### 马王堆汉墓研究　乙92

陈建明主编　岳麓书社 2013 年 7 月出版

本书是对马王堆汉墓研究的综述和总结。长沙马王堆发掘的三座汉墓揭示了二千一百多年前"文景之治"时期中国政治、经济、科学、军事、文化艺术诸方面的发展水平。四十年来，各方学者对马王堆汉墓的研究取得了丰硕成果，某些方面已填补了历史空白，改写了传世文献的记载。

全书分为九章，分别对马王堆汉墓的墓葬形制，墓主与年代，棺椁与丧葬制度，女尸研究与保护，纺织品和服饰，漆器、木俑、乐器、陶器、竹木器、金属器、印章与封泥及其他文物，动植物标本，帛画和绘画艺术，帛书简牍等四十年来的研究成果进行一次全面系统的归纳和整理。

## 湖南旧石器时代文化与玉蟾岩遗址　　乙93

袁家荣著　岳麓书社 2013 年 7 月出版

　　本书分为湖南旧石器时代文化与玉蟾岩遗址两编。第一编探讨湖南的远古人类、湖南旧石器时代的自然环境和文化面貌。第二编讲述玉蟾岩遗址的发现发掘、玉蟾岩遗址的水稻遗存、陶制容器和动物遗存等，总结归纳玉蟾岩文化遗存的诸多方面。

　　作者作为玉蟾岩遗址发掘的专家领队，运用大量第一手资料，追述发掘经过，介绍出土器物，分析文化类型，揭示其所反映的社会生活各层面，并以玉蟾岩遗址为切入点，将其置于世界旧石器时代文化演变发展历程的大背景之下，探讨湖南旧石器时代文化的基本面貌，分析其在中国乃至世界同时期旧石器时代文化发展史上的地位和意义。

## 城头山遗址与洞庭湖区新石器时代文化　　乙94

郭伟民著　岳麓书社 2012 年 8 月出版

　　本书以聚落考古理论为指导，通过城头山遗址的解剖，全面了解史前人类的社会行为，诸如对房屋结构、空间布局、墓葬安置、生产与生活行为、经济技术、宗教信仰、人居环境等进行全方位考察。在此基础上，重构城头山的发生、发展、繁荣、衰亡的历史演变过程，并以此为出发点，系统考察洞庭湖区新石器时代文化与聚落社会的演变过程，全面探讨洞庭湖地区新石器时代的人类社会及其当时的自然环境，以及当时的人类行为、生产方式、宗教信仰和生态景观。

　　全书分为四章。第一章介绍城头山遗址考古发现与研究，分别叙述其地理环境、城头山遗址考古发掘过程、从聚落到古城的城头山历史演变过程及目前的研究情况等。第二章阐述洞庭湖地区新石器时代的文化与社会，分别叙述新旧石器过渡时期的文化与聚落、彭头山文化、皂市下层文化、汤家岗文化、大溪文化、油子岭—屈家岭文化、石家河文化。第三章《文化交流与区域类型》，分别论述湖南地区新石器文化的区域进程、洞庭湖区与峡江地区新石器文化的关系、洞庭湖区与汉东地区新石器文化的关系以及洞庭湖区新石器文化与南方地区其他文化的关系。第四章《洞庭湖地区新石器文化整体考察》，论述洞庭湖区新石器时代文化的普遍性与特殊性和洞庭湖区新石器文化的历史地位。

## 湘西史前遗存与中国古史传说　乙95

贺刚著　岳麓书社2013年7月出版

　　本书以丰富的考古资料与翔实的史料为依托，把湘西作为一个文化区域来研究，此区域内已发现的史前文化遗存是研究的主要对象，其中重点突出了高庙遗址，进而将湘西史前遗存与传说时代的中国古史结合起来，研究和重构传说时代的中国古史。

　　全书分为十章，另加《结语》。第一、二章分别介绍湘西的自然地貌与早期历史、远古传说与田野考古探索。第三章至第八章专论高庙遗址与高庙文化，涉及高庙文化的分布范围、区域类型、来源与演变、若干遗址研究、先民的初创与发明以及高庙文化的对外传播。第九章论说湘西史前文化的谱系结构与文化特征及其与周邻文化的关系。第十章论述高庙、大溪诸文化与中国古史传说。

　　作者认为，早期高庙文化与晚期高庙文化、大溪文化可能就是远古人文始祖伏羲和炎帝族团的遗存，由此推断伏羲与炎帝均是生活在南方地区以沅湘流域为中心的远古部落。高庙遗址的史学价值足可与殷墟甲骨文和两周金文相提并论。

## 湖南出土帛画研究　乙96

陈建明主编　岳麓书社2013年7月出版

　　湖南是全国发现楚汉帛画最多的地方，长沙子弹库楚帛画和马王堆西汉墓帛画享有世界声誉。作者在前人研究的基础上，运用一些新的视角，改变一些单纯依靠文献诠释的方法，充分运用考古资料来把握出土帛画的研究，诠释帛画的丧葬意义。

　　全书分为战国楚墓帛画和马王堆汉墓帛画上下两编。将战国楚墓帛画视为丧葬帛画类型进行研究，而马王堆汉墓帛画则按照帛画出土位置（也就是帛画在墓葬中的空间分布）的特殊性来分割研究，分成内棺覆盖帛画、棺室悬挂帛画和藏于漆奁内的帛画三个不同组合进行研究。论说中对湖南出土帛画研究的各家学术观点进行了全面评介，并提出作者自身的学术见解。

## 湖南商周青铜器研究　乙97

熊建华著　岳麓书社2013年7月出版

　　本书以湖南各文博考古单位的馆藏资料为基础，以商、西周、春秋中期以前出土于湖南的青铜器为研究对象，宏观探讨湖南商周青铜器的考古学文化背景及所在长江流域的时空关系，微观分析湖南商周青铜器的器物类别与器型特征，关注湖南青铜器的人文特色研究，对其来源与发展轨迹、纹饰特色与传统精神轨迹、铭文铜器与湖南商周历史轨迹等一系列问题展开深入研究。

　　全书分为十一章。第一章概述湖南商周青铜器的发现、发掘与研究状况。第二章至第六章依次介绍与论说湖南商周时期的青铜食器、青铜酒（水）器、青铜击乐器、青铜兵器、青铜工具。第七章专论湖南商周青铜器的纹饰，包括几何类、动物类、文化符号类纹饰和特殊纹饰结构的解读释例。第八章论述商周青铜礼乐制在湖南的表现方式。认为生活在湘江流域的商周居民，虽然接受了青铜礼乐器代表中国式政治制度的理念，但有明显淡化，而更推崇的是器物本身的神秘性与精妙性，最具代表性的器物有四羊方尊、象尊、虎卣、人面方鼎、猪尊、马篮等。第九章论述湖南商周青铜器的冶铸技术。第十章论述湖南青铜器新风格的孕育与发展。第十一章为湖南青铜器所见商周史发微，涉及青铜器与湖南商周时期的居民、铭文记载的历史及三代重大历史事件中的湖南等。全书的《结语》是关于湖南青铜器发生、发展、特色等方面的理论思考。

## 湖南楚汉漆木器研究 乙98

聂菲著 岳麓书社 2013 年 7 月出版

　　本书是一部系统研究湖南出土楚汉漆木器的学术专著。《绪论》首先讲本书的缘起和此研究课题的时代限定、地域范围、基本思路和方法。第一章《南楚历程，区域特征》，广泛汲取湖南各区域内最典型的考古资料、视觉艺术实例和文献信息，对湖南区域楚墓所出漆器进行全面梳理和分区分期探索，结合楚国对湖南征服的进程，从文化发展的深层面揭示漆器风格的区域性特点，勾勒其演变的大致历程。第二章《传承迄汉，文脉春秋》，则以湖南西汉高级贵族墓出土漆器为代表，结合漆器工艺史、地方史，揭示湖南汉代漆器功能、工艺发展过程中的传承、变异及其原因。第三章《物勒工名，制地探源》，致力于湖南楚汉时期官营、私营漆器生产、管理和制地诸多问题的探源，以期重建早期湖南手工业生产的历史原貌。第四章《墨髹朱里，制作精良》，主要通过对漆器制胎、髹饰等制作工艺的分析和铭文，了解汉代的制漆工序。第五章《年代演绎，考古寻根》，旨在前面梳理的基础上，探索漆器考古学意义上的演变轨迹，勾勒出湖南楚汉漆器的总体发展脉络。书的《结语》以湖南地区战国秦汉时期漆器手工业发展的概括性总结，揭示其历史、社会原因，阐述湖南楚汉漆器在考古学上的意义及在中国艺术史上的地位。

## 湘西古文化钩沉　乙99

柴焕波著　岳麓书社 2007 年 12 月出版

本书所指的"湘西"，是对湖南省西部的泛称，行政区域包括现今湘西土家族苗族自治州、张家界市、怀化市和常德市西缘的一部分，地理上均属武陵山区。

考古资料显示，湘西沅水流域具有悠久的新石器文化传统，而湘西沅水以西的武陵山区腹地，是洞庭湖区与四川盆地两个文化中心之间的边缘地带，多样性和包容性成为湘西文化的最主要特点。以"覆盖与沉积"来描述湘西地区的文化模式，是具有人类学意义的。

全书共分六章。第一章湘西先秦文化溯源，概述其文化背景。第二章概述里耶古城发掘的最新成果。第三章论述湘西战国两汉时期的一个神秘话题"虎钮錞于"。第四章概述湘西中古时期的山川奇观"崖墓葬"。第五章论述土司时期的溪州铜柱、永顺老司城和苗疆边墙。第六章为湘西各民族信仰世界的溯源。作者试图从考古出土的陶片、青铜器以至残存于山林的古城墙、崖墓葬等最切实的遗存出发，通过与古文献、民族学资料的相互参照，勾勒出湘西古文化变迁的轮廓。

## 湖南出土金银器　乙100

喻燕姣著　湖南美术出版社 2009 年 12 月出版

本书以时代为序，图文结合，记述湖南出土的战国、两汉至明清各个时期的金银器概况。全书七万字，二百八十幅图，分为三章。第一章宋代以前的金银器，主要记述两汉以前及两汉时期、三国两晋南北朝和隋唐时期金银器的考古发现以及相关的研究。第二章宋元时期的金银器。湖南出土的宋元时期的金银器数量多，品种丰富，尤其是元代窖藏金银器，其数量品类之多，保存之完好，居全国之冠。本章除一般性介绍外，还有重要的相关论述。第三章明清时期的金银器，阐述该时期湖南出土金银器的考古发现及其种类、造型与工艺，并有相关论述。

## 湖湘出土玉器研究　乙101

喻燕姣著　岳麓书社 2013 年 7 月出版

本书分为六章。第一章为新石器时代玉器，介绍彭头山、大溪、屈家岭、石家河等文化遗址出土的玉器及其种类、用途、来源、特点、造型与工艺。第二章至第五章，分别介绍夏商西周、春秋战国、秦汉、三国两晋南北朝至清代四个时段的玉器考古发现、相关资料以及玉器的种类、用途、特点与产地来源、器物形态、制作工艺、文化内涵等。

全书选用了湖南历年出土材料中保存最好、研究价值最高的玉器图片三百多幅。从这些图片中的玉器来源，可见湖南出土玉器主要是魏晋之前的，其中以战国、汉代最多，新石器时代与商代次之，其他朝代很少甚至阙如；从地区来说，以湘江流域出土最多，尤以长沙地区占绝大部分。

# 湖南古代交通遗存　乙102

蒋响元著　湖南美术出版社2013年7月出版

　　本书是对湖南交通文化遗产的全面总结。第一章《绪论》，概述湖南古代交通的发展历史，分析湖南古代交通遗存的种类和特点。第二章《古道路》，论述湘粤湘桂驿道、湘川湘黔古道、湘赣古道以及府州县间的驿道和大道，并介绍其他一些古道，如营道、苗道、盐道、烟银特道、茶盐古道、茶马古道、御祭道、敬香古道、湘赣苏区交通道、华容古道、古栈道、古纤道等。此外还列举了不同民族地区的典型古道：汉族地区的祁阳古道和苗族地区的凤凰古道。第三章《古桥梁》，分别介绍湖南历代的石拱桥、石梁桥、廊桥和风雨桥以及其他类型的古桥梁。第四章《其他古代交通遗存》，介绍古路亭、古运河、古渡口、古堤台、古码头等交通设施以及古代车船等交通工具。第五章《古代交通文化》，辑录大量与交通相关的文学作品，包括联、诗词、赋、散文和歌谣等文学形式。在相关章节，列出了2010年湖南省交通文化遗产普查勘测成果，如民桥统计、古路亭统计等。这些统计数据以及书中大量的图片，为读者提供了研究湖南交通文化的便利。本书是在2012年7月人民交通出版社《湖南交通文化遗产》的基础上修订而成的。

# 湖南民俗文化　乙103

赵玉燕　吴曙光著　湖南师范大学出版社2010年12月出版

　　湖南民俗文化是湖湘文化的深厚载体，也是"长江文明"、"稻作文化"和"巫风文化"在日常生活中的生动展现。它蕴涵于湖南独特的自然环境、人文环境中，承荷着浓郁的湖南人精神。

　　本书分八章，分别从物质生产民俗、物质生活民俗、乡村组织与社会交往民俗、人生礼仪民俗、节日民俗、信仰民俗、口头民俗、文体游艺民俗等八个方面对湖南各个地区各个历史时期各个不同民族的民俗文化有侧重点地逐一进行述评，基本理清了湖南古今民俗的源流脉络，并对湖南地域文化及内隐于其中的湖南人群体性格、认知图式、精神气质与内涵以及文化心态等作了较为系统深入的探讨。作者在广泛阅读地方史志和田野调查的基础上，对湖南历史上与现实中的民俗现象进行了精到描述，较为全面地通过农耕生产、渔猎生产、养殖生产、林业生产、手工艺生产、商业、饮食、服饰、建筑、水陆交通、医药、家庭、家族与宗教、村落与"款"、社会交往礼仪、人生礼仪、节日、信仰、传说、谚语和文体游艺等方面的民俗，展现出湖南民众自身话语知识的系统性，进而呈现出湖南人的生活文化、文化心态和生存智慧，突出了湖南民俗文化因其独特地理环境、民族结构以及历史发展不平衡性等诸多因素影响下的自身特色。

## 湖南茶文化　乙104

陈先枢　汤青峰　朱海燕著　中南大学出版社2009年1月出版

　　"茶之为饮，发乎神农氏"，湖南自古即有"茶乡"之称，因而湖南茶文化能从一个侧面深刻揭示湖湘文化的深厚底蕴。本书放开文化视野，分为十二章，一举将湖南地区上下五千年的茶史钩沉，名茶集萃，茶具茶包装，茶俗茶艺，茶亭茶馆，茶人茶事茶诗，茶农茶业茶市，乃至湘茶科研教育与行业组织等，悉数揽入，使之成为一本系统介绍湖南茶文化的雅俗共赏之作。

## 湖南酒文化　乙105

蒋雁峰著　中南大学出版社2009年1月出版

　　本书对湖南酒文化进行全方位的梳理和介绍，共设十二章。第一章湖南酒史源远流长，重点叙述湖南酿酒历史悠久，古酒品种繁多，风格特异。这不仅在古代关于炎帝教湖湘先民酿酒的记载和晋代张载颂扬衡阳酃醁酒的《酃酒赋》等文献资料中可以看出，而且从近现代湖南出土的湘乡岱子坪龙山文化遗址和道县玉蟾岩遗址中发现的陶制食器、酒器，湖南出土的商代青铜酒器"四羊方尊"、"皿天全方罍"、"象尊"、"双羊尊"、"牛形尊"、"猪形尊"以及在澧县城头山出土的"漏斗形澄滤器"，都说明湖南酿酒之早，古代酒业之盛。然后十一章，分别对湖南酒的发展历史、湖南古今名泉名酒、湖南名士与酒、湖南古今酒具、酒标与酒名、酒诗酒联、书画艺术与酒、酒俗酒令、民间生活与酒以及湖南酒的加工与贸易状况等，进行全面、深入的研究与介绍，并对湘酒振兴提出了自己的意见。

## 湘菜谱　乙106

范命辉著　湖南科学技术出版社2012年3月出版

　　本书是一部关于湘菜研究与湘菜谱的集大成之作。全书分为三大部分。第一部分概述，包括湘菜的简史、流派、风味特征与名人雅记，其中"湘菜风味"尤对烹制湘菜须具备的八种基本功及湘菜四要素作了较为详细的叙述。第二部分为湘菜谱，是从六千多个湘菜菜品中精选出来最具代表性的湘菜品牌，其中传统湘菜三百六十三种，创新湘菜三百零一种，先"传统"，后"创新"，体现了本书以史为线的编撰主旨。第三部分为附录，由湘点小吃、湘菜名厨、湘菜名店、毛泽东与湘菜四个小节组成，其中入选的湘点小吃九十种，均为省内名气甚大者。本书在一定程度上理清了湘菜的家底与脉络，是湘厨提高自身素质和湘菜文化素养的工具书与学习资料。

## 湖南墓园文化　乙107

王福鑫著　湖南人民出版社 2009 年 10 月出版

本书分为五章。第一章是湖南的墓葬习俗，作者先阐述墓园文化的基本概念，然后考察与论述湖南人的灵魂不死观念和墓葬仪制、墓葬形式。第二章为湖南的墓园建筑与石刻，介绍湖南的墓地选择、墓的形制、墓亭、墓碑、墓志、石雕、牌坊等。第三章为湖南的墓园文学，介绍湖南墓园中的碑志文、祭文、墓联、墓园诗和墓园传说。第四章为湖南的墓园管理，主要考察和介绍湖南的常年性墓园管理、清明节和临时性墓园管理情况。第五章简介湖南的主要墓园，分别介绍帝王陵园、古代名人墓园、高僧墓园、资产阶级民主革命志士墓园、新民主主义革命烈士墓园和抗日英烈墓园，共选择介绍较有代表性的墓园三十三座。

## 湖南花炮　乙108

宋燧文　魏平著　湖南人民出版社 2009 年 5 月出版

花炮是湖南久负盛名的特产，以其品质精美在国内外享有良好的声誉。本书共分八章，将湖南花炮悠长久远的历史积淀、艰辛曲折的发展历程、蓬勃兴起的工艺创新、科学严格的安全管理、与时俱进的市场营销、多姿多彩的燃放艺术和博大精远的花炮文化全面而系统地展示出来，并立足长远，探索湖南花炮产业如何持续发展的路径。第一章《火药的发明与湖南花炮》，重点叙述爆竹、烟花在湖南的发明。第二章《湖南花炮发展史略》，主要叙述湖南花炮业产生、发展的历史及其地位、优势与对省外、海外的影响。第三章叙述湖南花炮的传统工艺及其创新，并介绍湖南花炮的品种、门类、特色。第四章叙述湖南花炮的生产与安全管理，重点介绍了浏阳模式。第五、六章分别介绍湖南花炮的营销与燃放艺术。第七章《湖南花炮的文化解读》，重在挖掘花炮文化的内涵与表达，揭示花炮与湖南民俗（包括节日、礼仪）、文学的密切关系和丰富内涵。第八章探讨如何构建现代湖南花炮产业。全书末尾还附录《湖南花炮千年大事记》。

## 湖南楹联　乙109

余德泉　鲁晓川主编　湖南人民出版社2009年7月出版

　　本书是一部盘点、研究和介绍湖南楹联的专著。全书十一章，按先总后分的方式构成。第一章绪论，概说楹联的概念、起源、格律、创作技巧等基本知识，总论湖南楹联在全国楹联文化中的地位。第二章为湖南楹联的发展历史，以时间为线索概述湖南楹联的发展历程。后以八章从两个层面展开分说。第三至第八章，展示湖南联人、联作以及楹联书法，从创作实绩的层面说明湖南楹联的历史地位；第九章与第十章，分别述说湖南联人关于楹联的理论成果以及在楹联教育与楹联文化推广方面的建树，从学科建设的层面说明湖南楹联的文化特质及其在整个中华楹联文化建设中的作用。第十一章是从湖南楹联中择优鉴赏，旨在与读者共同领略湖南楹联独特的艺术魅力。

## 湖南方言　乙110

彭泽润　彭建国著　湖南教育出版社2013年2月出版

　　本书按湖南现行行政区划对湖南省全部县级行政单位的汉语

方言，全面进行调查、描写和分析，以做到通过国际音标的记录分析可供方言语言学专家参考，通过全部用汉字记录方便普通读者阅读，特别是方便湖南每个县级行政范围的读者从中了解自己家乡方言的基本情况，感受母语方言文化的魅力。

全书分十五个部分。第一部分是绪论，从整体上介绍湖南的地理和政区，然后介绍湖南汉语方言的分区及各大方言形成的历史、研究状况。第二至十五部分为全省十四个地级市州的方言介绍，先介绍市州级地区方言分布状况及城区方言，再介绍所辖各县级行政单位的城区方言。每个行政单位的城区方言，只介绍其语音系统、特色词语及其例句与短小篇章。语音系统指该城区方言的系统要素声调、声母和韵母；特色词语及其例句，除当地人认为比较有特色的例子外，还尽量采用网络流传的各地"方言过级考试"题目中的材料，因为这些材料经过当地民间文化人的选择加工，不仅有地方特色，而且很有趣；短小篇章主要是当地流行的歌谣、故事或"方言过级考试"的精彩篇章。本书记录语音的标注一律采用国际音标，而不采用专门为普通话语音设计的汉语拼音。

## 湖南老街  乙111

欧阳晓东  陈先枢等编著  湖南文艺出版社 2012 年 3 月出版

老街是历史城市的缩影，从一个角度、一个侧面反映出湖南古城丰富多彩的历史风貌和都市文化。全书分为上、中、下三篇。上篇为湖南老街概述，从老街的街巷格局、构造特征、地名文化、价值等方面，略述湖南老街的个性与特征，以及形成这些个性与特征的地理环境和历史背景。中篇为长沙老街，按老街的文化内涵或命名方式分为名人印记、商业老街、山水缩影、古井遗韵、古桥故址、园林余香、城池沧桑、王府留痕、官衙遗址、老街书声、宗教圣地、民间传说等十二类。长沙素有"湖湘首邑"之称，故长沙老街在全省老街中极具典型性和代表性。下篇为其他城市老街，按地级城市分目，计有株洲、湘潭、衡阳、邵阳、岳阳、常德、张家界、益阳、娄底、郴州、永州、怀化、湘西十三个市州的历史文化名城、名镇的老街。

## 湖南老商号　乙112

欧阳晓东　陈先枢编著　湖南文艺出版社2010年12月出版

本书收录清至民国创立于1949年以前的湖南老商号，主要介绍它们的历史沿革、经营之道和商业文化。入选商号除国家商务部认定的"中华老字号"外，另还有一些有影响的老字号。

全书共十二章。首章为总述，纵论源远流长的湖南商业和清代以后湖南老商号的兴盛、行业分布与经营之道、商业精神等。以下各章按行业划分，分别介绍百货业、金钱业、纺织品业、纸张笔墨业、中药业、粮油盐茶业、餐饮业、南货业、酱食业、服务业和其他行业的老商号，共计一百七十多家。

## 湖南传统商路　乙113

尹红群著　湖南师范大学出版社2010年12月出版

本书《前言》纵论湖南传统商路的形成因素及其发展、繁荣与衰落，认为湖南传统商路的发展与湖南的开发相一致，经历数千年，具有明显的历史层累性。然后分为八章，分别论说湖南古驿道与陆运商路、湖南水运商路、湖南传统交通运输工具、湖南传统交通运输行业、湖南传统商路与远程贸易、湖南传统商路与社会、湖南传统商路与文化传播、湖南传统商路的衰落。认为湖南传统商路历时两千余年，由驿道、大道、便道、小道构成了较为完备的道路网，满足了古代湖南民众出行和商业往来的需求；由人力、畜力挽输以及肩挑背负的作业方式，构成了古近代的运输行业；由原初的少品类、小数量、短距离的土货运输，发展到多品类、大数量、长距离的贸易流通。同时，传统商路的发展促进了古代商业城镇的兴起，文化的传播与交流则刺激着湖南地方文化的兴起与发展。湖南传统商路起于政治军事，兴于商品流通，它见证了湖南的早期开发、物资的流入流出、人才的流动与文化的传播，见证了湖南的军政运筹、南北纷争，见证了湖南的商贸发展、百货畅通，并使湖南经济不断融入全国的市场，在传统经济时代发挥广泛而深远的影响。

## 湖南古村镇　乙114

李渔村　李仕铭著　中南大学出版社 2009 年 12 月出版

　　这是一部专门考察、叙述湖南现存古村、古镇的著作，这些古村镇皆能凸显出湖南特有的地域、民族特征，具有湖湘文化内涵，乃至传递楚巫文化的讯息。

　　本书分为湖南古村与湖南古镇两大部分，分别对五十一个古村与五十一个古镇进行介绍，力求原生态地描摹其具有文化和艺术价值的基本元素和历史细节，如古村镇中现存的古民居、古寺庙、桥梁、老街区等的兴建、沿革及现状。这些至今保存完好的古村镇，皆属于不可再生的历史文化遗产。如：五十一个古村落中的岳阳县张谷英村、隆回县学堂湾村的魏源故居、通道县的芋头侗寨都是全国重点文物保护单位，永州市涧岩头村与江永县上甘棠村则被列入中国历史文化名村；五十一个古镇中的长沙望城铜官镇、浏阳文家市镇的秋收起义旧址、衡阳南岳镇的南岳大庙、凤凰县沱江镇的凤凰古城、永顺王村镇的溪州铜柱和龙山县的里耶古城遗址等均被列为全国重点文物保护单位。

## 湖南宗教志　乙115

湖南省地方志编纂委员会编　湖南人民出版社 2012 年 10 月出版

本书首为概述，下分六篇。概述阐明湖南有佛教、道教、伊斯兰教、天主教、基督教五大宗教。佛教于西晋武帝年间进入湖南，道教于东晋时期传入，伊斯兰教进入则始于明洪武年间，而天主教、基督教在鸦片战争后才在湖南立足。以下六篇依次为佛教、道教、伊斯兰教、天主教、基督教和宗教事务管理。各篇所述湖南宗教沿革，上溯事物发端，下迄 1996 年，个别事项适当下延。

本书初版为 1999 年出版的《湖南省志·宗教志》，此次再版对原书进行了少许修订。

## 湖湘民间生产生活用具　乙116

陈剑　焦成根著　湖南美术出版社 2012 年 5 月出版

本书分为三大部分。第一部分为湖湘古代生产生活用具概说。作者按照历史发展的不同阶段和各种用具材质的变迁，将湖湘古代生产生活用具的沿革分成石器时代、青铜时代和铁器时代三大阶段。第二部分湖湘民间生产工具，按湖湘民间传统生产的不同门类分为农耕种植工具、渔猎养殖工具和副业营生工具三大类。第三部分湖湘民间生活用具，大体按衣、食、住、行、用的基本内容分为服饰穿戴用具、厨炊饮食用具、陈设起居用具和交通运输用具四大类，除此之外诸如文化、娱乐、医疗、礼仪、祭祀等高级或特殊生活用具，则归为第五类"其他生活用具"。在具体的叙述中，作者于第二、三部分对湖湘民间农耕种植工具和服饰穿戴用具两大类着墨较多，其他方面则相对简略，一方面突出湖湘大地传统社会生活耕织为本的基本特征，一方面是为对湘西少数民族地区的生产生活用具及其相关的生产生活习俗进行必要的介绍。全书配彩色插图达五百八十幅。

### 湖湘建筑 （一）　　乙117

柳肃主编　湖南教育出版社2013年2月出版

《湖湘建筑》分为两卷。

湖湘大地保留的古建筑中，从造型风格到艺术装饰都透着楚文化浪漫和开放的气质。

本书前有《序》，纵述湖南的地理、气候、古代行政区域和楚汉至近代各个时期历史文化发展概况，从而描绘出湖湘文化与湖湘建筑的密切关联。然后分十一章系统介绍湖湘大地存留的传统建筑及其艺术风格。书中选取的湖南各地各种类型的建筑，包括城镇和城防建筑、文教建筑（含书院和文庙）、宗教建筑、风景园林、祠堂、会馆、民居和村落、塔、桥、牌坊、墓葬等十多种建筑类型。所选的建筑不仅类型齐全，而且每种类型中所选择的条目都是同类建筑中最重要、最具有典型性和代表性的，能够反映那一类建筑的基本特点。从这些建筑中，能看出湖南古代地域建筑发展的基本概况和文化特征。

### 湖湘建筑 （二）　　乙118

胡彬彬著　湖南教育出版社2013年2月出版

本书作者以存留湖湘大地的各类传统建筑为研究对象，认为湖湘传统建筑艺术的独特之处在于它融合了汉族和湘西南少数民族的文化，表现出一种轻盈而不乏大气、浪漫而不乏质朴的湘楚风格。现存于湖湘大地的干栏式建筑、府第式建筑、庄园式建筑、街衢式建筑以及包括祠、堂、楼、桥、寺、观、塔、馆、院在内的林林总总的明清建筑群，是无数能工巧匠，以勤劳、智慧和绝技构建起来的湖湘有形文化形态之一，彰显着湖湘建筑文化的情怀和鲜明的地域民族特色。

全书分四章。第一章《湖湘传统建筑主要类型的大致分布与历史文化背景》，分别介绍湘西南与湘西北地区干栏式建筑、湘中湘南地区府第式建筑、祠堂建筑与家族文化及祠堂建筑结构。第二章《湖湘建筑装饰的主要类型与艺术手法》，分述木雕、石雕、堆塑、绘饰四类。第三章《湖湘建筑装饰艺术的题材内容及其艺术价值》，分龙凤瑞兽、神明佛道、山水楼台、戏曲人物、博古书法、花卉虫鸟等六类介绍。第四章《湖湘建筑艺术图类》，则分局部装饰、木雕、石雕、堆塑、壁画等五个艺术图类。

## 湖湘传统纹样　乙119

左汉中编著　湖南美术出版社 2010 年 5 月出版

本书是对湖湘地区的历代传统纹样进行一次较为系统的收集、整理、归纳和分析，分为文字概述和图版两大部分，每个部分又分为"历代传统纹样"与"民族民间纹样"两大类。全书将湖湘传统纹样整理汇编成两条线索组合。第一条线索是湖湘历史文物，从新石器时期的陶器纹样、商周青铜器纹样、战国至宋代的铜镜纹样，到战国至西汉的帛画纹样和织绣纹样、汉代的漆器纹样、唐代长沙窑瓷绘纹样和其他时期的玉器杂项纹样等，以上八个类别，大致贯穿一条纵向的历史时代脉络。第二条线索是明清以来至现代的湖湘民族民间纹样，又细分为刺绣、挑花、织锦、印染、雕刻、剪纸凿花、木刻版画等七个纹样项目，系从横向概念出发的工艺美术门类区分。由此纵横两条线索汇集起来的湖湘传统纹样，既体现出楚文化浪漫主义精神的深厚底蕴，又同时反映出湖湘民族民间美术的卓越创造。

## 湖湘陶瓷（一）　乙120

周世荣著　湖南美术出版社2008年5月出版

《湖湘陶瓷》分为两卷。

本卷以陶瓷生产工艺的传承、流变为窑系的主要线索，从湖湘众多古陶遗址和古瓷窑址中遴选具有特点的三十一个窑系，以年代为序逐一介绍。其中窑系的划分，以湖湘陶瓷的工艺特点为要素。全卷十四万字，三百七十三幅图片，分九章全面形象地反映湖湘古陶瓷的原始面貌、工艺特点以及对陶瓷发展的卓越贡献。第一章概述湖湘陶瓷源流、分期演变的关系和历史地位。第二章以澧县城头山遗址大溪文化陶窑和屈家岭文化陶窑为代表，反映新石器时期湖湘原始软陶的概貌。第三章通过介绍岳阳费家河陶窑和望城高沙脊陶窑器物的造型、装饰和生产工艺，反映湖南从商周直到两汉时期，原始硬陶和原始青瓷发展的状况和时代特征。第四章介绍以岳州窑为代表，包括衡州窑、潭州窑等湖湘从汉至宋青瓷窑系的生产、发展及流变状况。第五章以长沙窑为代表，概述湖湘釉下多彩瓷的基本情况、装饰工艺和文化内涵。第六章以衡山窑为代表，介绍湖湘各地宋至元代粉地彩釉绘花瓷的发展概况及其独特工艺。第七章介绍以羊舞岭（早期）为代表的青白瓷。第八章介绍以羊舞岭（晚期）为代表的青花瓷。第九章重点介绍醴陵窑的釉下五彩瓷，按时期、分工场全面细分产品的造型、装饰风格和艺术特点，以确认其生产工艺对陶瓷发展的贡献。

## 湖湘陶瓷 （二）　乙121

李建毛著　湖南美术出版社 2009 年 1 月出版

　　本书为《湖湘陶瓷（二）长沙窑卷》。

　　长沙窑是兴起于中晚唐的商业性瓷窑，窑址位于长沙市望城区石渚湖的彩陶源村，今人名为长沙窑，唐时称为石渚窑。

　　本书从长沙窑窑址的发现和发掘入手，对长沙窑的兴起、发展和衰落作全方位描述，充分展示长沙窑创新的工艺特征和包容的文化内涵，同时也复原了当时社会生活的片断。全书十二万字，三百幅彩图，分为四章。第一章《聚焦千年古窑》，是对长沙窑的发现、发掘和兴衰的历史回顾。第二章《艺融南北》，介绍长沙窑融南北制瓷工艺，自如运用多种装饰手法，开创釉下多彩瓷先河的业绩与贡献。第三章《承载东西》，通过对长沙窑瓷酒具、茶具、灯具、香具等器物的解析，复原当时社会生活的不同片断，进而连缀成一幅幅生动的唐代生活画卷。第四章《陶瓷史上的奇葩》，评述长沙窑在中国陶瓷史上的主要贡献以及它带给我们的启示。全书着重阐述了长沙窑在中国陶瓷史上里程碑的意义及其对艺术、经济、外交等诸多方面产生的深远影响。

## 湖湘印染　乙122

左汉中著　湖南美术出版社 2007 年 12 月出版

　　本书分湖湘民间印染花布考察与图版两大部分。考察部分约二万五千字，与插图一起介绍湖湘印染花布的历史沿革、生产工艺情况，及其在民间的应用、纹样题材与内涵、艺术审美价值与著名的印染艺人等，使读者对湖南民间印染花布的概貌有所了解。图版部分共收编湖南省范围内清代以来民间印染花布一百九十余种，且尽可能采用原件摄影。选编作品按印染工艺依次排列为：

印染、蜡染、扎染、拔染；工艺品种中又按实用门类依次排列为：被面床单、门帘、桌布方巾、花布及其他种类。图版中有"浆染画"一项，因工具材料与印染工艺基本相同，只是用"抹子"手绘而不通过花版漏印，故排列在印染作品之后。

印染花布在湖南有着悠久的历史，尤其是明、清以后民间广为普及，深受人们喜爱。它以民间土靛与土布为原料，就地取材，因陋就简，制作方便。品种有印染、蜡染、扎染、拔染四大类。由于制作方法的不同，它们发挥各自的长处，尽显其纯朴自然之美。民间印染花布题材涉及广泛，大都蕴含吉祥的意义，其纹样风格清淳、质朴、大方，与人民生活密切相关，有着很高的审美价值和实用价值，在湖湘民间工艺美术中独树一帜。

## 湖湘织锦　乙123

汪为义　田顺新　田大年著　湖南美术出版社 2008 年 10 月出版

本书分湖湘织锦综述与图版两部分。综述先介绍湖湘织锦的地域分布和历史渊源，后分别介绍湖南境内湘西土家族"西兰卡普"织锦、湘西牛肚被苗锦、湘西南侗锦和湘南江华瑶锦的历史沿革、工艺、民俗应用及图案，并结合考察其时代传承人、传承谱系、品种生存状态与环境等，着重探讨土、苗、侗、瑶四个少数民族民间织锦之间的共性与个性、图纹创造、工艺特色和新时代传承开发应用等。图版部分按土家锦、湘西苗锦、瑶锦、侗锦顺序排列，计土家锦一百三十五幅，湘西苗锦二十二幅，瑶锦十七幅，侗锦五十幅。各图版名称之下均有文字说明。全书图文并茂，真实、生动地展现出湖湘织锦这个远古文明"活化石"的历史渊源、人文色彩和时代风貌。

# 湖湘刺绣（一）　　乙124

邹敏讷著　湖南美术出版社 2009 年 12 月出版

《湖湘刺绣》分为两卷。

本书分为三章，约十万字，三百幅彩图。第一章《综述》，从刺绣的概念和分类入手，概述湖湘刺绣与中国刺绣的关系，总结其历史地位、影响和成就。第二章《湖南古代刺绣》，以翔实的文献资料和珍贵的文物图片，描述湖湘地区从战国、汉、唐至明代这一漫长历史阶段刺绣艺术的源流、发展与演变，专设一节介绍清代湖湘刺绣的崛起、繁荣及其众多的刺绣创作人才。第三章《湖南民族民间刺绣》，先从地域和民族来分析湖湘各民族民间刺绣的艺术风格与审美品质的异同，次述湖湘民间刺绣在共性的纹样题材下所显现的特性与文化内涵，然后通过对刺绣品的介绍，述说其工艺技法的特点及其在民间的广泛应用与民俗特征。

作者将湖湘刺绣的研究置于整个中国主流刺绣发展的阶段和特定的湖南民族民间刺绣的范畴中进行。通过对湖湘刺绣多角度、多层面的解读，一方面勾勒出湖南古代刺绣两千多年跌宕起伏的发展状况，一方面将湖南民族民间刺绣的分布及其各自的工艺特点、艺术风格、文化内涵、民俗特征等清晰地呈现在读者面前。且对湖湘刺绣发展过程中的两次高峰——汉代与清代，作了重点描述，以印证其在中国刺绣史上的重要地位与杰出贡献。

# 湖湘刺绣（二）　　乙125

李湘树　李立芳著　湖南美术出版社 2009 年 1 月出版

本书为《湖湘刺绣（二）湘绣卷》，共七章，约十万字，三百幅彩图。第一章主要叙述湘绣产生的历史条件、地理人文环境及其风韵、技术。第二章介绍湘绣作为中国四大名绣之一崭露头角时期的杰出画师与绣女。第三章主要描述从 1911 年至 1949 年间湘绣逐渐走向成熟，人才辈出、绣庄林立的状况。第四章讲述 1950 年至 1965 年间湘绣由成熟期走上创新期。第五章叙述 1966 年至 1979 年间湘绣作品的"虔诚与神化"。第六章介绍 20 世纪 80 年代湘绣走入辉煌时期的重要作品。第七章阐述 1990 年以后的湘绣现状及其发展趋势。

全书以历史年代为经，以名匠行状、绣庄兴衰、绣品分析、文化形态的记述为纬，对湘绣的历史、现状、发展趋势、工艺特征、艺术特色等作了全面深入的阐述，基本展现出湖南湘绣千年以降特别是近百年来起伏消长的主流风采与整体风貌。书中还着重论述了楚汉刺绣是画绣的滥觞和先声，其高超的刺绣技艺和成熟的审美思维使其成为湘绣之源，同时也是中国主流刺绣之源，从而深化了湖湘刺绣的历史地位和文化艺术内涵。

## 湖湘剪纸　乙 126

左汉中著　湖南美术出版社 2008 年 8 月出版

本书包括湖湘民间剪纸巡礼、剪纸作品、凿花作品、剪纸在民间四个部分。巡礼为全书的总论，从湖湘剪纸凿花的历史渊源、文化生态环境、分类与应用、艺术风格、当代应用与前景等五个方面进行论述。剪纸作品共一百二十三件。基本按作者分类排列，同时兼顾题材与品类，如一至十六均系桃江县大栗港乡小栗港村熊雪梅剪制，且皆为墙花类。凿花作品共八十六种，依次按方枕花、围裙花、服饰花、背裙花、围兜花、帐檐花、帐飘花、帽花、鞋花、眼镜袋花、荷包花、礼花、门笺等品类排列。所有作品的名称下面均有作品尺寸大小、制作者、收藏者及作品艺术特色的文字说明。

"剪纸在民间"部分主要以摄影图片表现湖湘剪纸、凿花艺术的现状，包括艺人、品类、区域、风俗等。

## 湖湘木雕　乙127

龙全　颜新元著　湖南美术出版社2009年1月出版

本书以湖湘木雕的彩色图片为主，分为概述、建筑木雕、家具木雕、祭祀木雕、结语五个部分。概述认为湖湘木雕有着悠久的历史渊源和大量的传世佳作。从两千年前长沙马王堆汉墓出土的木雕人物俑，到当代仍然散落于乡间僻壤的各种木雕作品，均能看到湖湘地域历代雕刻艺人一脉相承的人文情怀和精湛无比的手工技艺。

湖湘民间木雕有三大类：建筑木雕、家具木雕和祭祀木雕。三大类按行业细分又有大木作雕刻和小木作雕刻两种。大木作雕刻多用于建筑上的梁、柱、门、窗、额枋、斗拱、雀替等；小木作雕刻则常用于家具中的桌、椅、床、凳、箱、案和祭祀中的神像、面具、牌位、香火狮子等。湖湘建筑木雕空灵洒脱，平和里透出清新，以湘南民居中的各类雕饰为代表；家具木雕朴实庄重，繁密中见出秀美，以湘中地区的浮雕最为突出；而祭祀木雕神奇诡秘，虚幻中体现实在，湘西地区在这方面更显独特。遍及三湘四水的民间木雕，无不透溢着楚巫文化的光辉和湖湘历代能工巧匠的创作智慧。结语部分主要叙说湖湘雕刻的近代名师、流派，归纳湖湘民间木雕的艺术风格。

## 湖湘石雕　乙128

焦成根　陈剑著　湖南美术出版社2010年9月出版

本书由综论和分论两部分组成。综论部分首先从湖湘石雕的历史沿革和现状分布入手，对湖湘石雕的历史渊源和发展进行了简要叙述，然后介绍湖湘石雕的主要类型，再从湘南、湘西、湘北、湘中、湘东五个地理方位对湖湘石雕的地域分布和保存现状进行介绍，大量的考察素材和成果是这一部分的主要内容。二是对湖湘石雕艺术表现形式和题材的论述，主要从线刻、浮雕、透雕、圆雕、镂雕着眼，通览湖湘石雕的艺术表现和雕刻技法。三是从山水景观、吉祥图案、珍禽瑞兽、草木花卉、龙凤麒麟、戏文人物诸方面，对湖湘石雕的题材进行归纳和图片解读。

分论部分以考察所得的大量现存湖湘石雕遗迹和第一手图片资料为依托，对各类石雕进行论述和介绍，计有湖湘民间建筑与石雕、祠庙石雕构件、宗祠门楼与牌坊石雕、陵墓石雕、石窟雕刻等五类，最后将诸如鬼崇造像、狮象麒麟、石塔和其他存量不多的石雕归类为"湖湘石雕拾零"，进行了补充说明。

## 湖湘竹艺　乙 129

胡彬彬著　湖南美术出版社 2012 年 12 月出版

本书分为六个部分。卷首概论，简述湖湘竹子的种类、有关竹的传说与竹崇拜、湖湘竹艺的艺术特色与历史渊源。二为湖湘竹编艺术，主要介绍益阳与湘西地区的竹编。三为湖湘竹刻艺术，重点介绍宝庆竹刻，次及会同的高椅竹雕傩面具与衡阳竹刻。四为湖湘竹艺的传统题材及艺术特色，分竹编、竹刻简述。五为湖湘竹艺艺人简录，介绍明万历以来至当代的知名湖湘竹艺艺人三十四位的竹艺特色与成就。六为图版，是全书的主体，共收录图片三百一十九幅，分湖南珍稀竹类、竹海、竹艺实物与竹艺实物拓片四项，湖湘竹艺实物图片更显湖湘历代竹编、竹刻艺术的精湛和丰富多彩的地域特色。

## 湖湘木刻版画　乙130

左汉中　罗海波编著　湖南美术出版社2007年12月出版

　　湖南木版雕刻印刷在宋代就比较发达，木刻版画则在明清时期大量产生，且颇具地方特色。本书选编湖南地区明清以来的民间木刻版画，并重点对适应于节令民俗的滩头年画和适应于祭祀民俗的木刻纸马的产生、发展、工艺、民俗及现状进行了较深入的分析和探讨。选编作品中收入滩头年画三十六种，木刻纸马一百六十余种。为体现湖南木刻版画的多样化，还选入了少量春牛图、财神、木刻书籍插图和木刻线版。湖南地方志木刻插图极多，《文库》另行结集出版，不收入本书。

## 湖湘木偶与皮影　乙131

湖南省木偶皮影艺术剧院编　湖南美术出版社2011年12月出版

　　湖南省有多种风格迥异的木偶戏、皮影戏，在国内外享有盛名。本书分六章，前五章主要介绍这些木偶戏、皮影戏的历史渊源、流行地域、重要剧目、音乐唱腔、音乐形式、所用乐器、艺术表现形式中的造型、制作工艺、操纵手法等。第六章主要回顾湖湘木偶戏、皮影戏的发展情况，并对其应予保护的内容、传承人等进行了介绍。每章均有大量彩色插图，有助于读者欣赏湖湘木偶戏、皮影戏的精髓。

## 湖湘民间杂艺　乙132

李立芳　李湘树编著　湖南美术出版社2010年9月出版

　　本书介绍湖南民间美术大类之外的民间美术杂项，包括编织、纸扎、食雕、糖画、木作、银器、针黹、特色民居、铁器等。每种杂艺均有较详细的文字说明，并附有多幅彩色插图，便于读者欣赏各种杂艺的形式和特色。湖南民间美术中的刺绣、织锦、印染、壁画、陶瓷、石木竹雕等，因《文库》另有专集介绍，不收入本书。

## 湖湘民间绘画　乙133

颜新元编著　湖南美术出版社 2008 年 12 月出版

　　湖南民间绘画极富地域特色，闻名于全国。本书分古今祭祀绘画和生活实用绘画两部分。祭祀绘画包括古代帛画和近现代的符画、祖宗画、功德画、牌位画、吊傊画、纸马画、纸扎画、布上画等。生活实用绘画包括历代陶瓷绘画、漆画、建筑绘画以及底样画与插画、玻璃绘画等。每种绘画均有文字介绍和多幅彩色插图。湖南年画、壁画、木刻版画等，因《文库》另有专集介绍，不收入本书。

## 湖湘壁画　乙134

胡彬彬　梁燕编著　湖南美术出版社 2009 年 1 月出版

　　湖湘壁画虽古已有之，但大部分创作于清代，多为居所壁画，题材、技法程式及审美情趣均极富地域特色。本书追溯湖湘上古壁画，着重介绍后代的湖湘公共建筑壁画、佛道壁画、墓室壁画等，对湖湘壁画的载体材料与艺术形式、绘制材料与制作工艺亦有解说。书末分列湘南、湘中、湘西南、湘北四地区壁画作品约一百五十幅，均为彩色图。

## 湖湘图腾与图符　乙135

左汉中编著　湖南美术出版社 2012 年 4 月出版

　　本书主要叙述和解说湖湘地区的图腾崇拜现象。作者将这些现象分为神祖崇拜、自然崇拜、民族崇拜三个方面。神祖崇拜包括传说与先祖崇拜。自然崇拜包括山川万物、天象、动植物等崇拜。民族崇拜则专指湖南土家、苗、瑶、侗等少数民族流传至今的崇拜现象。作者认为，象征性图符与符号亦与图腾崇拜有某些关联，为此专辟一章介绍流传于湖湘地区的象征性图符与符号。全书对崇拜图腾及图符、符号的文字解说均较详细，并附有大量彩色插图。

## 湖南少数民族服饰　乙 136

何相频　阳盛海编著　湖南美术出版社 2010 年 7 月出版

　　湖南少数民族服饰绚丽多姿，极富艺术品位，各种服饰无不体现出各少数民族的审美情趣。本书第一部分对湖南土家族、苗族、侗族、瑶族等少数民族服饰的历史渊源、发展演变、种类、款式、色彩及纹样等进行了较详细的文字介绍，对人口相对较少的白族、回族的服饰亦作简要说明。此外，与服饰相关的纺织印染、刺绣挑花、织锦、银饰四项工艺亦有简介。第二部分为图版，收录湖南各少数民族服饰图、着装图约三百多幅，均为彩印。

## 湖湘碑刻（一）　乙 137

刘刚主编　湖南美术出版社 2009 年 9 月出版

　　《湖湘碑刻》共分两卷，即《湖湘碑刻（一）》、《湖湘碑刻（二）浯溪卷》。

　　湖南碑刻久负盛名，历代研究、学习的人极多。本书分两大部分，一为湖湘历代碑刻综述，一为碑刻作品图片。综述对湖湘地区唐以前、宋元、明、清、民国各时代的著名碑刻分别予以介绍，内容包括碑刻年代、形式、书体及特色、文字、所在地点等。

图片近五百幅，多为彩色，每幅均有简单文字介绍其所在地、尺寸、现状等。

## 湖湘碑刻（二）　乙138

浯溪文物管理处编　湖南美术出版社2009年4月出版

浯溪碑刻，一般称浯溪碑林，地处湖南祁阳县，为全国重点文物保护单位。本书对该碑林的形成、概况等进行了较为全面的介绍，收录唐代至民国的诗词、颂、铭、记、赋、联语、题名、榜书、画图等的碑刻拓片二百八十六幅，按作品朝代先后排列，并附原文，介绍碑刻位置、尺寸等。如碑刻文字清晰，所附原文概从碑刻；文字残缺，原文参考文献校补；文字模糊，原文依文献著录；文字模糊且无文献参考，则原文从缺。

## 湖湘篆刻　乙139

李砺著　湖南美术出版社2009年12月出版

湖湘篆刻无论从数量或创作质量看，在国内都具有一定影响。本书梳理湖湘篆刻的渊源，概述湖湘古印情况及其特点。全面介绍湖湘历代刻印人（对齐白石的介绍尤为详细）、湖湘印学社团、湖湘印学著作等。此外还选编了部分湖湘印学著作的序跋，编制了湖湘印学年表。全书附有大量印章插图，均标出刻印人和印文。书中关于湖湘篆刻起源于楚巫文化等的说法，系个人推测，可供学界参考。

## 湖湘简牍书法选集　乙140

张春龙　宋少华　郑曙斌主编　湖南美术出版社2012年9月出版

湖南出土的历代简牍，不但数量多，其书法艺术亦备受关注。

本书对湖南战国楚简、龙山里耶秦简、长沙走马楼西汉简牍、马王堆汉墓竹木简牍、沅陵虎溪山汉简、长沙东牌楼东汉简牍、长沙走马楼三国吴简、郴州苏仙桥三国吴简、郴州苏仙桥西晋简牍的书法分别予以介绍，以图片为主，辅以少量文字说明。读者可从中体味战国、秦、汉、魏晋各历史时期不同的书风，窥见中国书法从篆书到分书再到楷书的某些演变轨迹。

## 湖湘帛书书法选集　乙141

湖南省博物馆编　湖南美术出版社 2010 年 12 月出版

　　"湖湘帛书"专指马王堆汉墓出土的十多万字帛书。这批帛书内容丰富，抄写时间约为战国末年至汉文帝十二年，其书法可归入隶书一类。本书将其细分为篆隶类、古隶类、汉隶类。每类之下列出各篇帛书原文（彩图），并对每篇帛书的形制、抄写具体年代、主要内容、书法特点等予以简介，读者可从中了解秦汉之际篆隶嬗变的某些痕迹。

## 湖湘历代书法选集一·欧阳询卷　乙142

夏时编著　湖南美术出版社 2010 年 10 月出版

　　《湖湘历代书法选集》共分为四卷，一至三卷分别介绍湖南古代书法著名的三大家——欧阳询、怀素、何绍基，第四卷则为湖南历代书法家综合卷。

　　本书全面介绍了初唐时期湘籍著名书法家欧阳询的生平及书法艺术。全书分为两大部分，第一部分为文献篇，先述其家世与经历，然后是其书迹考察及重点作品如《化度寺碑》《九成宫醴泉铭》《皇甫诞碑》等的介绍，再以下是欧阳询的书论及历代名家论欧阳询的文字辑录，最后为欧阳询之子欧阳通的书迹考索和历代名家对他的论述。第二部分为欧阳询、欧阳通书迹图版，欧阳询书迹分为楷书、隶书、行书、草书四种。书末附录了欧阳询九世世系图及三十一世欧阳頠传、欧阳頠墓志等文献，有助于读者全面了解欧阳询书法世家的概貌。

### 湖湘历代书法选集二·怀素卷　乙143

周平编著　湖南美术出版社2010年12月出版

　　本书全面介绍唐代湘籍"狂草大师"怀素的生平及书法艺术。全书分文字、图版两部分。文字分"书僧怀素其人"和"书僧怀素的作品"两章，一章介绍怀素的身世、交游等，二章介绍怀素传世书迹的内容、材质、藏所及后人评价等，此外还介绍了少数仅在典籍中有文字记载的怀素作品。图版部分收录《自叙帖》《杜甫秋兴八首》《千字文》《论书帖》等怀素草书代表作品。书末附录陆羽《僧怀素传》、唐人赠怀素草书的诗文、宋《宣和书谱·怀素》等资料。

### 湖湘历代书法选集三·何绍基卷　乙144

刘刚编著　湖南美术出版社2010年12月出版

　　本书全面介绍清代湘籍书法大家何绍基的生平及艺术成就。全书分文字和图版两部分。文字部分以"书法必传千古的何绍基"为题，简要记述何氏的人生经历，着重论述其书法创新求变的艺术特色，并兼述其诗文创作、绘画、文献考订等方面的成就。图版部分辑录了何氏创作的楷书、行书、行草书、隶书、篆书的代表作，形式有对联、横批、信札、诗文手稿、诗书屏、日记、扇面等。末附其少量山水、花鸟画作。

## 湖湘历代书法选集四·综合卷　乙145

刘刚编著　湖南美术出版社2012年5月出版

　　本书以图文结合的方式，按时间顺序分七章介绍湖南地区的历代书法艺术，七章依次为先秦、秦汉、魏晋南北朝、隋唐五代、宋元、明清、近现代。书中对湖南地区著名碑刻如岣嵝碑、麓山寺碑、大唐中兴颂碑、朝阳崖石刻等的书法艺术，著名简牍如长沙楚简、里耶秦简、走马楼吴简等的书法艺术均有图文介绍。《湖湘历代书法选集》前三卷介绍的欧阳询、怀素、何绍基，本书仍有所涉及。湖南历史上的其他书家，如李东阳、钱沣、谭延闿、齐白石、毛泽东等，均简介其生平、书法特点，并附其代表性作品。

## 湖湘历代名画一·综合卷　乙146

刘刚编著　湖南美术出版社2013年5月出版

　　湖湘地区出土了中国最早最经典的帛画和闻名海内外的楚汉漆画，产生了齐白石这样的卓越大师。本书全面叙述了湖湘历代绘画的成就。全书分五章。第一章介绍湖南出土的楚汉帛画。第二章介绍湖南历代漆画、陶瓷画。第三章介绍宋元明清以潇湘诸景为题材的绘画名作。第四章介绍湖南历代著名画家及其作品。第五章介绍湖南滩头本版年画。在每章的文字叙述和论说中插入大量画作图片，使读者能比较直观地领略湖湘绘画的风韵。

## 湖湘历代名画二·齐白石卷　乙147

郭天民编著　湖南美术出版社2008年9月出版

　　齐白石是集文人艺术与民间艺术为一体的中国画大师。本书分"文本"与"图版"两部分。文本部分四章：（一）齐白石农民性格的基础，（二）牧童和木工时的齐白石，（三）民间画师的齐白石，（四）结语。全面介绍了齐白石的艺术生涯及其独特的创作风格。图版部分辑录了齐白石一生各历史时期，不同绘画类别与不同形制的绘画作品四百余幅。所选作品均为各个时期的代表作，为齐白石绘画作品之精华。按编年排序，展现出齐白石绘画发展的历程和演变的清晰脉络。

### 湖湘学案　乙148—150

陈代湘主编　湖南人民出版社2013年7月出版

本书收录先秦至中华人民共和国成立之前，对湖南地区的思想文化和社会发展产生过重要影响、有较高学术地位的人物一百二十人，收录范围以人文社会科学为主。收录标准兼顾"湘人之学"和"湘中之学"，既包括湖南本土出生的人物，也包括那些并非出生于湖南，但其学术却是在湖南创立，或对湖南思想文化和社会风俗产生了重要影响的人物。

本书各学案均分为四个部分，即：（一）生平简介；（二）思想概述；（三）师友弟子；（四）主要著作。"思想概述"是各学案的重点，撰写原则是以观点统资料，首先分析阐述案主的主要思想观点，然后征引案主著作中的重要原始材料。学案次序依案主的生年先后排列。

### 湖湘文化百家言　乙151

蔡栋编　湖南人民出版社2008年10月出版

湖湘文化是一种独具特色的地域文化。近百年来，众多著名政治家和学者对这一文化的源流、发展过程、精神特质等进行了深入探索和研究。本书是这些探索和研究文章的精编本。内容分为七个板块：一是辛亥革命前后近现代风云人物，诸如黄兴、蔡锷、陈独秀等对湖南及湖南人评价文章的节选。二是近三十年来研究湖湘文化的代表性文章。三是以"湘学"作为主体研究对象的重要论文。四是对不同历史时期代表人物与湖湘文化关系的个体研究文章。五是有关海外人士研究湖湘文化以及国内学者研究湖湘文化在海外的文字。六是谈如何批判地继承和创新湖湘文化的论文。七是该书编者对当今学者的湖湘文化访谈录。

## 湖湘学派与湖湘文化　乙152

朱汉民著　湖南大学出版社 2010 年 1 月出版

　　本书从理学思潮史的大背景出发，对湖湘学派的学术渊源、历史发展和主要特征进行全面论述，详细解析了胡安国、胡宏、张栻等人的理学思想，阐述了湖湘学派与其他地域学派的学术关系。书中还对湖湘学派和湖湘书院的关系进行了较深入的研究，论述了"学派—书院"的一体结构对湖湘文化发展所产生的巨大作用。

## 湖南清代货币　乙153

李炳震　曲尉坪著　中南大学出版社 2013 年 7 月出版

　　清代货币不仅是数千年来中国传统货币的终结，也是中国货币近代化的开端。本书作者对湖南清代货币的研究，尽可能地将课题置于清代全国货币的大背景下，对湖南清代货币的制造、发行、流通、购买力等进行全面的考证。并结合分析了湖南清代的造币管理、造币总量、铸币原料、铸币利润盈亏以及湖南铸币与同时期各省货币的比较，探索其中的规律和利弊得失，从整体上勾勒出湖南清代货币的全貌。

## 江永女书文字研究　乙154

彭泽润著　岳麓书社2011年12月出版

　　湖南江永的"女书"，是指在汉语使用范围内由民间自发创造的、女性专用的一种独特的方言文字，以及用它记录的特殊文献和相关载体。女书和它记录的女书文献，是一种独特的非物质文化遗产。本书参考多种文献资料和研究成果，从女书的历史、女书的传人和作品、女书记录的语音系统、女书音节文字的异体字及多音字、女书的文字性质和特点、女书的比较和展望、江永土话声调的地理格局等各个方面，对女书作了较深入的研究，揭开了女书神秘的面纱。

## 湖南地方志中的太平军史料　乙155

杨奕青　唐增烈等编　岳麓书社2010年12月版

　　本书从湖南一百零一种地方志中选录有关太平天国的史料，按清代湖南行政区划依次编排，并加标点和分段。涉及志书包括省志一种，长沙、宝庆、岳州、常德、直隶澧州、辰州、沅州、永顺、靖州、衡州、永州、郴州、桂阳等十三府州下辖的州县志与乡土志九十六种，乾州、永绥直隶、永绥、凤凰的厅志四种。内容上既收太平军方面的史料，也收湘军方面的史料。同一事件或人物，凡有两种或两种以上方志记载而内容相同的，只录其中版本较早的一种；记载有详略之分者，择其较详的一种；重要情节有出入者，则一并选录。虽然这些志乘对农民运动持否定态度，但依然从不同角度和不同程度上记录了那一段历史。有些记载，或为其他文献所未见，或比其他文献更为详尽，因此对太平天国史的研究具有不可忽视的参考价值。

## 湖南维新运动史料　乙156

尹飞舟编　岳麓书社2013年7月出版

本书是关于晚清湖南维新运动的专题史料集。编者从各种已出或未出的相关资料中，辑录出有关湖南维新运动新旧两大营垒的史料，分类编排，并对部分资料进行标点。全书分为五个部分：一、著述辑录，辑自《翼教丛编》《梁启超全集》《谭嗣同全集》《唐才常集》《樊锥集》《熊希龄集》《葵园四种》等。二、官方文档，有当时督抚等官员的奏折、章程、政令等。三、报刊资料，辑自《湘报》《湘学报》等。四、日记书信，辑自《湖南时务学堂学生日记类抄》《师伏堂日记》等。五、传记年谱，有谭嗣同、唐才常等人传谱。

以往的研究比较关注维新领袖的言论著述，对社会的认识反应关注不够；对长沙的维新事件高度关注，对省会以外的形势关注不够；对谭嗣同、梁启超等维新领袖高度关注，对其他相关人物的关注相对不够；对南学会、时务学堂、保卫局等事件高度关注，而对开办实业、革除社会陋习关注不够。本书在以上诸方面有所改进，以忠实历史为原则，选入了一些以前不大为人们注意的资料。

## 晚清湖南新政奏折章程选编　乙157

周正云辑校　岳麓书社2010年9月出版

本书选收甲午战争后到辛亥革命前，历任湖广总督和湖南巡抚如张之洞、陈宝箴等，以推行变法自强"新政"为主要内容的奏折及所订章程、所发政令。这些奏折、章程、政令于湖南"新政"的施行，曾产生重要的影响，从中可以窥见当时湖南地方更法制、行新政以自救所作的努力。全书共分十三辑：一、会奏变法，二、筹备宪政，三、改军制、设军校，四、改革官制，五、整饬吏治，六、设警察、办贫民习艺所，七、兴学堂、育人才，八、理财政，九、振兴实业，十、交通，十一、开辟通商口岸，十二、刑事犯罪判案，十三、司法。书中所辑，尽量采用《光绪朝朱批奏折》，此外还利用了《湖南官报》和《东方杂志》等晚清文献以及《大清法规大全》《张文襄公全集》《端忠敏公奏稿》《光绪朝东华录》等典籍。

## 湖南自治运动史料选编　乙158

李铁明主编　湖南师范大学出版社2012年3月出版

　　19世纪初，特别是20世纪20年代，在中国曾掀起过一场声势浩大的地方自治运动。湖南是首先响应和倡导自治的一省，也是第一个制定省宪法的一省，当时被称为自治运动的"模范省"。尽管湖南自治运动以失败告终，但是，在中国现代化的进程中，风起云涌的湖南自治运动在湖南历史乃至中国近代政治史上都具有重要的意义。本书所辑史料包括清末至民国时期的湖南地方自治官修史料和摘自报刊的有关地方自治的新闻报道及评论等。所录官修史料主要有各种法律文书、报告书、决议案等，主要反映湖南自治运动的法规政策及自治机关的组织、运作规则等。所录报刊资料，一是关于各种重要议会及法规审议方面的报道，二是个人及团体有关自治法规等方面的思想言论。

## 自立会史料　乙159

杜迈之　刘泱泱　李龙如编　岳麓书社2009年10月出版

　　1900年由自立会在长江中下游地区发动的自立军起义，是中国近代史上的重大事件。本书是关于自立会和自立军起义基本史料的汇编。共辑录有关自立会和自立军起义的资料一百余篇，分为五部分，即：一、专著记载，包括张篁溪《记自立会》、冯自由《自立会起事始末》等十一篇。二、回忆录，包括唐才质《自立会庚子革命记》等三篇。三、清官方文书，包括刘坤一、王之春、张之洞等的文书、奏折等二十九篇。四、人物传记，包括唐才常、毕永年、林圭、秦力山、沈荩等人的传记二十七篇。五、书牍诗词，包括唐才常、林圭、康有为、梁启超等人的书牍诗词四十九篇。六、补录，有唐才质《〈庚子革命〉绪言》、冯自由《东京〈国民报〉》、井上雅二日记等四种。除清官方文书各篇以时间先后为序外，其他部分各篇均按其内容适当编排。对各篇均作了校点。对每一大部类作了简要说明，并于有些篇目下加了按语。对文中某些人名或时间等，也酌予注释。

书中收录的资料，由于记述者立场、观点不同，其所记述和评论也难免互为歧异。加上对自立会及自立军的评价，史学界长期存在争论，本书在选编时，充分考虑了这种两重性，力求做到客观和全面，以便研究者比较对照。

## 湖南辛亥革命史料　乙 160—161

杨鹏程　郭汉民编　湖南人民出版社 2011 年 7 月出版

辛亥革命是结束中国封建统治的一次伟大革命，湖南是第一个响应这次革命的省份。辛亥革命前后湖南发生的许多大事都与这次革命有重要关系，一大批湘籍人物是这次革命的先驱或领袖。

本书分两册，第一册记事，第二册记人。其中第一册分为"华兴会与长沙起义"、"萍浏醴起义"、"长沙抢米风潮"、"长沙光复前后"、"全省各地光复"等五编。第二册分为"领袖人物"、"先驱人物"、"先烈人物"、"会党人物"、"其他革命人物"等五编。所收史料起止时间为 18 世纪 90 年代至 19 世纪 20 年代。

## 湖南咨议局文献汇编　乙 162

*杨鹏程主编　湖南人民出版社 2010 年 1 月出版*

20 世纪初，清政府宣布仿行宪政，在中央设咨政院，在各省设咨政局。省咨议局实质上是省政府的参谋咨询机构。

湖南省咨议局成立于 1909 年，武昌起义后自动解散。

本书是湖南咨议局从成立到解散期间的文献汇编。全书共分六编：第一编为清廷关于各省设立咨议局的上谕，及湖南巡抚向朝廷报告筹办咨议局和地方自治等情况的奏折。第二编为湖南咨议局成立之筹备情况及议员履历表。第三编为湖南咨议局第一届年会的会议记录，分为略记与详记二种。第四编为湖南咨议局第一届年会通过的议案，包括巡抚交议案与咨议局提出案两部分。第五编为湖南咨议局第一届年会期间与各方面来往的公文、信札与电报。第六编为湖南咨议局第二届年会关于 1911 年湖南财政收支预算的议案。

本书对研究湖南近代宪政及诸多历史事件（如湖南保路运动、长沙抢米风潮等）均有一定的参考价值。

## 湖南新文化运动史料　乙 163—164

*李永春编　湖南人民出版社 2011 年 4 月出版*

湖南新文化运动是全国新文化运动的重要组成部分，其酝酿和兴起的时间比 1915 年陈独秀创办《青年杂志》的时间还要早。湖南新文化运动后来发展成为马克思主义的思想运动，湖南成为中国共产党最早的策源地之一。毛泽东、蔡和森等先进青年在湖南新文化运动中得到培养和锻炼，后来成为领导中国革命的领袖。

因此，湖南新文化运动具有非常重要的影响和地位。

本书包括两大部分。第一部分为《新文化在湖南的传播》，主要收集湖南报刊中介绍新文化、反映湖南新文化运动状况的文章，以及名人在湖南关于新文化新思想的演讲。第二部分为《湖南新文化运动的兴起与发展》，分为反对封建的人生观和宗法礼教、提倡妇女解放和婚姻自主、提倡科学、社会改造、十月革命与社会主义、文学革命、新教育、新社团组织、反帝反封建军阀等十个专题。该书资料主要选自 1915 年至 1925 年长沙《大公报》等报刊书籍。各专题中所选资料大体以发表或出版时间为序。

## 湖南老区革命文化史料　乙165—166

湖南省档案馆编　湖南人民出版社 2009 年 12 月出版

湖南是具有相当影响的革命老区，老区文化资源极为丰富。本书主要收录 1921 年至 1934 年大革命时期与土地革命战争时期中共湖南党组织及其领导的各种群团组织、红军、苏区各级组织等有关反帝、反军阀、反封建，宣传土地革命，传播共产主义思想以及推行民众文化教育等革命文化史料。全书共分两册。第一册对有关文献资料选编归类，按识字读本、通俗读物、宣传画报及其他类依次排列，凡布告、标语、壁画、钱币、股票、毕业证等都收入其他类。第二册主要为老区开展工农教育所使用的政治读本。这些读本涉及的内容非常广泛，包括农民运动、土地革命、苏维埃政权、党的策略、游击战争、工人运动、文化工作、工会、红军等各方面的基本知识。

本书第一册为影印本，第二册为重新整理后的排印本。

## 湖南抗日救亡运动史料 乙167

罗玉明主编 湖南人民出版社 2011 年 10 月出版

　　本书收录了抗日战争时期（特别是初期）湖南各政党、地方政府、民众团体、官员和社会名流的工作报告、讲演、布告、报道、时评、民众组织章程、答记者问等。编者将这些史料归纳为四个部分：中国共产党及地方组织与湖南抗日运动、国民党及地方政府与湖南抗日救亡运动、湖南人民与抗日救亡运动、回忆录。这些史料客观真实地反映了当时湖南各种势力对抗日救亡的见解和主张、对时局的判断以及为抗战所作出的贡献和牺牲等。

## 抗日战争湖南战场史料 乙168—172

湖南省档案馆 中国第二历史档案馆编 湖南人民出版社 2012 年 1 月出版

　　抗日战争湖南战场是指中国抗日战争期间发生在湖南的正面战场。主要包括第一、第二、第三次长沙会战（时间分别为：1939 年 9 月至 10 月，1941 年 9 月至 10 月，1941 年 12 月至 1942 年 1 月），常德会战（1943 年 11 月至 12 月），长衡会战（1944 年 5 月至 9 月），湘西会战（1945 年 4 月至 6 月）。抗战期间湖南还经历了芷江洽降（1945 年 8 月）、长衡岳地区受降（1945 年 9 月至 10 月）等重大事件。这六大会战和洽降、受降事件，对中国抗日战争乃至世界反法西斯战争产生了深远影响。

　　本书共三百余万字，分五册出版。第一、二、三册分别为第一、二、三次长沙会战，第四册为常德会战、长衡会战，第五册为湘西会战、芷江洽降、长衡岳地区受降。各册收录的档案资料按种类分为战斗详报、会战文电、阵中日记、会战纪实。战斗详报包括陆军总部、战区司令部制定的作战计划、方案；军令部和方面军及其所辖部队的战斗详报、概要、经过要报、报告书、战史和空军战史纪实。会战文电主要是有关指挥部门、人员之间指挥会战的往来电报。阵中日记是有关指挥部门作战期间逐日记录的作战机密日记与阵中整训日记等。会战纪实主要为战争期间或战后由战区司令部编纂或由个人编写的纪实文献（包括新闻传媒的各种报道、通讯、评论等）。另外，编者还为每次会战编写了敌我双方战斗序列作为附录。

本书所采用的档案资料，其中有一部分是首次公开出版。

## 湖南和平解放接管建政史料　乙 173—174

湖南省档案馆编　湖南人民出版社 2009 年 12 月出版

湖南和平解放是 20 世纪发生在湖南的重大历史事件。

本书依时间顺序，收录了 1948 年至 1951 年间湖南和平解放接管建政时期的档案文献六百九十七件、附录资料十五篇。档案资料主要是文件、电报、图表、报刊报道等，其中若干资料系首次公开出版。附录资料主要是当事人的回忆录、亲历记、自传等文章。

这些资料客观真实地反映了这一重大事件的历史背景和曲折过程，对于研究湖南乃至中国这一时期的历史具有一定的参考价值。

## 湖南民国经济史料选刊　乙 175—177

曾赛丰　曹友鹏编　湖南人民出版社 2008 年 12 月出版

本书是以 1934 年 6 月及之后陆续刊行的《湖南经济调查所丛刊》为基础编成的。原丛刊共十一种，此次选收其中八种，分别是《湖南之金融》《湖南之财政》《湖南之海关贸易》《湖南之矿业》《湖南之桐茶油》《湖南之鞭爆》《湖南之茶》《湖南之谷米》。

另外，增加了民国同期刊行的《湖南经济概况》，相当于全书之总论，置于篇首，让读者能比较容易地对湖南民国时期的经济有一个大致的了解。增加《湖南之纸》，因为纸作为战略物资，在抗战时期生产销售勃兴，达到纸业发展的一个高潮，有记录、研究之价值。

本书作者何浩若、胡遹、刘世超、张人价、孟学思、李石峰等人，在经济理论上有一定造诣。在资料收集上，采用了抽样调查、评估等当时较为先进的调查统计方法。在经济分析方面，大胆建言，提出了重视产品质量、重视生产与消费者的关系等重要观点。"举凡湖南物产之多寡，财政之盈绌，商情之盛衰，金融之荣枯，罔不周谘博访，分类统计并疏通其源流，畅论其得失。"同时也应看到，这些资料也有一些明显的缺点，如部分资料的获得不够专业，真实性要打一定折扣，如《湖南之鞭爆》将江西萍乡的资料笼统收入等。但总的来说，瑕不掩瑜，这些资料对我们了解民国时期湖南的经济状况和产业布局，寻找湖南经济发展规律，为今天湖南的富民强省战略实施提供借鉴，都能有所裨益。

## 近代湖南出版史料　乙178—179

黄林编　湖南教育出版社 2012 年 12 月出版

本书对近代湖南出版史料进行了较为系统的整理，内容包括报纸出版、杂志出版、图书出版、出版人物、印刷与纸业、出版发行、出版经营管理、出版团体、出版理论研究、出版统治十个部分。资料主要来自清末及民国时期的报纸杂志，一部分则来自省内外图书馆、档案馆的未刊文献。成文时间原则上断至 1949 年，少数撰于 1949 年以后的回忆性文章，则作者为事件之亲历者。

## 湖南图书馆藏近现代名人手札　　乙 180—184

湖南图书馆编　岳麓书社 2010 年 10 月出版

　　湖南图书馆藏有大量近现代名人手札，本书系从中选择一部分编纂而成。其中湖湘名人有陶澍、魏源、曾国藩、左宗棠、胡林翼、王先谦、王闿运、何绍基、郭嵩焘等，与之手札往来的各地名人有张之洞、李鸿章、沈葆桢、翁同龢等。这些手札大多没有收入上述人物的文集中，一般读者很难见到，其内容涉及时事、个人政见、学术观点等，即使酬答之作，抑或能提供于现今研究近现代史者某些可用的信息。此外，手札作者多为朝廷要员或宿学名儒，书法均具有较高的水平，故手札的书法艺术亦有较高的欣赏价值。

　　本书为彩色影印。

## 湖南省博物馆藏近现代名人手札　　乙 185—189

欧金林主编　间四秋　马宁　刘涛副主编　岳麓书社 2012 年 6 月出版

　　湖南省博物馆亦藏有大量近现代名人手札，本书系从中选择一部分编纂而成。手札作者部分与上书相同，不同者有李星沅、瞿鸿祎、谭嗣同、张大千、曾熙等。本书手札亦多未收入各人文集，其内容特点、文献资料价值、书法艺术价值均与上书相似。

　　本书为彩色影印。

## 湘西苗族实地调查报告　　乙 190

石启贵著　伍新福　石美群　石建中　麻树兰整理　湖南人民出版社 2007 年 8 月出版

　　本书是苗族学者石启贵的遗著，是国内外第一部由苗族学者撰写的关于苗族历史文化的综合性志书，是一部包括民族学、民俗学、语言学以及文学、医学等多学科内容的调查报告。作者在20世纪30年代历时数年，调查了包括吉首、凤凰、花垣、保靖、古丈等五县地区，精心整理调查资料后撰成此书。全书分地理概貌、历史纪略、经济生产、生活习俗、婚姻家庭、政治司法、教育卫体、文化娱乐、诗赋词章、宗教信仰、语言文字、苗疆建设等十二章，另有珍贵图片七十幅。

本书收集和征引了不少地方志及其他汉文资料，其中一些碑文和苗族人士的未刊文稿，现在多已失传。尤为珍贵的是，作者广泛收集整理了有关苗区历史事件的传说，各种婚丧、节庆、祭祀的民俗资料，民间流传的各种故事、歌谣等口碑资料，以及平时"秘不示人"的苗巫"神辞"、符咒和各种苗医苗方等。这些资料，只流传于苗区和苗族内部，外人难以了解和掌握，加之时光流逝，许多文化和民俗或已变异，或已失传，现在通过此书得以承传，难能可贵，对于研究、了解苗族的发展历史和文化传统，这些资料都是不可或缺的。

## 湘西土家族历史文化资料　乙191

阳盛海编　湖南人民出版社 2009 年 12 月出版

为了核查土家族有没有作为单一民族的充分条件，20世纪50年代初，中共中央委派国家民委及有关部门组成调查组，深入到湖南湘西和湖北鄂西等土家人居住地进行调查，获得了大量的第一手材料。此外，不少学者还撰写了一些关于土家人问题的专论。本书就是根据上述两方面的资料整理而成的资料汇编。

全书分四个部分。第一部分为《湘西土家族的历史资料》。内容涉及土家族的称呼、族源、历史、文化、风俗、信仰、语言、文学等重大问题，说明"土家具备作为一个民族的条件"。第二部分为《湘西土家族的语言资料》。主要介绍土家语的语音、词汇与语法，并通过与彝语的对比，说明了土语的特质与属地。第三部分为《湘西土家族的文学及艺术资料》。按文学的体裁与艺术的门类，结合具体作品，介绍了土家族文学艺术的创作实绩。第四部分为《湘西土家族的传说和故事资料》。其内容一是歌颂土家人历史上的英雄，二是讲述土家人风俗习惯的来历。

## 湖南近现代社会事件史料选编　乙192

刘苏华　李长林选编　湖南师范大学出版社2013年4月出版

本书收集整理了湖南近现代社会发展进程中，一度成为当时湖南社会舆论热点事件的各种史料。史料按照年代顺序进行编排。选编史料时，注重辑选第一手的原始材料，包括各类报刊资料、档案资料，以及当事人或知情人的文章（含回忆录）。史料大多为亲历、亲见、亲闻，具有翔实可靠的特点。史料的整理按照历史文献整理的学术要求进行，原文未标点的进行标点，同时对某些篇幅酌情予以节录、添加合适的标题和注释。

## 湖南近现代藏书家题跋选　乙193—194

叶德辉　叶启勋　叶启发等著　湖南图书馆编　岳麓书社2011年3月出版

本书收入叶德辉《郋园读书志》、叶启勋《拾经楼紬书录》、叶启发《华鄂堂读书小识》、徐树钧《宝鸭斋题跋》、徐崇立《瓻翁题跋》、李希圣《雁影斋题跋》、刘人熙《楚宝目录》七种。其中《郋园读书志》为第一册，其他六种合为第二册。

叶德辉，见甲263—264。《郋园读书志》十六卷，仿《四库全书总目提要》之例，按经、史、子、集四部排列。其题跋对每一部书都有概略的介绍，诸如作者姓名、籍贯、仕宦履历、著书大略等。然后叙述作者的学术源流派别及版本缮刻之异同，还夹杂叶氏对时事、史事的个人观点。该《志》在著录图书，详列版本方面独著特色，张舜徽评论叶氏"阅肆既久，藏书素丰，故版本之学，最能名世"。"辨簿录异同，审聚刻今古，故所撰《郎园读书志》，亦视他作差胜耳"。该《志》于1928年由上海澹园刊刻行世，本书即以此为底本校点。

叶启勋，字定侯，号更生。湖南长沙人，叶德辉之侄。家有"拾经楼"，以藏书知名，亦通晓目录学。其藏书大部分得自道州何氏。所著《拾经楼绅书录》三卷，有藏书题跋一百一十篇。其论述藏书源流、版本递嬗、学术派别，颇见功底。该书为1937年长沙叶氏拾经楼铅印本，本书即以此为底本校点。

叶启发，字东明，湖南长沙人，叶德辉之侄。笃好版本目录之学，藏书之所名"华鄂堂"。所著《华鄂堂读书小识》共辑有题跋九十二篇，所题跋之书不乏宋、元、明刻本，手抄稿本，名家批校本。题跋对书籍板刻年月、文字异同及各本得失都详加考订。该书系手稿本传世，本书即据稿本整理校点。

李希圣，字亦元，号卧公，湖南湘乡人。光绪十八年进士，官刑部主事。光绪二十八年充京师大学堂提调。李氏坐拥书城，潜心考究，所著《雁影斋题跋》四卷共九十篇，"于卷帙之异同，版刻之行格，收藏之印识，咸条分缕析，详著于编"。考证精审，记录详尽，极具考索价值。该书为1935年湘乡李氏铅印本，本书即以此为底本校点。

徐树钧，字衡士，号叔鸿，湖南长沙人。清咸丰七年举人，历官户部候补主事，福建司郎中，军机章京、监察御史、布政使、兵备道兼按察使。究心金石碑版考据之学，乐于收藏。因藏有晋代王献之《鸭头丸帖》真迹而名其藏室曰"宝鸭斋"。所著《宝鸭斋题跋》九十六篇，其中碑刻墓志、石柱铜像、瓦当鼎铭、佛本石经、名帖名拓等，不仅释文考证周详，且见解独到，评述精当。本书所据底本为清宣统二年宏文社石印本。

徐崇立，字健石，一字剑石，号瓺园，晚号瓺叟。湖南长沙人，徐树钧之族侄。清光绪二十九年举人，次年取内阁中书。工诗文书法。是长沙清末至民国年间著名的书画碑帖收藏家。所著《瓺翁题跋》七卷，内容为对尺牍长联、手札长卷、诗书扇面、碑刻金石、塔铭造像等的考证题跋。作者旁征博引，细溯源流，淹贯经史，独具卓识。同时还记录了一些徐树钧的藏品。本书系据湖南图书馆藏手稿本校点。

刘人熙，见甲294。所著《楚宝目录》记载文献七十五种，多为湘楚一带之地方文献。既有总集如《湖南文征》《楚宝》《沅湘耆旧集》等，亦有诸多明、清湖湘名人如贺长龄、魏源、曾国藩、左宗棠、胡林翼、郭嵩焘等之别集。每书均有内容提要，或录该书序跋，或述作者生平，留存了一定的地方性史料。本书系据湖南图书馆藏本校点。

## 湖南人物年谱　　乙 195—200

熊治祁编　湖南人民出版社 2013 年 5 月出版

本书收录湘籍人物年谱八十五种，按谱主生年先后排列，分为六册。每种年谱均于首页以脚注方式注明所据版本。凡未注明者，即为新编年谱。一位谱主如有多谱，参考学界评价，仅选收其中一种。凡文言年谱，均作校点整理，特别需要说明之处酌加注释。对采用旧式标点的语体文年谱，均按现行标点规则作了处理。

本书所收年谱，有五种为新编，有五种未见诸多年谱总目、集目著录，本书系首次发现整理。有三十多种年谱系首次校点整理，其中有稿本、油印本等。

## 湖南家谱知见录　乙201

湖南图书馆编　湖南教育出版社 2008 年 10 月出版

　　本书著录现今存世的湖南家谱（含族谱、宗谱、家乘、世谱、支谱、房谱等）八千八百五十三种，涉及姓氏三百零六个，其中义、呙、信、虢等罕见的姓氏族谱，已知的各种家谱目录均未收入。对各姓氏始迁祖、迁徙时间、卜居地均有简要记述。

　　本书所录各谱按湖南现今行政区划分列，书末附有姓氏拼音索引、收藏者全称简称对照表。

## 湖南氏族迁徙源流　乙202—203

湖南图书馆编　岳麓书社 2010 年 1 月出版

　　本书根据湖南图书馆所藏三百多个姓氏、四千余部家谱的文献资料进行筛选整理、汇编而成。书中对每一姓氏的迁徙源流、居住地址、传承世系、出色人物、谱牒修撰等作了详细的介绍。其中还有一些完全汉化的少数民族，如湘潭梁氏，常德宁氏、铁氏，浏阳慕容氏，宁乡黄材元氏等，都追溯考察了其氏族的历史渊源。

　　本书原名"湖南氏族源流"，由岳麓书社于 2006 年出版。此次列入《湖湘文库》，进行了修订和增补，将原书中一些较模糊的内容予以删除，并根据新收藏的家谱补充了二十余万字的资料，将书名改为现名。

## 湖南地方戏剧目提要　乙204

范正明编著　湖南文艺出版社2011年11月出版

　　本书收录湖南地方大戏剧目八百三十八种，民间小戏剧目一百七十四种，共计一千零二十一种。所收剧目创作时间断至1949年，唯苗剧、侗剧是1949年以后新兴的剧种，故作为附录列入。

　　全书分上、下两编，湘剧、祁剧、辰河戏、衡阳湘剧、常德汉剧、荆河戏、巴陵戏、湘昆八大剧种剧目列入上编，长沙、邵阳、衡州、常德、岳阳、零陵六个花鼓戏和阳戏、花灯戏、傩堂戏三个小戏剧目列入下编。剧目提要主要内容是简述该剧故事情节，并介绍该剧别名、故事出处、所演剧种、唱腔等。从大剧种移植过来的民间小戏剧目，不另写提要，只注明本事见上编某章某戏条目。

## 湖南地方戏曲脸谱　乙205

邹世毅　谢惠钧主编　湖南人民出版社2011年6月出版

　　本书以图片为主、文字为辅，介绍丰富多彩的湖南戏曲脸谱。编者在前言中阐述了湖南地方戏曲脸谱收集、整理的重要性和艺术价值。在概述部分叙述了湖南脸谱艺术的产生、发展脉络，在戏曲艺术中的重要作用、戏曲脸谱的分类与人物角色以及勾脸方法等，有助于读者和相关研究者对湖南地方戏曲脸谱艺术进行较为全面、系统的了解。图片部分汇集了湘剧、祁剧、辰河戏、常德戏剧、衡阳湘剧、荆河戏、巴陵戏、湘昆八个大剧种及花鼓戏脸谱图片约一千五百幅，每幅图片均有简要的文字说明。需要说明的是，湖南其他地方小戏的脸谱多源于大戏剧种，故仅选取了颇具特色的花鼓戏脸谱作为小剧种脸谱的代表。书末附有剧目角色脸谱索引。

## 湖南戏曲音乐集成　乙206—209

湖南省文化厅编　湖南文艺出版社2009年1月出版

　　原名"中国戏曲音乐集成·湖南卷"，文化艺术出版社1992年出版。今收入《湖湘文库》，湖南省文化厅组织有关专家进行了若干修订，并改为现名。

　　湖南有十九个地方戏曲剧种，每一剧种本书分别有一篇概述，简要介绍该剧种声腔形成与发展的历史及现状，并简述各剧种音乐的特征。概述之后是图表：包括语言声调表、传统乐队坐位平面图、乐器形制图等。资料部分收录各剧种唱腔、弹腔、昆腔、低腔等的代表性唱段（均列出唱词、唱谱），器乐曲牌的曲谱、常用锣鼓点等。对较有影响的剧种，则收录最具代表性的一个折子戏（或一个唱段）。书末附有湖南戏曲人物介绍、湖南声腔与剧种对照表、湖南剧种与声腔对照表、湖南诸高腔分类对照表、湖南各剧种弹腔（南北路）板式对照表、基本速度一览表、湖南戏曲图片资料选、湖南剧种流布图。

## 湖南曲艺音乐集成　乙210—211

湖南省文化厅编　湖南文艺出版社2009年12月出版

　　原名"中国曲艺音乐集成·湖南卷"，文化艺术出版社1994年出版。今收入《湖湘文库》，湖南省文化厅组织有关专家进行了若干修订，并改为现名。

　　本书收录曲调曲牌六百七十七首，曲目选段七十五个，均列出曲词曲谱，并标记演唱和记谱人。所录曲调曲牌和曲目选段分属二十八个曲种。其中汉族曲种二十个，土家族曲种一个，苗族曲种两个，侗族曲种一个，瑶族曲种四个。每个曲种均有一篇概述，简介该曲种源流沿革、音乐形态、艺术特征、演唱形式、流行地域等。书末附有湖南曲艺人物介绍、湖南曲艺主要传统曲目一览表、湖南曲艺图片资料选、湖南省民族分布地区示意图、湖南省汉语方言区域示意图、湖南曲艺曲种主要流布地区示意图。

## 湖南民间歌曲集成　乙212—215

湖南省文化厅编　湖南文艺出版社2008年6月出版

原名"中国民间歌曲集成·湖南卷"，文化艺术出版社1994年出版。今收入《湖湘文库》，湖南省文化厅组织有关专家进行了若干修订，并改为现名。

全书收录各种题材的民歌一千四百三十二首，分为汉族、土家族、苗族、侗族、瑶族五个部分。汉族民歌按体裁分为号子、田歌、山歌、渔歌、灯调、小调、风俗歌、儿歌八类，另附生活音调。每类之前均有一篇简介，概述此类民歌内容、唱腔、唱词、曲体、曲调的特点。土家族、苗族、侗族、瑶族民歌，各有一篇述要，介绍该民族民歌各种类的特点及流行地域。所录民歌，均以通用的简谱符号记谱，并标记采集地、演唱人、记录人。书末附有湖南民歌歌手简介、湖南民歌图片资料选、湖南省民族分布图、湖南省民歌歌种分布图、湖南省汉语方言分区示意图、湖南汉语方言声调表。

## 湖南民族民间器乐曲集成　乙216—219

湖南省文化厅编　湖南文艺出版社2010年12月出版

原名"中国民族民间器乐曲集成·湖南卷"，中国ISBN中心1996年8月出版。今收入《湖湘文库》，湖南省文化厅组织有关专家进行了若干修订，并改为现名。

本书收入流传于湖南地区的民族民间器乐曲曲谱一千零三首

（套），按四级分类排列。一级分类为民间器乐曲、宗教音乐、祭祀音乐，以下再根据具体情况分出二、三、四级的类别。如民间器乐曲又分为吹打乐、吹奏乐、丝竹乐、锣鼓乐；锣鼓乐又分为锣鼓叮子、闹年锣鼓、开台锣鼓等；锣鼓叮子再分为西边锣鼓、土锣鼓、湘西围鼓、耍锣鼓等。凡二级标题的每一类别，均有一篇述略，简介其源流、音乐特征、乐器形制特征、演奏形式、应用场所等。书末附有湖南民间班社简介、湖南民间乐人简介、湖南部分民间乐人一览表、湖南民族民间器乐乐种分布表、湖南民族民间乐器分类表、湖南民间乐器形制构造图、湖南出土乐器一览表、浏阳文庙丁祭音乐乐器一览表、湖南民族民间器乐曲出版物、手抄本存目表、湖南民族民间器乐图片资料选等。

## 湖南民族民间舞蹈集成　乙220—223

湖南省文化厅编　湖南文艺出版社2009年12月出版

原名"中国民族民间舞蹈集成·湖南卷"，文化艺术出版社1991年10月出版。今收入《湖湘文库》，湖南省文化厅组织有关专家进行了若干修订，并改为现名。

全书记录汉族、土家族、苗族、侗族、瑶族、白族、壮族、中华苏维埃时期民族民间舞蹈五十七种，舞蹈节目一百零六个（1949年以后专业舞蹈工作者创作和改编的作品不收入本书）。每种舞蹈均有一篇概述，简介其沿革、表演特征、流传地域等。每一舞蹈节目均选入代表性曲目，并录入曲词曲谱，其造型、服饰、道具、常用动作、场记等，均有图解及文字说明。书末附有湖南主要舞蹈艺人简介，湖南民族民间舞蹈调查表，本书统一的名称、术语，湖南民族民间舞蹈图片资料选。

## 湖南歌谣集成　乙224—225

湖南省文学艺术界联合会编　湖南文艺出版社2009年9月出版

　　原名"中国歌谣集成·湖南卷",文化艺术出版社1999年7月出版。今收入《湖湘文库》,湖南省文学艺术界联合会组织有关专家进行了若干修订,并改为现名。

　　本书收录歌谣近一千八百首,按内容分为引歌、古歌、劳动歌、时政歌、革命歌谣、仪式歌、情歌、生活歌、风物歌、历史传说故事歌、儿歌十一大类,大类之下再分若干小类,如时政歌分刺世歌、颂世歌、讽劝歌三小类等。每一大类之前均有序言一篇,简介该类歌谣的主要内容、特色、艺术表现手法等。每首歌谣均标记采集地、演唱者、采录人等。书末附有湖南著名歌手简介、湖南歌谣部分演唱者简况表、湖南歌谣图片资料选、湖南省少数民族人口分布图、湖南省主要歌谣种类分布示意图。

## 湖南谚语集成　乙226—227

湖南省文学艺术界联合会编　湖南文艺出版社2009年10月出版

　　原名"中国谚语集成·湖南卷",文化艺术出版社1995年10月出版。今收入《湖湘文库》,湖南省文学艺术界联合会组织有关专家进行了若干修订,并改为现名。

　　本书收谚语两万余条,分为事理、修养、社交、时政、生活、风土、自然、农林、工商、文教十大类,大类之下又根据谚条数目多少及具体内容分为若干中类和小类,如自然大类又分天文、时令、气象三中类,时令中类再分为四季、月日、节气、伏九、物候五小类,颇能方便读者检索。书末附有湖南谚语主要搜集(提供)者简介、湖南谚语搜集(提供)者一览表、湖南谚语方言表、湖南谚语图片资料选、湖南省少数民族人口分布图、湖南省谚语普查示意图。

## 湖南民间故事集成  乙 228—229

湖南省文学艺术界联合会编  湖南文艺出版社 2009 年 10 月出版

　　原名"中国民间故事集成·湖南卷"，中国 ISBN 中心 2002 年出版。今收入《湖湘文库》，湖南省文学艺术界联合会组织有关专家进行了若干修订，并改为现名。

　　全书将所收作品按神话、传说、故事三大类依次排列。三大类之下又分为若干小类，如神话又分为开天辟地神话、自然天象神话、文化起源神话等。某些著名故事有多种讲法，选用有代表性的为正文，再选用有特色的作异文附后。书中对某些著名故事写有附记，简介其异文流传地区及地域文化色彩等。每则故事之后均标出讲述者、采录者、采录时间及地点。书末附有湖南部分民间故事讲述家简介、湖南民间故事方言表、湖南民间故事图片资料选、湖南省主要民间故事类型分布示意图、湖南省主要神话、传说、故事分布示意图。

## 湖南体育史资料  乙 230

罗兴国主编  湖南人民出版社 2010 年 8 月出版

　　本书对湖南古代至民国的体育史料进行了较为系统的整理，内容包括历史文献、综合研究、民间传统体育项目、少数民族体育项目、学校体育、近代竞技体育与体育竞赛、记述与回忆、体育场地与器材、体育考古九个方面及附录（内容为湖南体育人物简介及 1897 年至 1949 年体育大事录）。其中历史文献是 1949 年以前湘籍人士研究或评论体育问题的文章以及湖南体育竞赛与体育组织管理的章程、体育状况的报告、体育赛事的报道等，其他资料则是今人研究、介绍、回忆 1949 年以前湖南体育各个方面的文章。

## 湖南音乐普查报告　乙 231

原中国音乐研究所编　徐美辉修订整理　湖南人民出版社 2011 年 2 月出版

湖南音乐种类繁多，包含有民间歌曲、风俗音乐、歌舞音乐、说唱音乐、戏剧音乐、民间器乐、音教音乐以及仪式音乐等。早在 20 世纪 50 年代，中国音乐研究所的专家在湖南各地有关部门和人员的配合下，对湖南地区当时的民间音乐及古代音乐的埋藏量、分布情况、专长人才及整理研究的人力等，进行了普查，形成和出版了《湖南音乐普查报告》（1960 年 3 月由音乐出版社出版），这份报告对湖南乃至中国当代音乐学和音乐史的建设发挥了重要作用。几十年来，湖南音乐又有若干新的发现。这次重版原《报告》，做了较多的修订整理工作：

一是参阅和吸收了 20 世纪 80 年代以来湖南音乐整理、普查的成果，删减了原报告中一些内容相同的民歌谱例，重新修订了其中的概述、文字说明和注释。

二是替换和补充了图片资料。原书有五十四幅图片，因模糊不清而无法重新出版，这次另外选择了五十六幅图片作为补充替代。

三是增补了孔庙丁祭音乐最早的普查成果。原《报告》只列出了孔庙丁祭音乐的目录，但无具体内容。这次整理者找到了孔庙丁祭音乐资料的油印刻本，以影印的方式收入书中。

## 湖南纪胜文选　乙232

夏剑钦编　湖南师范大学出版社2011年11月出版

　　湖南山水风光独特，著名古迹遍布各市州县。历代文人骚客为之留下了大量纪游性的文学作品。本书为文章选本，计选散文、赋三百三十篇。选文标准主要注重文采，也兼顾具有一定历史文献价值的作品。写作时间下限为1949年，体裁均为文言文。

　　选文均注明出处，只作校勘标点，不作注释。按现今市、州行政区划分列作品，有关湘、资、沅、澧四水的作品则另外列出。文章作者和名胜均有简介。

## 湖南纪胜诗选　乙233

熊治祁主编　湖南师范大学出版社2012年4月出版

　　本书为《湖南纪胜文选》姊妹篇，系诗词选本。计选诗词一千三百余首，均为吟咏湖南具体景点景物之作。作品按现今市、州、县行政区划分列，每县均有作品入选。写作时间下限为1949年，体裁仅限于旧体诗词。选录作品主要遵循以下原则：著名景点多选，名家之作尽量入选，名篇决不遗漏，非吟咏本景点的作品不误选（全国、全省有不少名胜的名称相同）。

　　诗词作者和名胜均有简介，对某些古迹和作品的真伪亦略加说明。

## 湖南方志图汇编　乙234

刘昕　刘志盛编　湖南美术出版社2009年5月出版

　　本书为湖南数百种方志插图的选编本。计收明、清、民国时期跨省（湖广）总图，省总图，各府、州、厅、县疆域图及堪舆、乡镇、山水、驿道、城池、府署、州署、厅署、县署、学宫、考棚、书院、文庙、武庙、寺观、祠堂、风景、陵墓、园林等的插图三百七十余幅。

所收原插图均为木刻雕版印刷，富有一定的观赏价值。

本书以影印方式出版。

## 炎帝历史文献选编　乙235

万里　刘范弟编　湖南大学出版社2012年5月出版

史书记载，炎帝"崩葬长沙茶乡之尾"，即今之湖南省炎陵县。炎帝是与黄帝并列的中华民族始祖，历代典籍中有关炎帝的文献资料极为丰富，本书系选取其中的一部分汇编而成。全书按经、史、子、集四类编排，另列"诗文韵语"一类，收历代碑铭、祭祀文、诗赋赞颂等。

所收文献资料上自周秦，下至民国，是迄今为止第一部炎帝文献资料的选编本。

## 舜帝历史文献选编　乙236

万里　刘范弟编　湖南大学出版社2011年3月出版

舜帝是中华上古五帝中的最后一帝。史书记载，舜南巡去世，"葬于苍梧之野"，即今湖南宁远县。历代典籍中有关舜帝的文献资料亦极为丰富，本书系选取其中的一部分汇编而成。全书按经、史、子、集四类编排，另列"诗文韵语"一类，收历代碑铭、祭祀文、诗赋赞颂等。

所收文献资料上自周秦，下至民国，是迄今为止第一部舜帝文献资料的选编本。

## 清代湖南朱卷选编　乙237

颜建华选编　龚笃清审订　湖南师范大学出版社2012年4月出版

本书以台湾出版的《清代朱卷集成》所收录的湖南朱卷为基础，另收集了湖南图书馆、湖南省社科院图书馆以及民间个人手头所收藏的朱卷，点校整理成书。受篇幅所限，书稿只选录了现存的全部湖南人的会试朱卷、部分研究价值较高的湖南乡试卷和有一定知名度的优拔贡、拔贡试卷。编排时，按进士卷、顺天乡试举人卷、湖南乡试举人卷三部分分列，拔贡卷则分别列在各人物之下，作为附录。每个部分都依科考年份的先后进行排列，同一科的则依所取名次的前后排序。

朱卷作者均编写小传予以简介。

## 湖南会馆史料九种　乙238

袁德宣等编纂　曾主陶校点　岳麓书社2012年11月出版

本书收湖南会馆史料九种：

《长郡会馆志》，胡达源纂。以清道光间刻本为底本整理。

《善化馆志》，龚镇湘编纂。以光绪戊子刻本为底本整理。

《京都宝庆会馆志》二卷，邹先举等编纂。以清光绪二十九年刻本为底本整理。

《北京湖南会馆志略》，袁德宣编纂。以1924年铅印本为底本整理。

《北平湖广会馆志略》四卷，石荣暲等编纂。以1945年铅印本为底本整理。

《续刊南昌湖南会馆条规》（原名"湖南会馆总录续刻"），南昌湖南会馆纂。以清光绪辛卯刻本为底本整理。

《芜湖湖南会馆事实汇录》，芜湖湖南会馆编。以传世铅印本为底本整理。

《芜湖湖南会馆事实续录》，芜湖湖南会馆编。以传世铅印本为底本整理。

《关中湖广会馆纪略续编》，关中湖广会馆编纂。以民国间铅印本为底本整理。

书前有校点整理者撰写的《湖南会馆概述》一文，将湖南会馆归纳为士人会馆、移民会馆、商人会馆和军人会馆四类，并对湖南会馆在湖湘文化史上的地位作了阐述。

## 湖南省非物质文化遗产名录　　乙239—241

湖南省文化厅编　湖南人民出版社 2009 年 12 月出版

　　本书依据中华人民共和国文化部相关部门公布的首批非物质文化遗产项目，结合湖南省各项目申报单位所制作的《非物质文化遗产代表作申报书》编写而成。这些项目内容是：民间文学、传统音乐、传统舞蹈、传统戏剧与曲艺、传统体育、游艺与杂技、传统美术、传统手工技艺、传统医药、民俗，共十大类。并逐类细分为近四百个非物质文化遗产，对每一种非物质文化遗产的产生、传承、分布、影响等予以详尽的介绍，有的还附有图片。

## 湖南近现代名校史料　　乙242—244

湖南省教育史志编纂委员会编　湖南教育出版社 2012 年 3 月出版

　　本书收入清末至 1949 年以前湖南的公立大学、中学、小学、幼校、师范、私立学校、族校、女子学校、军校、干校、工业学校、农校、艺校、瓷业学校、铁路学校等名校一百九十一所。分别介绍了各校的办学宗旨、教育思想、教育教学管理、师资学生来源、课程设置、教学计划、重大事件、校歌校训、校徽校旗等，有的还附有原件原物的图片，充分还原了各学校的历史原貌和办学特色，对研究湖南教育和教育史颇有参考价值。

## 湖湘文化辞典　乙 245—252

万里主编　湖南人民出版社 2011 年 5 月出版

这是一部反映湖湘文化综合性知识的大型工具书，列有地理、民族、哲学、宗教、历史、考古、军事、教育、语言文字、文学、艺术、民间工艺美术、新闻出版、电广传媒、体育、社会科学、民俗、掌故、文化设施、特产、饮食、建筑、医药卫生、旅游文化二十四个分篇。每个分篇之前均有概述，简要介绍该分篇词条所涉及的综合性知识。本《辞典》在 2006 年以《湖湘文化大辞典》的名义出版，大十六开，分上下两册。这次纳入《湖湘文库》，增添了大量辞条，字数近一百万，改名《湖湘文化辞典》，分八册出版。

本辞典下限时间为 2008 年。辞条内容涉及从古至今湖湘文化的方方面面，可作为全面、系统了解湖湘文化的参考书。

## 湖南古今名胜词典　乙 253

王邦杰主编　王卫方副主编　湖南科学技术出版社 2010 年 12 月出版

本《词典》选取湖南文物古迹、风景名胜点两千多处撰成词条，内容涉及古刹、名楼、殿堂、寺庙、塔幢、古桥、古墓葬、古战场、文化遗址、摩崖石刻、名人故居、纪念性建筑及名山胜水、奇洞怪石、古树异卉等人文、自然景观。名胜古迹原则上以收录现存的为限，但个别历史上著名的，仍酌予收录。文化遗址仅部分有代表性的予以收录。对著名的名胜古迹和风景区、革命纪念地酌附照片。全书以湖南省现行市、州行政区划为一单元，以所辖区、县（市）分列词目，按市、州排列。每一县（市、区）内的名胜按笔画顺序编排。较集中的风景名胜区和古建筑，除收总条外，还酌收若干分条。书末附有词条笔画索引。

## 湘人著述表　　乙 254—255

寻霖　龚笃清编著　岳麓书社 2010 年 1 月出版

　　本书是一部系统、全面记载湘人著述的词典，收录湖南历代以来有著述的作者近八千人，收入著述书目数万种。

　　全书采取按作者姓氏笔画排列的体例，同姓者则按作者生活年代的先后排列。同一姓氏、同一朝代者则按名字笔画多少排列先后。先简介作者，然后列其著述。各种著述，凡有版本存世者，均以时间先后罗列其版本；只有抄本、稿本存世者，则注明其收藏单位或私人姓名。对其中一些著作的内容还写了简明提要。

## 湖南古今人物辞典　　乙 256

王晓天　王国宇主编　毛健副主编　湖南人民出版社 2013 年 6 月出版

　　本《辞典》共收入湖南古今人物五千余人，下限断至 2011 年以前逝世者。人物次序按卒年排列，各个历史时段分列。外省籍人物在湘活动时间较长、且有一定社会影响者，收入《寓湘人物》篇。词条内容为人物生卒年、籍贯、经历、事功等的简要介绍。

　　本书原名"湖南历代人名词典"，由湖南人民出版社于 1993 年出版。本次列入《湖湘文库》再版，除改正原书中的一些差错外，还增加了一些文化、教育、科技方面的人物词条，补充了原书下限 1990 年至 2011 年的人物词条。

## 湖南古旧地方文献书目　乙257

*湖南图书馆编　岳麓书社2012年4月出版*

　　本书共收录湖南图书馆、国家图书馆等六十四家单位所藏湖南古旧地方文献4940种，分为古代文献和民国文献两大类，并逐一撰写了提要。

　　古代文献采用传统四部分类，民国文献依据《中国图书馆图书分类法》。类目设置及类目名称均根据现存文献状况设定。

　　古代文献著录项目有：书名、卷数、著者朝代、著者及著作方式、版本类别、册数、收藏单位简称、内容提要诸项；民国文献著录项目有：书名、著者、出版地、出版者、出版年、页码、开本、收藏单位简称、内容提要诸项。一书版本众多者，择其要者著录，且不超过五种；册数依所见书及书目著录，不详者不著录。

　　本书目录条目按部、类、属顺序排序。同类属书，凡内容有时间特征者，则按内容反映的时间排序，如史部编年、纪事本末、杂史等类；凡内容有地域特征者，则按内容反映的地域（2010年湖南省行政区划表）排序，如方志、地方艺文等类；凡内容涉及人物者，如别传、年谱等，则按人物卒年排序。其他各类或依内容时间，或依编印出版时间，或依著者姓氏笔画笔顺排序。书末附日文图书目录和书名笔画索引。

## 洞庭湖历史变迁地图集（光盘）　乙258

*湖南省国土资源厅编著　湖南地图出版社2011年9月出版*

　　本书主要依据与洞庭湖相关的志书、考古资料、各学科研究成果、近现代测绘成果，采用地图的方法，全面介绍洞庭湖的历史变迁与相关概况。全书由序图、地史、湖泊演变、堤垸演变、洪枯水灾害、水利工程建设、农业与资源环境八大图组及附录组成，具体内容是：

序图主要描述洞庭湖的地理位置、行政区划和区域范围，以及长江流域、洞庭湖水系的基本情况；社会文化、人口、交通在各个历史时期的变化；洞庭湖与江汉平原、鄱阳湖的差异等。

地史图主要描述洞庭湖的地质结构与成因，编绘了洞庭湖早白垩世、晚白垩世、第三纪、早更新世、中更新世、晚更新世、全新世、屈家岭期、龙山期等九个地史时期沉积等厚线图，以及不同地史期洞庭湖的不同范围。

湖泊演变图编绘了有史以来古云梦泽、西周、春秋、秦、汉……至晚清、民国、解放初期、二十世纪七十年代、现状等二十一个不同历史时期的洞庭湖地图。

堤垸演变图编绘了自汉代以来十八个主要历史时期堤垸修筑地图。

洪枯水灾害图编绘了远古时期洪水、荆江两岸穴口位置变化、荆南四河的形成与流域范围、洞庭湖水系洪水传播时间，以及历史记载的典型年份发生洪枯水灾害的范围及受灾情况。

水利工程建设由荆江分洪工程、蓄洪垸分布与完全建设、南洞庭湖整修、堤垸修复、水利与电力设施、大型撇洪工程、城市防洪等地图组成。

农业图描述了洞庭湖区的粮食作物、经济作物、水产、畜牧业的分布，以及经济发展水平和其历史状况。

资源环境图主要描述了洞庭湖的气候环境、水环境、土壤地质环境、湿地资源、动植物资源、矿产资源，以及退田还湖工程、水利建设规划、资源利用等。

书末附录，用条目的方式介绍了洞庭湖区各县市的历史沿革、山河湖洲、风景名胜、民俗风情与自然灾害等情况。

## 湖湘文化述要　　乙 259

湖南省文史研究馆编　湖南人民出版社 2013 年 8 月出版

　　本书分概述、上篇、下篇，对湖湘文化进行简要论述。概述介绍湖湘文化发展的自然地理环境、历史发展轨迹、文化精神的来源与特点。上篇共七章，对各个历史时期湖南的文学、学术、教育、科技、哲学、宗教、民俗文化等领域及各方面的杰出人物进行论述。下篇共八章，具体介绍湖南的书院文化、人才文化、山水文化、戏曲文化、音乐文化、岁时节令习俗、名胜古迹及民间工艺品。全书有总有分，全面扼要地将湖湘文化的各个层面展现出来，对湖湘文化的渊源、内涵、精神实质有较深入的阐述。

**图书在版编目（CIP）数据**

湖湘文库书目提要/湖湘文库编辑出版委员会编.—长沙：
岳麓书社,2013.9(湖湘文库)
ISBN 978-7-5538-0181-0

Ⅰ.①湖… Ⅱ.①湖… Ⅲ.①丛书—图书目录—中国 Ⅳ.①Z833
中国版本图书馆 CIP 数据核字(2013)第 186959 号

**湖湘文库编辑出版委员会**

## 湖湘文库书目提要

| | |
|---|---|
| 编　　者 | 湖湘文库编辑出版委员会 |
| 责任编辑 | 曾主陶　马美著　刘　文 |
| 整体设计 | 郭天民 |
| 出版发行 | 岳麓书社 |
| 网　　址 | http://www.yueluhistory.com |
| 地　　址 | 湖南省长沙市爱民路47号 |
| 邮　　编 | 410006 |
| 电　　话 | 0731—88885616(邮购) |
| 经　　销 | 湖南省新华书店 |
| 印　　刷 | 长沙超峰印刷有限公司 |
| 版　　次 | 2013年9月第1版第1次印刷 |
| 开　　本 | 960×640　1/16 |
| 印　　张 | 23.25 |
| 字　　数 | 282千字 |
| 书　　号 | ISBN 978-7-5538-0181-0/Z·28 |
| 定　　价 | 55.00元 |

如有印装质量问题,请与承印厂斟换

厂址：长沙金州新区泉州北路 100 号　电话:0731—87878880
邮编:410600